中国价格及城镇居民家庭收支调查统计年鉴

2001

国家统计局城市社会经济调查总队　编

中国统计出版社
China Statistics Press

(京)新登字 041 号

图书在版编目(CIP)数据

中国价格及城镇居民家庭收支调查统计年鉴－2001/国家统计局城市社会经济调查总队编．
－北京：中国统计出版社，2001.11
ISBN 7－5037－3639－9

Ⅰ．中…
Ⅱ．国…
Ⅲ．①价格－中国－统计资料－2001－年鉴
②城镇－家庭－收支调查－统计资料－中国－2001－年鉴
Ⅳ．F126.2－66

中国版本图书馆 CIP 数据核字(2001)第 060850 号

中国价格及城镇居民家庭收支调查统计年鉴－2001

作　者/国家统计局城市社会经济调查总队
责任编辑/陈悟朝
封面设计/张　冰
出版发行/中国统计出版社
通信地址/北京市西城区月坛南街 75 号　邮政编码/100826
办公地址/北京市丰台区西三环南路甲 6 号
电　话/(010)63459084、63266600－22500(发行部)
印　刷/科伦克三莱印务(北京)有限公司
经　销/新华书店
开　本/787×1092mm　1/16
字　数/330 千字
印　张/14.75
印　数/1－1500 册
版　别/2001 年 11 月第 1 版
版　次/2001 年 11 月第 1 次印刷
书　号/ISBN 7－5037－3639－9/F·1286
定　价/68.00 元

《中国价格及城镇居民家庭收支调查统计年鉴－2001》编辑委员会

主　　编　黄朗辉

副 主 编　汪小青　孟庆欣

编辑人员　价格调查部分：

庞晓林　万　良　帅　蓉　阙小清　韩淑颋

城镇居民家庭收支调查部分：

王有捐　王人代　袁　敏　李红伟　龚红娥

编者说明

《中国价格及城镇居民家庭收支调查统计年鉴－2001》全面反映了2000年中国国内市场商品零售价格、居民消费价格、农产品收购价格、农业生产资料价格和城镇居民家庭生活的现状及变动情况。全书包括三部分内容:(一)专文,(二)价格调查资料,(三)城镇居民家庭收支调查资料。

居民消费价格是指城乡居民用于支付所购买的生活消费品和获得服务项目的价格。

商品零售价格是指工业、商业、餐饮业以及其他零售业向城乡居民、机关团体出售生活消费品和办公用品的价格。

农业生产资料价格是指工业、商业以及其他单位和个人向农民出售农业生产资料的价格。

农产品收购价格是指工业、商业及个人直接从农村集体农业生产单位、农民个人、国有农业生产单位收购农产品的价格。

价格指数是反映一定时期内价格变动趋势和变动程度的相对数。

可支配收入是指居民家庭在支付个人所得税等项后,所余下的实际收入。计算公式为:

可支配收入＝实际收入－个人所得税－家庭副业生产支出－记帐补贴。

中国价格调查资料和城镇居民家庭收支调查资料是采用分类随机抽样方法收集、整理、汇总的,收录了全国、各省(区、市)、36个大中城市的资料。

目　录

第一部分　专文

第二部分　价格调查资料

第三部分　城镇居民家庭收支调查资料

(一)综合资料

(二)分省、自治区、直辖市调查资料

第一部分

专　　文

2000年城镇居民收支稳步增长，但收入差距继续扩大

2000年，因扩大内需和积极的财政政策对激活市场发挥了有效作用，我国宏观经济出现重大转机，部分大中型企业效益有所好转，城镇居民可支配收入稳步增长，消费明显趋活。全年城镇居民人均可支配收入达到6280元，比上年增长7.3%，扣除价格因素影响，实际增长6.4%，增长幅度比上年减少2.9个百分点，比国内生产总值的增速低1.6个百分点。居民消费观念发生了明显改变，消费性支出出现可喜增长势头。人均消费达到4998元，比上年增长8.3%，扣除价格因素影响，实际增长7.4%，消费支出增幅比收入增幅高1个百分点。但不同收入阶层收入增长不均衡，反映收入差距的基尼系数由上年的0.295扩大到0.32，收入差距在合理区间内继续扩大。

一、家庭就业结构逐渐演变

在全国调查的4万多户城镇居民家庭中，平均每户人口为3.13人，就业人口1.68人，就业面为53.7%，比上年下降2.7个百分点。由于国有企业改革进展明显，使家庭成员的就业结构发生了明显变化。在国有、集体经济单位就业的人数明显减少，而在个体及包括股份制企业、外国企业及港、澳、台企业等在内的其他各种经济单位就业人数迅猛增加。调查显示，2000年城镇居民家庭中在国有、集体经济单位就业的人员比上年分别下降了9%和14.3%；而从事个体经营、个体被雇及在其他经济单位就业的人数比上年分别增长42.9%、66.7%和16.7%。

二、家庭收入来源呈现多元化

(一)家庭中来自国有、集体经济单位职工收入比重明显减少，个体收入比重增加。据调查，2000年城镇居民家庭收入中，来自国有、集体经济单位职工收入比重为60.4%，比上年减少了4.4个百分点；包括股份制企业、外国企业及港、澳、台企业等在内的其他各种经济单位职工收入和个体劳动者收入比重不断上升，分别比上年增加0.6和1.7个百分点。随着机构改革和国有企业改革的不断深入，这种趋势仍将保持下去。

(二)转移性收入继续保持增势。转移性收入继近几年强劲增长后，2000年继续保持惯性增长。因为养老离退休金的按时发放和赡养、赠送收入继续增加，2000年，转移性收入人均1461.7元，比上年增长了16.3%。其中，离退休金收入比上年增长19.7%，赡养收入比上年增长13.9%，赠送收入比上年增长4.4%。

(三)财产性收入稳中有降。受1999年利率下调和实际利息税的影响，城镇居民的财产性收入总量与上年基本持平，增幅略有下降。全年人均财产性收入128.4元，比上年下降0.2%，占可支配收入的比重同比也下降0.2个百分点。其中利息收入比上年下降了1/3。

三、不同收入组收入差距拉大

将全国城镇居民家庭收入由低到高排队，进行相对分组，不同收入组的收入差距比较显著。有以下特点：

（一）不同收入阶层收入增速呈阶梯式格局。在不同收入分组中，除占收入5%的困难户略有下降外，其他组别的居民收入均有一定程度的增长。收入增速随收入水平呈阶梯式增长，即收入越高的组收入增长越快。中等偏上收入组以上的收入增长均快于全国平均增速。最高收入组的增幅是最低收入组增幅的7.8倍；年人均收入比最低收入组多10658元，是最低收入组人均收入的5倍，比1999年的4.6倍又有扩大。

不同收入组收入水平及增长情况

	最低收入	其中：困难户	低收入户	中等偏下	中等收入	中等偏上	高收收入	最高入户
各组户比重	10%	5%	10%	20%	20%	20%	10%	10%
全年人均(元)	2653	2325.1	3633.5	4623.5	5897.9	7487.4	9434.2	13311
比上年增幅(%)	1.3	-0.03	4.0	6	7	8.4	9.3	10.2

（二）减收面略有扩大。据对部分城市的抽样调查资料显示，2000年城镇居民家庭的减收面为31.2%，比上年增大1个百分点。其中，7.9%的减收户是由于物价因素影响而相对减收；另92.1%的户是由于就业人口变动或由于工资及奖金等减少而导致绝对减收。低收入组减收情况严重，减收面为54.1%，比上年扩大了8.9个百分点；高收入户减收面也略有扩大，比上年扩大1.6个百分点；中等及偏下、偏上户减收幅度均比上年有所下降，幅度在1.1个百分点范围内。

四、不同地区间收入差距扩大

2000年，全国31个省、自治区、直辖市城镇居民的可支配收入均呈现增长态势。在收入增长的同时，收入差距继续拉大。

（一）东、中、西部收入之比有所扩大。2000年东、中、西部人均年收入分别为7682元、5165元和5487元，东部地区平均增速超过了全国平均水平0.2个百分点。三者收入之比为1.49:1:1.06，比上年的1.48:1:1.06有所扩大。

（二）不同省、区、市收入水平增长不均衡。其中，北京（12.7%）、山东（11.7%）、浙江（10.1%）、陕西（10.1%）、青海（9.9%）、甘肃（9.9%）、宁夏（9.8%）、辽宁（9.4%）等14个省市区的增速超过了全国平均水平。位居全国前五位的省市均集中在东部地区，分别是上海（11718元）、北京（10350元）、广东（9762元）、浙江（9279元）、天津（8141元）；后五位的省是山西（4724元）、河南（4766元）、吉林（4810元）、甘肃（4916元）、黑龙江（4913元）。二组平均收入之比为2.04:1。如果考虑家庭人口（上海3.04人、山西3.16人）因素，最高的上海市城镇居民家庭年收入是最低山西的2.4倍，差额为20695元。

（三）35个大中城市收入呈现明显的偏差。全国35个大中城市（包括省会及计划单列市）人均年收入为8393元，比全国平均水平高出2113元，增幅高1.7个百分点，增速明显快于全国平均水平。35个大中城市年人均收入前五位的排名是深圳(21577元)、广州(13622元)、上海(11718元)、宁波(10921元)、厦门(10813元);后五位是西宁(5298元)、长春(5568元)、呼和浩特(5582元)、银川(5622元)、哈尔滨(5632元)。前者平均收入水平是后者的2.5倍。

五、居民家庭的资产运营理念增强

城镇居民手中有了钱，新的消费观转变了家庭资产运营理念。2000年城镇居民人均借贷收入1553.3元,占居民现金收入的20%。其中,提取储蓄存款1172.7元,取大于存129.4元,比上年扩大了125.8元;为购置房屋从银行贷款人均56.5元,其他贷款收入人均73.2元,分别比上年增长43.6%和45.2%。同时,家庭的金融保险意识加强,购置有价证券、储蓄性保险支出分别比上年增长50.6%和18.5%。

六、居民消费倾向增强　消费观念发生改变

在扩大内需特别是在收入分配政策调整的作用下,加上假日经济等消费政策的推动,2000年城镇居民消费出现活跃态势。

(一)消费倾向增强,消费增速超过收入增速。受1999年增资的翘尾影响,收入拉动消费,城镇居民家庭的消费增速明显加快。从2000年全年情况看,进入二季度以来,消费加快,同比增长12%,增幅超过收入增长;三季度继续以10.1%增速大幅增长,全年消费增速达8.3%,增幅比上年增加1.7个百分点,超过收入增幅1个百分点。支出与收入之比由上年的0.79:1扩大为0.80:1,支出倾向明显增强。边际消费倾向由上年的0.66扩大到0.90,即每增加一元的收入,消费支出增加0.9元。

(二)消费观念发生重大变化。随着居民收入和生活水平的提高,城镇居民的消费方式和消费偏好正在悄然地发生变化,消费的多样性和多层次性正在形成。消费观念也逐渐在改变,过去保守的消费观正逐渐被新型的消费观所代替,消费投向趋于多元化。

1.反映生活质量的恩格尔系数继续下降。随着生活水平的提高,城镇居民用于食品支出逐年减少,恩格尔系数(食品占消费性支出的比重)由上年的41.9%下降到39.2%。比1995年下降了10.7个百分点。

2.医疗保健、娱乐教育及文化服务、交通和通信的消费比重继续增大。居民家庭对医疗保健、娱乐教育及文化服务、交通和通信的消费不断增长,消费比重逐年提高。2000年4万多户城镇居民收支调查表明,医疗保健、娱乐教育及文化服务、交通和通信的年人均消费分别为318元、627.8元和395元,分别比上年增长了29.5%、10.7%和27.2%。消费比重分别比1995年扩大了2.1倍、1.4倍和1.6倍。在这三大类支出中,交通、通信、教育、文化娱乐的支出增长迅猛,分别比上年增长18.5%、34%、12.5%和8.1%。

3.家庭服务支出迅速增长。生活水平的提高和生活节奏的加快,促使了家庭服务业的发展。2000年包括家务服务、维修服务在内的家庭服务年人均支出45.9元,比上年增长了21.3%,增幅提高了13.6个百分点,反映了城镇居民消费朝着深层次方向发展,“花钱解放自己”的新型消费观正在形成。

4.居住消费增长呈不可抵挡的趋势。随着住房分配逐渐货币化,城镇居民的住房消费成了家庭的重大消费之一。2000年城镇居民用于购房与建房支出人均454.8元,比上年增长7.6%;

用于居住方面的支出500.5元,比上年增长10.2%。其中,房租人均支出96.9元,水电及燃料支出298.9元,分别比上年增长6%、15.8%。

住房的货币化加大了城镇居民自有房及部分产权自有的比例。同时促使了居民住房条件的改善。2000年,居民家庭自有房、部分产权自有房屋比重达77.1%,比上年提高了8.4个百分点。人均居住面积在14平方米以上的达38.6%。其中,单元式配套住宅占72.1%;单栋配套住宅占2.2%;有取暖设备及空调设备的占45.6%;有浴室厕所的比重也比上年提高了3.3个百分点。生活质量得到了明显提高。

5.旅游支出——潜在的消费热点。旅游消费热近年在居民家庭的消费中方兴未艾。一方面,由于大宗商品的消费如购房、汽车在大部分人群中还没有形成购买能力,新的消费热点又尚未形成,而旅游正是这种补偿。另一方面,"假日经济"的效应有力推动了这种消费的形成。同时,生活水平的提高为这种消费提供了保证。所以,2000年的旅游消费持续升温,人均旅游消费87.8元,比上年增长28.2%,占消费支出的比重1.8%,比上年提高0.3个百分点。其中,广东(241.3元)、北京(199.8元)、上海(165.9元)、云南(153.3元)、青海(149.3元)年人均旅游消费均达到较高水平。

第二部分

价格调查资料

历年全国各种价格总指数

(以上年价格为100)

年份	商品零售价格指数	居民消费价格指数	农产品收购价格指数	农村工业品零售价格指数	工农业商品综合比价指数	
					农产品收购价格指数=100	农村工业品零售价格指数=100
1958	100.2		102.2	99.4	97.3	102.8
1959	100.9		101.8	100.9	99.1	100.9
1960	103.1		103.5	102.8	99.3	100.7
1961	116.2		128.0	104.9	82.0	122.0
1962	103.8		99.4	104.5	105.1	95.1
1963	94.1		97.2	99.0	101.9	98.2
1964	96.3		97.5	98.1	100.6	99.4
1965	97.3		99.2	96.3	97.1	103.0
1966	99.7		104.2	97.1	93.2	107.3
1967	99.3		99.9	99.2	99.3	100.7
1968	100.1		99.8	99.7	99.9	100.1
1969	98.9		99.8	98.5	98.7	101.3
1970	99.8		100.1	99.8	99.7	100.3
1971	99.3		101.6	98.5	96.9	103.1
1972	99.8		101.4	99.5	98.1	101.9
1973	100.6		100.8	100.0	99.2	100.8
1974	100.5		100.8	100.0	99.2	100.8
1975	100.2		102.1	100.0	97.9	102.1
1976	100.3		100.5	100.1	99.6	100.4
1977	102.0		99.8	100.1	100.3	99.7
1978	100.7		103.9	100.0	96.2	103.9
1979	102.0		122.1	100.1	82.0	122.0
1980	106.0		107.1	100.8	94.1	106.3
1981	102.4		105.9	101.0	95.4	104.9
1982	101.9		102.2	101.6	99.4	100.6
1983	101.5		104.4	101.0	96.7	103.4
1984	102.8		104.0	103.1	99.1	100.9
1985	108.8	109.3	108.6	103.2	95.0	105.2
1986	106.0	106.5	106.4	103.2	97.0	103.1
1987	107.3	107.3	112.0	104.8	93.6	106.9
1988	118.5	118.8	123.0	115.2	93.7	106.8
1989	117.8	118.0	115.0	118.7	103.2	96.9
1990	102.1	103.1	97.4	104.6	107.4	93.1
1991	102.9	103.4	98.0	103.0	105.1	95.1
1992	105.4	106.4	103.4	103.1	99.7	100.3
1993	113.2	114.7	113.4	111.8	98.6	101.4
1994	121.7	124.1	139.9	117.2	83.8	119.4
1995	114.8	117.1	119.9	114.7	95.7	104.5
1996	106.1	108.3	104.2	106.2	101.9	98.1
1997	100.8	102.8	95.5	101.1	105.9	94.5
1998	97.4	99.2	92.0	97.8	106.3	94.1
1999	97.0	98.6	87.8	97.3	110.8	90.2
2000	98.5	100.4	96.4	98.8	102.5	97.6

2000年全国各种价格总指数

	商品零售价格指数	居民消费价格指数	农产品收购价格指数	农村工业品零售价格指数	工农业商品综合比价指数	
					农产品收购价格指数=100	农村工业品零售价格指数=100
1950年=100	481.8		889.9	304.6	34.2	292.2
1952年=100	431.2		731.5	277.2	37.9	263.9
1957年=100	396.9		608.8	271.6	44.6	224.2
1962年=100	315.9		444.5	240.7	54.2	184.7
1965年=100	357.3		473.6	257.2	54.3	184.1
1970年=100	365.8		456.1	272.3	59.7	167.5
1975年=100	365.2		426.7	277.7	65.1	153.7
1978年=100	354.4		409.0	277.1	67.8	147.6
1980年=100	328.0		313.1	274.7	87.7	114.0
1985年=100	376.7	331.0	245.2	249.2	101.6	98.4
1990年=100	170.7	200.6	149.4	161.0	107.8	92.8
1995年=100	99.5	109.3	77.4	101.0	130.5	76.6
上　年=100	98.5	100.4	96.4	98.8	102.5	97.6

2000年各地区居民消费价格指数和商品零售价格指数

(以上年价格为100)

	居民消费价格指数			商品零售价格指数		
	全省(区、市)	城　市	农　村	全省(区、市)	城　市	农　村
全国平均	**100.4**	**100.8**	**99.9**	**98.5**	**98.5**	**98.5**
北　京	103.5			98.9		
天　津	99.6			98.6		
河　北	99.7	100.5	99.1	99.1	99.2	98.9
山　西	103.9	104.7	103.0	97.1	96.8	97.5
内蒙古	101.3	101.3	101.2	98.8	98.7	98.9
辽　宁	99.9	100.0	99.7	98.4	98.4	98.6
吉　林	98.6	98.3	99.6	98.0	97.6	99.2
黑龙江	98.3	98.7	97.2	97.8	97.9	97.6
上　海	102.5			96.4		
江　苏	100.1	100.0	100.1	98.6	98.5	98.8
浙　江	101.0	100.9	101.1	99.0	98.8	99.1
安　徽	100.7	100.9	100.5	98.0	97.9	98.0
福　建	102.1	103.2	101.3	98.9	99.0	98.9
江　西	100.3	102.1	99.1	98.5	98.6	98.5
山　东	100.2	101.2	99.3	98.6	98.8	98.3
河　南	99.2	99.1	99.2	98.5	98.8	98.3
湖　北	99.0	100.0	98.2	97.8	98.1	97.1
湖　南	101.4	101.3	101.4	99.3	99.8	98.4
广　东	101.4	102.2	100.0	99.9	100.0	99.6
广　西	99.7	100.0	99.5	98.6	98.4	98.8
海　南	101.1	101.5	100.2	99.9	101.0	99.0
重　庆	96.7			95.5		
四　川	100.1	99.7	100.6	97.7	97.5	97.8
贵　州	99.5	99.2	100.2	97.3	96.9	97.8
云　南	97.9	97.6	98.4	97.6	97.0	98.4
西　藏	99.9	100.4	99.8	99.2	99.1	99.5
陕　西	99.5	100.3	99.0	98.3	98.8	97.7
甘　肃	99.5	99.2	100.1	99.1	98.9	99.6
青　海	99.5	99.6	99.4	99.0	99.3	98.9
宁　夏	99.6	99.7	99.5	97.6	97.8	97.4
新　疆	99.4	100.1	97.6	98.3	98.9	97.4

2000年全国及各地区居民消费价格分类指数(一)

(以上年价格为100)

	总指数	一、食品类	1.粮　食	(1)细　粮	(2)粗　粮	2.淀粉及薯类
全国平均	**100.4**	**97.4**	**88.6**	**88.3**	**94.1**	**98.6**
北　京	103.5	97.9	91.4	91.1	95.8	97.7
天　津	99.6	98.0	90.3	90.2	91.5	99.7
河　北	99.7	97.5	90.1	89.5	96.3	100.6
山　西	103.9	95.4	90.5	89.7	96.9	100.7
内蒙古	101.3	97.2	93.0	92.5	97.7	101.9
辽　宁	99.9	97.7	88.9	88.3	97.3	102.2
吉　林	98.6	95.9	89.1	88.8	92.4	98.3
黑龙江	98.3	96.0	92.3	92.1	95.1	97.0
上　海	102.5	98.1	92.1	92.1		99.4
江　苏	100.1	97.8	87.7	87.5	94.4	98.1
浙　江	101.0	99.5	87.5	87.5	94.8	98.7
安　徽	100.7	97.2	85.0	84.8	96.8	98.9
福　建	102.1	98.6	88.8	88.8		99.0
江　西	100.3	97.2	85.9	85.8	89.4	96.7
山　东	100.2	97.7	88.3	87.7	96.2	100.2
河　南	99.2	97.5	84.8	84.3	93.5	95.2
湖　北	99.0	97.6	83.3	82.9	92.8	99.9
湖　南	101.4	98.4	87.2	86.9	98.4	96.2
广　东	101.4	98.5	94.3	94.3	94.9	98.2
广　西	99.7	96.6	91.6	91.7	88.6	96.2
海　南	101.1	98.3	91.4	91.4	92.9	95.6
重　庆	96.7	93.1	85.3	85.0	91.4	93.9
四　川	100.1	95.5	88.4	88.0	93.0	98.8
贵　州	99.5	95.3	92.7	92.5	98.6	95.6
云　南	97.9	94.6	90.6	91.1	83.6	91.1
西　藏	99.9	98.9	101.1	101.2	100.3	102.4
陕　西	99.5	96.8	89.8	89.7	91.8	100.9
甘　肃	99.5	97.6	94.1	93.3	105.7	98.1
青　海	99.5	97.8	94.4	94.4	98.1	98.5
宁　夏	99.6	97.2	91.1	91.1	93.0	103.5
新　疆	99.4	95.9	88.5	88.5	87.5	90.4

2000年全国及各地区居民消费价格分类指数(二)

(以上年价格为100)

	3.干豆类及豆制品	4.油脂类	5.肉禽及其制品	6.蛋 类	7.水产品	8.菜 类
全国平均	**102.0**	**86.8**	**98.5**	**84.5**	**101.7**	**104.7**
北 京	97.9	85.8	98.4	84.2	107.3	98.7
天 津	112.0	89.4	99.9	83.8	104.0	100.9
河 北	104.9	91.7	102.8	83.6	104.1	102.2
山 西	99.2	90.7	101.8	82.9	106.8	98.0
内蒙古	101.3	88.0	100.7	83.1	104.8	100.1
辽 宁	106.4	81.4	100.3	83.8	107.4	106.7
吉 林	103.7	82.5	96.6	80.5	103.4	103.8
黑龙江	105.8	80.9	97.1	82.5	104.9	101.3
上 海	104.7	77.1	95.7	84.6	100.9	107.4
江 苏	99.5	84.2	99.6	85.5	98.0	108.7
浙 江	99.5	84.2	97.8	83.9	103.5	112.1
安 徽	100.0	83.8	101.9	84.7	102.6	108.0
福 建	101.1	95.5	97.0	83.6	101.5	109.8
江 西	99.0	84.2	99.1	85.9	98.6	111.3
山 东	107.3	87.9	100.6	82.9	106.6	104.0
河 南	107.4	88.3	100.8	82.4	104.1	106.9
湖 北	102.4	81.0	100.6	88.2	100.2	107.5
湖 南	97.2	91.9	100.8	90.8	95.1	105.8
广 东	101.4	94.7	96.4	87.5	101.0	102.9
广 西	101.7	96.0	95.5	84.8	96.3	98.9
海 南	102.9	93.2	96.7	90.1	103.3	108.0
重 庆	104.3	79.1	93.3	93.6	92.8	92.4
四 川	101.9	84.1	96.5	86.4	92.7	96.8
贵 州	96.1	82.1	94.8	91.7	94.2	100.1
云 南	97.8	86.1	91.5	85.9	91.8	98.2
西 藏	98.6	98.8	94.0	98.0	97.6	105.0
陕 西	104.9	79.7	99.9	84.4	100.9	103.5
甘 肃	97.4	86.1	98.3	84.5	103.3	104.2
青 海	93.9	81.6	99.4	84.1	106.4	103.5
宁 夏	98.0	94.1	99.1	84.6	108.0	101.0
新 疆	97.4	84.4	96.1	78.6	93.4	107.1

2000年全国及各地区居民消费价格分类指数(三)

(以上年价格为100)

	(1)鲜.菜	(2)干　菜	(3)菜制品	9.调味品	10.糖　类	(1)食　糖
全国平均	**105.5**	**98.9**	**98.8**	**101.5**	**103.7**	**108.6**
北　京	98.4	101.2	102.3	98.3	98.9	98.3
天　津	101.0	100.1	100.0	102.3	102.4	108.6
河　北	102.4	100.4	101.2	99.8	99.0	97.9
山　西	98.0	99.5	94.6	98.7	99.1	98.1
内蒙古	100.2	98.4	98.8	100.7	99.7	102.9
辽　宁	106.4	114.6	98.7	101.5	103.2	105.2
吉　林	103.7	106.2	102.6	98.6	100.9	106.3
黑龙江	101.3	101.6	96.4	101.3	103.1	106.4
上　海	108.5	98.2	99.1	100.0	103.9	114.1
江　苏	109.8	102.1	98.2	101.9	103.7	106.4
浙　江	113.6	99.7	105.5	99.9	108.2	116.2
安　徽	108.9	100.1	101.5	102.3	102.6	105.1
福　建	111.8	98.4	101.1	98.6	112.0	116.3
江　西	113.7	98.2	105.1	98.5	104.6	109.4
山　东	104.2	101.7	98.6	98.5	100.0	101.7
河　南	107.8	100.7	95.5	103.0	105.4	110.9
湖　北	108.7	95.9	96.0	115.2	103.5	107.7
湖　南	108.2	95.1	93.4	103.3	104.1	114.5
广　东	103.9	98.9	94.7	99.6	104.9	112.6
广　西	100.0	96.5	93.0	103.1	105.7	111.5
海　南	109.4	102.6	103.7	100.6	103.0	115.8
重　庆	92.4	93.3	92.5	97.8	103.4	108.3
四　川	97.1	94.2	100.9	102.7	105.1	112.2
贵　州	102.4	85.8	95.0	99.8	103.2	108.8
云　南	98.7	92.6	98.7	102.1	100.8	103.5
西　藏	105.8	94.9	103.0	99.9	101.1	103.7
陕　西	104.1	96.0	99.1	106.3	102.5	110.8
甘　肃	104.5	100.0	97.6	100.8	100.4	100.4
青　海	103.8	99.1	99.6	100.9	100.6	101.5
宁　夏	101.1	101.2	98.7	98.7	100.3	104.7
新　疆	107.6	99.4	96.0	101.1	100.5	102.2

2000年全国及各地区居民消费价格分类指数(四)

(以上年价格为100)

	(2)糖　果	11.烟草类	12.酒和饮料	13.干鲜瓜果	(1)鲜　果	(2)干　果
全国平均	**99.2**	**97.0**	**98.6**	**96.6**	**96.0**	**99.2**
北　京	99.0	105.6	100.0	89.8	88.4	94.9
天　津	97.4	93.2	99.1	95.1	93.5	100.0
河　北	99.7	97.8	99.2	94.8	94.2	99.1
山　西	99.7	91.7	96.9	94.0	92.6	101.9
内蒙古	98.0	95.9	98.6	92.1	91.7	93.6
辽　宁	101.9	93.4	100.2	92.8	91.5	99.5
吉　林	95.7	97.8	98.2	92.4	92.1	95.6
黑龙江	100.2	99.0	98.6	94.9	94.4	98.1
上　海	99.5	96.3	99.1	94.8	93.4	99.6
江　苏	100.0	95.1	98.3	95.4	94.7	98.2
浙　江	100.3	99.3	98.4	102.9	103.9	100.8
安　徽	101.1	96.9	98.4	94.5	93.4	98.5
福　建	101.5	100.6	100.1	102.7	103.3	98.7
江　西	100.8	95.4	97.4	103.2	104.6	99.9
山　东	98.9	97.7	98.6	95.7	94.5	100.7
河　南	97.9	98.6	97.0	96.6	95.7	99.9
湖　北	99.9	95.9	98.9	96.8	96.6	97.4
湖　南	96.0	98.0	96.4	102.7	103.3	99.5
广　东	99.4	102.6	99.0	98.5	98.3	99.2
广　西	100.4	98.4	100.8	98.4	98.8	96.2
海　南	92.3	96.3	97.9	94.5	94.3	95.9
重　庆	101.1	95.6	99.7	89.9	88.2	99.1
四　川	98.3	95.0	98.5	94.0	92.1	100.4
贵　州	98.2	94.3	97.8	91.4	88.3	99.8
云　南	97.5	94.5	98.2	93.3	93.1	94.3
西　藏	99.7	96.7	98.7	97.8	97.8	98.6
陕　西	96.8	96.1	99.7	95.2	93.8	100.4
甘　肃	100.4	99.9	95.7	100.5	101.7	95.8
青　海	100.1	97.6	97.9	101.1	101.7	98.7
宁　夏	96.6	96.0	98.0	95.1	94.2	98.7
新　疆	99.8	96.3	97.8	96.9	94.8	103.3

2000年全国及各地区居民消费价格分类指数(五)

(以上年价格为100)

	14.糕　点	15.奶及奶制品	16.其他食品	17.饮食业	(1)主　食	(2)炒　菜
全国平均	**99.7**	**100.0**	**98.5**	**99.7**	**99.3**	**99.5**
北　京	94.8	104.3	96.9	100.8	95.9	102.1
天　津	97.8	100.0	96.1	100.2	100.2	100.2
河　北	100.9	100.2	100.4	100.2	99.8	100.7
山　西	97.8	99.4	96.9	97.4	98.1	96.6
内蒙古	100.8	100.7	102.0	99.5	99.2	99.7
辽　宁	99.7	99.4	96.7	99.9	99.9	99.9
吉　林	98.3	101.3	101.8	99.8	98.6	100.4
黑龙江	99.8	102.9	98.1	99.8	100.1	99.6
上　海	101.8	100.3	98.4	99.8	98.4	99.7
江　苏	100.0	99.6	100.0	99.0	99.2	98.6
浙　江	98.8	98.6	98.2	99.9	100.5	99.6
安　徽	98.6	99.1	98.5	98.1	98.2	97.8
福　建	100.4	99.5	98.1	99.5	98.2	99.8
江　西	98.3	96.1	101.0	101.9	99.4	104.6
山　东	99.4	99.3	98.0	99.7	98.6	100.8
河　南	98.4	98.3	97.2	98.6	96.5	101.2
湖　北	98.4	99.0	98.8	98.5	98.9	98.0
湖　南	100.1	98.5	98.6	99.6	100.3	99.0
广　东	101.1	98.7	96.8	100.3	100.1	99.0
广　西	100.0	101.4	99.3	99.3	99.8	99.1
海　南	98.4	97.9	100.0	97.3	99.7	95.6
重　庆	99.9	98.5	102.7	101.7	100.0	102.8
四　川	98.4	101.0	96.9	100.6	99.9	100.5
贵　州	98.1	101.6	96.5	98.2	99.7	96.0
云　南	101.4	99.4	94.2	101.0	100.4	100.3
西　藏	94.9	108.3	102.8	99.9	100.5	99.8
陕　西	102.8	102.7	99.5	99.5	99.0	99.4
甘　肃	103.5	100.9	93.5	97.9	100.0	94.9
青　海	98.2	97.1	98.1	100.6	100.5	101.4
宁　夏	103.0	98.5	93.2	99.5	99.0	99.6
新　疆	99.1	99.6	98.5	99.6	98.8	100.1

2000年全国及各地区居民消费价格分类指数(六)

(以上年价格为100)

	(3)地方小吃	二、衣　着	1.服　装	2.衣着材料	(1)棉　布	(2)棉花化纤混纺布
全国平均	**101.1**	**99.1**	**99.1**	**98.3**	**98.7**	**98.7**
北　京	101.0	102.6	102.5	97.8	97.8	104.3
天　津	100.0	100.1	101.5	96.4	99.6	98.1
河　北	100.5	100.0	100.3	99.1	99.6	98.0
山　西	98.7	99.2	99.9	94.4	94.4	91.2
内蒙古	99.3	98.6	98.1	98.3	98.1	99.5
辽　宁	100.0	99.7	99.8	98.5	98.8	99.4
吉　林	100.7	99.0	98.6	98.0	97.7	101.2
黑龙江	100.0	99.6	99.1	97.5	98.1	97.0
上　海	101.6	94.9	94.5	99.3	99.6	95.5
江　苏	99.9	99.1	98.1	99.5	99.6	100.2
浙　江	99.7	97.7	97.5	97.6	99.4	99.3
安　徽	99.7	98.0	97.7	97.3	98.0	97.3
福　建	100.1	98.4	98.1	99.3	100.0	99.4
江　西	100.2	97.1	95.6	97.7	98.6	98.1
山　东	99.8	99.7	100.0	97.9	98.0	99.2
河　南	99.8	98.8	98.5	99.5	100.3	98.8
湖　北	98.9	98.3	98.2	97.8	96.6	95.4
湖　南	99.5	99.8	100.2	98.9	100.6	100.1
广　东	103.4	99.2	99.0	99.1	98.7	99.6
广　西	99.6	99.6	100.1	98.1	99.3	98.6
海　南	100.0	102.4	100.6	97.9	93.2	97.0
重　庆	100.0	90.4	88.3	96.8	100.0	100.0
四　川	102.4	98.7	98.8	98.5	98.7	98.9
贵　州	101.4	99.6	98.9	96.1	93.9	93.8
云　南	106.7	101.3	102.5	96.6	98.2	99.1
西　藏	99.0	99.7	100.0	94.1	103.1	98.3
陕　西	100.3	99.0	99.3	97.6	98.8	95.4
甘　肃	99.6	100.9	101.3	95.3	96.0	94.5
青　海	99.3	99.5	99.8	99.1	98.5	99.5
宁　夏	100.3	96.6	96.0	94.2	99.5	97.1
新　疆	100.5	99.7	100.5	96.8	97.6	97.0

2000年全国及各地区居民消费价格分类指数(七)

(以上年价格为100)

	(3)化纤布	(4)呢　绒	(5)绸　缎	(6)毛　线	3.鞋袜帽及其他	(1)鞋　类
全国平均	**98.5**	**98.2**	**98.5**	**97.3**	**99.8**	**99.8**
北　京	97.1	98.1	94.6	96.8	103.9	104.4
天　津	93.0	97.3	97.4	97.2	97.6	97.2
河　北	99.1	98.9	99.6	99.2	100.3	100.4
山　西	94.3	102.6	92.4	91.4	100.2	100.3
内蒙古	98.6	97.4	98.9	98.4	100.0	100.0
辽　宁	100.9	97.9	96.0	97.4	100.0	99.9
吉　林	99.5	97.2	98.2	96.7	100.6	100.8
黑龙江	99.0	98.6	97.7	94.7	101.5	102.1
上　海	93.1	106.6	95.7	100.0	95.1	93.9
江　苏	99.6	99.9	99.0	99.0	100.8	100.9
浙　江	95.3	100.4	99.2	98.4	98.1	98.0
安　徽	96.8	97.4	96.9	97.6	99.1	98.9
福　建	99.5	97.0	100.4	99.3	99.1	98.4
江　西	95.4	99.7	101.1	97.4	99.7	99.0
山　东	98.2	97.0	97.9	97.7	100.1	100.3
河　南	101.1	97.2	97.6	97.9	98.8	99.0
湖　北	102.8	99.4	99.0	94.9	98.6	99.4
湖　南	98.8	96.8	98.7	97.8	99.5	99.0
广　东	99.6	97.5	99.4	98.6	99.9	99.9
广　西	98.5	96.0	99.5	96.7	99.1	99.1
海　南	101.9	100.0	96.0	100.9	109.3	111.5
重　庆	103.1	99.5	87.9	99.9	94.0	93.2
四　川	98.2	100.0	99.7	97.6	98.6	99.0
贵　州	94.8	94.5	98.3	98.0	102.8	104.0
云　南	96.0	86.2	99.5	99.5	100.7	100.6
西　藏	103.4	99.5	100.8	90.1	99.7	97.6
陕　西	97.9	98.1	97.0	97.2	99.4	99.5
甘　肃	96.0	99.5	99.5	92.2	103.8	104.7
青　海	99.4	99.9	96.8	98.9	98.9	98.8
宁　夏	91.9	98.2	94.0	96.6	99.1	99.2
新　疆	99.1	97.0	99.5	92.4	101.3	101.5

2000年全国及各地区居民消费价格分类指数(八)

(以上年价格为100)

	(2)袜　子	(3)帽　子	(4)其他衣着	三、家庭设备及用品	1.耐用消费品	(1)家　具
全国平均	**99.5**	**99.3**	**99.5**	**97.7**	**96.6**	**97.4**
北　京	97.9	107.7	100.4	96.3	94.7	100.6
天　津	100.0	100.0	99.4	95.3	95.2	100.0
河　北	100.9	98.5	99.6	98.6	98.7	99.9
山　西	96.2	102.6	101.7	97.6	96.6	97.9
内蒙古	99.5	100.1	100.2	98.9	98.7	100.1
辽　宁	100.6	98.0	100.7	97.3	95.7	96.8
吉　林	99.8	103.3	98.0	97.6	96.1	98.3
黑龙江	97.4	98.4	99.7	97.7	96.6	100.0
上　海	100.0	100.0	102.0	96.6	93.9	92.8
江　苏	102.5	99.6	99.2	98.4	97.1	98.2
浙　江	99.7	100.9	98.5	97.7	96.1	97.2
安　徽	101.6	103.5	98.6	98.6	98.1	99.3
福　建	102.7	95.6	101.0	97.7	96.6	97.7
江　西	104.3	97.1	99.1	97.4	97.0	97.6
山　东	98.7	99.9	99.2	97.1	96.6	96.9
河　南	98.5	95.5	97.3	97.8	97.1	98.0
湖　北	92.1	98.6	97.5	96.0	93.7	93.6
湖　南	100.6	96.0	101.8	97.6	96.5	98.1
广　东	99.8	100.1	100.1	98.5	97.1	97.0
广　西	97.0	102.1	100.0	98.5	98.1	99.6
海　南	99.6	103.8	101.4	99.1	96.5	94.8
重　庆	99.4	99.1	98.4	94.1	92.4	85.1
四　川	96.2	98.5	98.1	97.6	97.2	98.2
贵　州	95.3	99.2	98.4	95.9	94.4	93.0
云　南	101.2	102.7	100.9	99.8	97.1	97.8
西　藏	124.8	102.2	98.9	101.5	101.5	101.0
陕　西	96.8	98.8	99.8	96.8	95.2	98.0
甘　肃	96.1	99.4	103.3	97.1	95.4	93.9
青　海	100.1	100.9	98.8	98.5	98.9	99.9
宁　夏	100.5	98.3	97.8	97.3	96.0	99.0
新　疆	102.7	99.1	97.6	98.9	98.7	98.0

2000 年全国及各地区居民消费价格分类指数(九)

(以上年价格为100)

	(2)家庭设备	2.室　内 装饰品	3.床上用品	4.家庭日 用杂品	5.其　他 日用品	四、医疗保健 用　　品
全国平均	**96.2**	**98.6**	**98.7**	**98.2**	**99.4**	**100.3**
北　京	91.9	102.6	105.0	97.0	97.2	113.5
天　津	93.5	79.4	89.6	95.7	100.3	99.7
河　北	97.9	99.3	99.9	98.4	97.9	100.9
山　西	95.9	96.2	99.8	98.6	98.5	100.6
内蒙古	97.8	98.6	99.3	99.1	98.9	99.9
辽　宁	95.1	99.0	98.1	97.8	98.5	97.4
吉　林	94.9	98.7	101.4	98.8	96.3	99.1
黑龙江	95.3	97.8	98.9	98.9	98.0	96.9
上　海	94.3	99.3	102.7	95.2	99.7	99.9
江　苏	96.7	98.7	98.9	99.8	100.3	100.5
浙　江	95.7	98.2	98.8	98.5	100.3	102.2
安　徽	97.6	97.5	98.6	98.7	100.1	101.8
福　建	96.1	99.2	99.2	98.3	98.8	101.1
江　西	96.7	99.1	98.4	97.3	97.6	102.8
山　东	96.4	98.7	99.1	97.5	97.2	99.6
河　南	96.7	98.3	97.9	98.0	99.6	97.2
湖　北	93.8	96.2	97.2	96.8	98.4	98.0
湖　南	95.8	98.5	98.5	97.8	98.9	102.0
广　东	97.2	100.2	99.1	99.3	100.7	98.9
广　西	97.4	98.9	97.6	99.3	99.0	97.5
海　南	98.7	100.2	99.7	102.0	97.5	107.1
重　庆	95.3	81.4	96.1	96.0	98.7	100.5
四　川	96.7	96.9	97.5	97.3	99.7	101.5
贵　州	95.4	97.8	99.6	96.7	97.3	98.5
云　南	96.5	109.5	98.9	98.4	103.0	100.6
西　藏	101.8	101.3	100.3	103.0	100.0	100.3
陕　西	93.6	96.6	95.5	97.9	99.8	100.2
甘　肃	97.4	98.4	97.4	95.9	101.3	99.1
青　海	98.3	99.6	98.3	97.5	98.9	101.6
宁　夏	92.7	97.5	99.3	97.5	98.9	99.7
新　疆	98.9	98.6	99.2	99.1	98.8	102.9

2000年全国及各地区居民消费价格分类指数(十)

(以上年价格为100)

	1.医疗器具及保健用品	2.中药材及中成药	3.西药	五、交通和通讯工具	1.交通工具	2.通讯工具
全国平均	**99.5**	**105.2**	**97.0**	**93.8**	**95.9**	**89.9**
北京	99.9	136.4	98.1	92.3	98.5	88.2
天津	100.2	103.7	96.2	95.7	98.8	91.4
河北	100.1	105.4	97.7	96.0	97.3	92.7
山西	99.8	103.7	98.2	93.7	95.4	91.0
内蒙古	99.3	106.0	95.4	96.2	98.0	93.6
辽宁	98.7	106.3	91.9	95.6	97.6	93.4
吉林	99.6	103.0	96.3	91.6	94.3	87.1
黑龙江	97.5	99.9	94.8	93.9	96.0	89.4
上海	100.0	100.0	99.9	93.3	98.0	91.7
江苏	100.4	103.2	98.4	95.6	97.0	92.1
浙江	100.1	105.7	99.9	93.2	94.4	91.2
安徽	99.0	105.9	98.9	93.8	95.8	90.5
福建	100.2	104.9	98.0	91.7	95.3	86.0
江西	100.9	110.0	97.4	92.0	93.0	90.2
山东	99.0	104.0	97.3	93.2	95.1	89.6
河南	98.4	102.1	94.5	95.6	96.9	90.5
湖北	99.6	103.2	95.7	87.8	93.1	81.4
湖南	99.5	108.1	97.0	89.5	92.5	81.1
广东	99.6	100.9	97.1	95.4	97.0	92.5
广西	99.4	98.4	96.4	91.3	95.0	84.4
海南	101.4	112.6	102.1	92.8	92.3	94.1
重庆	100.0	110.6	93.7	88.8	98.5	82.6
四川	97.8	105.8	98.7	94.1	96.3	89.9
贵州	100.6	98.7	98.2	94.4	98.2	91.6
云南	99.0	107.3	96.4	95.5	96.2	94.0
西藏	99.6	101.0	93.1	98.4	99.3	92.7
陕西	99.8	104.7	97.0	90.5	96.1	82.0
甘肃	99.6	105.7	95.1	93.2	95.1	89.6
青海	100.8	110.5	97.8	96.3	97.0	95.4
宁夏	99.9	107.9	94.4	90.8	95.0	80.4
新疆	101.1	107.1	100.6	94.2	98.0	88.8

2000年全国及各地区居民消费价格分类指数(十一)

(以上年价格为100)

	六、娱乐教育文化用品	1.文娱用耐用消费品	2.教材及参考书	3.文化娱乐用品	(1)文娱用品	(2)报纸杂志
全国平均	**97.4**	**92.0**	**107.5**	**101.7**	**99.5**	**104.6**
北　京	97.8	94.2	107.9	105.0	99.7	112.5
天　津	84.6	77.5	94.3	100.3	100.4	100.1
河　北	96.9	94.2	102.2	100.2	99.4	101.2
山　西	96.8	93.7	103.6	98.0	96.5	99.7
内蒙古	97.8	95.1	100.3	99.8	99.7	100.0
辽　宁	98.6	91.0	117.6	100.6	98.5	102.9
吉　林	97.6	93.2	104.7	100.5	99.7	101.8
黑龙江	95.4	90.3	102.3	99.9	99.5	100.5
上　海	92.1	85.9	100.1	106.8	100.4	113.3
江　苏	97.5	93.2	109.9	100.4	100.0	100.9
浙　江	96.8	91.9	106.6	101.2	98.6	105.1
安　徽	96.6	92.2	102.4	100.9	100.1	101.8
福　建	94.4	91.6	101.0	98.5	98.6	98.3
江　西	97.8	93.8	101.2	100.6	98.4	102.9
山　东	96.9	92.1	104.9	100.9	99.2	102.9
河　南	97.4	92.7	109.5	101.2	99.7	103.5
湖　北	93.5	86.3	103.9	100.8	101.2	100.5
湖　南	103.2	91.6	128.4	99.6	99.0	100.5
广　东	99.1	94.3	100.3	107.4	100.6	117.1
广　西	98.6	92.8	108.7	100.1	100.2	100.0
海　南	95.8	93.2	99.6	100.2	100.2	100.0
重　庆	99.3	88.0	117.2	106.6	96.2	118.4
四　川	99.2	90.0	115.9	101.3	98.8	106.3
贵　州	97.2	92.3	106.1	99.5	98.7	100.7
云　南	99.3	93.3	119.6	99.3	97.9	101.9
西　藏	97.4	91.7	102.1	108.9	99.3	112.7
陕　西	99.1	91.5	110.8	101.5	98.6	104.6
甘　肃	97.0	88.6	118.1	99.5	99.2	99.8
青　海	99.4	92.3	106.6	99.2	98.0	100.3
宁　夏	94.6	89.3	104.1	98.6	97.8	100.0
新　疆	97.1	92.1	104.1	101.8	99.6	103.8

2000年全国及各地区居民消费价格分类指数(十二)

(以上年价格为100)

	七、居　住	1.住　房	(1)建筑材料	(2)房　租	2.水、电、燃料	八、服务项目
全国平均	**104.8**	**101.9**	**98.5**	**109.2**	**107.7**	**114.1**
北　京	117.9	125.2	92.8	201.0	110.5	116.2
天　津	104.3	98.9	98.0	100.0	110.3	111.6
河　北	105.3	101.9	98.3	109.6	108.3	110.2
山　西	107.3	113.6	97.0	127.2	103.2	163.8
内蒙古	103.0	100.4	98.4	103.8	105.1	120.8
辽　宁	105.8	105.0	96.9	114.8	106.4	106.9
吉　林	105.4	101.8	96.4	106.4	107.1	107.7
黑龙江	105.7	100.7	95.4	105.5	108.4	105.3
上　海	103.3	104.0	99.6	106.2	103.0	130.4
江　苏	103.6	100.6	98.9	107.5	107.9	109.0
浙　江	104.1	99.9	98.7	103.1	109.8	114.0
安　徽	104.4	101.6	97.8	106.9	106.8	117.5
福　建	106.7	102.1	98.9	110.5	110.1	129.9
江　西	104.6	102.6	96.5	117.1	107.0	116.2
山　东	104.5	103.4	99.6	110.8	105.4	114.6
河　南	101.6	99.9	96.0	113.3	104.2	108.8
湖　北	105.0	101.4	96.4	113.3	107.4	105.4
湖　南	102.9	98.9	97.9	101.8	107.2	113.6
广　东	106.6	101.1	99.1	104.7	111.1	113.0
广　西	105.9	100.2	99.6	101.1	111.9	113.6
海　南	108.8	99.8	99.8	99.9	113.0	113.4
重　庆	101.2	98.9	97.4	100.2	103.4	112.3
四　川	101.7	100.8	99.3	103.8	102.9	119.4
贵　州	104.8	99.9	98.7	102.3	108.1	117.2
云　南	101.9	98.1	96.2	101.4	106.2	103.8
西　藏	103.5	102.1	97.7	103.2	104.0	106.4
陕　西	103.5	100.2	97.5	103.1	106.8	110.9
甘　肃	104.2	100.3	98.6	107.6	107.6	105.6
青　海	107.3	110.1	98.7	135.3	106.0	103.8
宁　夏	105.8	100.8	95.2	122.8	110.2	110.1
新　疆	103.9	100.2	98.3	102.8	107.0	113.9

2000年全国及各地区居民消费价格分类指数(十三)

(以上年价格为100)

	1.电讯费	2.邮　费	3.交通费	4.洗　理 美容费	5.文娱费	6.学　杂 保育费	7.修理及其 他服务费	8.医疗保 健服务
全国平均	**100.9**	**107.8**	**105.6**	**101.7**	**108.2**	**128.8**	**100.5**	**111.1**
北　京	100.0	107.2	137.6	106.4	118.7	122.5	94.5	128.6
天　津	100.0	105.7	112.8	100.0	101.9	124.4	98.4	100.0
河　北	98.9	105.5	105.3	102.2	106.3	123.0	100.6	101.4
山　西	99.7	107.6	107.0	98.4	101.6	241.5	98.8	100.4
内蒙古	98.6	106.4	102.9	101.6	100.8	151.6	100.6	103.4
辽　宁	99.7	105.9	102.6	101.4	105.5	108.0	100.6	137.1
吉　林	100.2	107.5	107.7	100.4	111.1	114.2	100.1	100.7
黑龙江	100.2	106.6	104.7	101.9	107.0	104.4	104.6	114.3
上　海	124.4	106.6	108.6	101.3	124.7	170.9	100.1	100.0
江　苏	100.6	107.7	101.6	102.2	108.3	119.0	101.0	105.0
浙　江	99.6	108.8	103.6	101.2	113.2	134.2	98.9	102.0
安　徽	98.7	106.7	103.9	101.4	102.8	135.8	100.7	104.1
福　建	98.4	110.1	103.8	102.6	101.6	179.3	100.3	153.9
江　西	99.6	109.4	106.4	104.7	109.1	133.7	103.3	105.1
山　东	97.8	106.0	103.5	101.9	106.3	125.9	101.5	126.2
河　南	100.1	110.4	104.1	101.4	104.5	118.2	100.6	101.6
湖　北	95.6	107.2	109.0	102.0	103.0	107.7	101.5	110.0
湖　南	99.7	107.6	104.4	100.7	100.5	124.5	100.3	100.8
广　东	101.0	110.1	101.6	99.5	104.9	129.5	101.3	117.5
广　西	100.2	107.1	101.0	104.7	103.5	125.4	99.8	103.5
海　南	100.1	105.8	99.9	99.2	91.0	137.2	98.8	107.1
重　庆	100.0	109.6	100.6	97.4	137.5	126.1	97.6	112.3
四　川	102.9	109.0	106.8	103.3	102.0	139.7	101.2	108.3
贵　州	100.1	107.3	104.8	103.1	121.3	141.7	101.5	121.0
云　南	100.1	108.4	103.4	106.5	101.9	104.5	106.5	102.1
西　藏	96.3	98.6	101.8	112.9	102.0	107.4	106.1	111.8
陕　西	99.0	107.9	107.5	103.4	106.6	122.8	101.9	103.1
甘　肃	100.2	106.2	102.7	101.0	103.3	107.9	100.7	114.5
青　海	100.4	110.1	106.6	104.8	102.8	103.4	99.0	107.2
宁　夏	99.5	107.8	112.0	108.5	107.9	125.8	99.7	100.1
新　疆	99.4	107.3	108.3	102.4	103.3	135.6	100.4	103.1

2000年全国及各地区城市居民消费价格分类指数(一)

(以上年价格为100)

	总指数	一、食品类	1.粮　食	(1)细　粮	(2)粗　粮	2.淀粉及薯类
全国平均	**100.8**	**97.4**	**88.8**	**88.6**	**94.3**	**98.6**
北　京	103.5	97.9	91.4	91.1	95.8	97.7
天　津	99.6	98.0	90.3	90.2	91.5	99.7
河　北	100.5	97.6	88.3	87.9	93.9	100.5
山　西	104.7	94.7	88.9	88.6	92.9	99.5
内蒙古	101.3	97.2	94.0	93.8	96.7	100.8
辽　宁	100.0	97.9	88.6	88.1	96.8	102.0
吉　林	98.3	95.6	88.5	88.4	91.3	98.4
黑龙江	98.7	96.4	94.2	93.9	99.3	97.4
上　海	102.5	98.1	92.1	92.1		99.4
江　苏	100.0	97.2	86.7	86.6	95.2	99.4
浙　江	100.9	98.6	90.1	89.9	99.0	97.2
安　徽	100.9	97.0	85.0	84.8	96.2	97.5
福　建	103.2	98.7	90.0	90.0		98.8
江　西	102.1	98.2	89.3	89.1	96.0	97.8
山　东	101.2	98.8	91.1	90.8	95.7	101.5
河　南	99.1	96.2	85.6	85.3	92.3	96.0
湖　北	100.0	97.5	81.6	81.6	88.8	100.2
湖　南	101.3	98.7	87.8	87.6	98.4	98.4
广　东	102.2	98.7	97.1	97.2	93.9	98.4
广　西	100.0	96.8	92.4	92.6	85.5	95.5
海　南	101.5	98.2	93.5	93.5	94.1	91.6
重　庆	96.7	93.1	85.3	85.0	91.4	93.9
四　川	99.7	95.0	90.3	90.3	90.4	98.1
贵　州	99.2	94.6	93.0	92.9	97.7	94.6
云　南	97.6	93.8	91.0	91.0	85.9	86.0
西　藏	100.4	100.2	103.4	103.4	103.4	102.0
陕　西	100.3	97.2	90.2	90.2	91.5	99.1
甘　肃	99.2	97.3	92.6	92.5	96.2	99.0
青　海	99.6	98.1	94.4	94.4	98.5	98.4
宁　夏	99.7	97.6	91.0	91.0	92.1	101.8
新　疆	100.1	96.4	89.2	89.2	89.4	90.8

2000年全国及各地区城市居民消费价格分类指数(二)

(以上年价格为100)

	3.干豆类及豆制品	4.油脂类	5.肉禽及其制品	6.蛋　类	7.水产品	8.菜　类
全国平均	**102.5**	**85.7**	**97.8**	**84.2**	**102.3**	**104.3**
北　京	97.9	85.8	98.4	84.2	107.3	98.7
天　津	112.0	89.4	99.9	83.8	104.0	100.9
河　北	109.6	89.6	103.5	82.7	104.0	102.2
山　西	96.7	93.2	100.5	82.5	107.3	96.6
内蒙古	102.2	86.7	100.0	83.1	104.8	99.9
辽　宁	105.6	80.2	100.1	83.9	108.7	106.7
吉　林	103.9	83.3	96.7	80.3	102.3	103.1
黑龙江	105.3	80.8	96.8	82.9	104.8	102.2
上　海	104.7	77.1	95.7	84.6	100.9	107.4
江　苏	97.8	82.6	98.3	83.9	97.8	109.3
浙　江	99.7	79.9	95.5	83.2	101.4	107.4
安　徽	99.4	81.5	100.3	84.0	102.4	110.2
福　建	99.9	94.8	96.2	83.5	103.3	107.8
江　西	99.4	81.0	100.0	86.4	100.3	112.3
山　东	106.0	94.4	99.9	83.7	107.3	105.6
河　南	106.5	86.3	99.6	82.2	105.4	106.4
湖　北	106.0	77.9	100.6	86.7	101.2	109.8
湖　南	98.9	89.6	101.1	91.6	98.3	106.2
广　东	102.6	95.2	96.2	85.7	101.0	102.9
广　西	102.6	96.7	95.3	87.0	99.3	99.9
海　南	102.7	91.7	96.0	87.1	103.9	108.8
重　庆	104.3	79.1	93.3	93.6	92.8	92.4
四　川	101.7	83.8	95.1	85.9	93.0	96.4
贵　州	97.8	81.0	92.7	91.3	97.7	97.7
云　南	97.1	82.0	89.9	82.6	91.6	96.6
西　藏	98.2	99.0	90.2	103.3	94.2	109.8
陕　西	101.3	79.1	98.8	85.1	105.4	102.1
甘　肃	96.6	84.2	97.9	82.6	105.0	104.6
青　海	93.9	81.3	99.9	83.9	107.6	104.2
宁　夏	98.5	94.3	99.0	84.8	108.0	101.3
新　疆	98.0	85.6	96.3	78.3	92.8	106.9

2000 年全国及各地区城市居民消费价格分类指数(三)

(以上年价格为 100)

	(1)鲜　菜	(2)干　菜	(3)菜制品	9.调味品	10.糖　类	(1)食　糖
全国平均	**104.7**	**100.1**	**98.8**	**100.6**	**102.0**	**106.5**
北　京	98.4	101.2	102.3	98.3	98.9	98.3
天　津	101.0	100.1	100.0	102.3	102.4	108.6
河　北	102.1	104.1	101.8	98.7	101.4	103.5
山　西	96.6	101.5	93.1	98.1	98.2	94.0
内蒙古	100.0	97.9	99.4	101.1	99.8	101.8
辽　宁	106.4	116.4	99.6	101.3	104.8	107.2
吉　林	103.0	109.0	100.5	98.4	101.1	105.1
黑龙江	102.3	101.5	97.8	102.1	100.3	102.1
上　海	108.5	98.2	99.1	100.0	103.9	114.1
江　苏	110.2	101.0	99.4	100.0	102.1	105.4
浙　江	108.0	104.3	102.5	97.9	106.2	116.7
安　徽	111.0	98.3	105.2	101.4	102.3	106.7
福　建	109.7	94.5	101.5	97.6	106.9	107.4
江　西	113.9	96.7	101.4	98.7	101.2	103.8
山　东	105.8	103.0	101.3	97.1	97.6	97.4
河　南	107.1	101.0	93.1	104.5	101.8	108.6
湖　北	110.6	98.0	96.8	117.3	102.1	107.2
湖　南	106.6	102.9	99.3	100.1	100.3	108.4
广　东	103.5	99.7	96.6	99.7	105.0	111.7
广　西	100.7	94.4	94.4	101.5	102.6	106.5
海　南	109.7	95.9	100.4	99.7	104.9	118.6
重　庆	92.4	93.3	92.5	97.8	103.4	108.3
四　川	96.3	95.9	101.3	102.3	99.2	101.1
贵　州	98.9	83.0	92.7	99.7	102.7	109.3
云　南	96.9	90.1	92.5	101.0	103.0	110.2
西　藏	111.6	95.7	101.1	110.6	102.1	106.1
陕　西	102.2	98.1	100.1	105.3	100.3	109.5
甘　肃	104.9	101.9	93.6	102.1	101.5	101.0
青　海	104.3	101.5	100.9	100.3	101.0	101.8
宁　夏	101.3	102.4	98.7	99.0	101.9	112.1
新　疆	107.3	100.0	96.9	101.1	102.4	106.7

2000年全国及各地区城市居民消费价格分类指数(四)

(以上年价格为100)

	(2)糖　果	11.烟草类	12.酒和饮料	13.干鲜瓜果	(1)鲜　果	(2)干　果
全国平均	**99.5**	**96.5**	**98.2**	**95.9**	**95.3**	**98.8**
北　京	99.0	105.6	100.0	89.8	88.4	94.9
天　津	97.4	93.2	99.1	95.1	93.5	100.0
河　北	100.5	97.2	97.5	94.1	93.1	100.4
山　西	101.0	89.3	96.9	91.2	89.1	103.3
内蒙古	98.7	95.7	98.5	91.9	91.5	93.6
辽　宁	103.7	92.4	99.8	91.9	90.4	99.8
吉　林	97.3	97.6	96.9	91.5	91.1	94.9
黑龙江	98.6	98.6	98.0	95.8	95.2	99.5
上　海	99.5	96.3	99.1	94.8	93.4	99.6
江　苏	99.6	94.8	97.7	95.5	94.9	97.7
浙　江	100.8	98.5	98.6	102.3	103.4	99.0
安　徽	100.4	96.5	97.5	93.7	93.1	96.2
福　建	105.5	98.7	98.9	101.8	102.2	98.9
江　西	99.5	96.1	98.4	100.6	102.0	95.4
山　东	97.7	97.4	98.4	97.0	96.5	100.4
河　南	97.6	97.1	96.6	96.5	95.6	100.4
湖　北	99.6	91.7	98.4	97.5	97.3	98.0
湖　南	96.6	97.9	98.6	103.2	104.5	97.9
广　东	101.0	101.0	98.6	98.0	97.8	99.3
广　西	100.0	97.5	101.3	96.2	96.3	95.7
海　南	96.5	102.1	95.6	94.2	94.0	97.7
重　庆	101.1	95.6	99.7	89.9	88.2	99.1
四　川	98.3	96.7	98.8	93.3	91.8	101.4
贵　州	98.6	93.2	97.7	92.6	90.8	99.5
云　南	97.8	95.6	94.5	91.4	91.4	91.9
西　藏	98.8	103.7	97.9	88.0	85.4	100.5
陕　西	96.7	97.7	97.9	95.9	94.8	99.6
甘　肃	101.8	98.4	94.4	100.4	101.7	95.6
青　海	100.6	97.6	97.5	102.3	103.0	99.5
宁　夏	95.9	95.8	98.4	95.4	94.8	97.3
新　疆	100.6	95.9	97.6	97.3	94.9	105.4

2000年全国及各地区城市居民消费价格分类指数(五)

(以上年价格为100)

	14.糕 点	15.奶及奶制品	16.其他食品	17.饮食业	(1)主 食	(2)炒 菜
全国平均	**100.0**	**100.2**	**98.2**	**99.6**	**99.2**	**99.3**
北 京	94.8	104.3	96.9	100.8	95.9	102.1
天 津	97.8	100.0	96.1	100.2	100.2	100.2
河 北	101.2	101.3	100.5	100.0	99.9	100.5
山 西	97.4	99.4	97.0	96.8	98.1	95.9
内 蒙 古	101.5	101.3	102.1	99.4	99.2	99.6
辽 宁	100.3	99.0	94.4	99.9	100.2	99.7
吉 林	98.4	100.7	99.1	99.8	98.7	100.3
黑 龙 江	100.7	104.1	96.6	99.7	99.9	99.6
上 海	101.8	100.3	98.4	99.8	98.4	99.7
江 苏	99.7	100.1	99.6	99.0	99.2	98.8
浙 江	99.7	100.5	98.6	99.7	99.9	99.4
安 徽	98.8	100.5	98.4	98.3	98.5	97.9
福 建	101.8	99.9	100.8	97.4	96.2	97.1
江 西	98.6	98.6	100.2	100.5	99.7	101.5
山 东	101.0	98.3	97.7	100.2	99.1	101.5
河 南	97.5	98.2	96.5	98.4	96.9	100.5
湖 北	97.3	99.0	98.9	98.2	98.9	97.3
湖 南	100.5	99.1	98.0	99.0	99.1	98.7
广 东	102.0	98.4	95.7	100.4	100.4	98.7
广 西	99.7	101.1	99.3	98.8	99.4	98.5
海 南	99.5	95.6	100.0	95.1	100.0	91.1
重 庆	99.9	98.5	102.7	101.7	100.0	102.8
四 川	98.4	103.6	97.1	101.4	101.0	100.9
贵 州	99.4	101.8	98.3	96.3	99.7	93.1
云 南	101.7	99.9	92.8	100.9	99.8	100.0
西 藏	93.9	106.4	103.3	101.7	102.2	99.5
陕 西	105.5	103.1	101.8	99.5	98.8	99.6
甘 肃	104.7	100.7	90.8	97.4	100.1	94.6
青 海	98.6	96.4	98.0	100.8	100.8	101.4
宁 夏	103.5	98.9	93.1	99.8	98.4	100.7
新 疆	99.4	99.9	97.7	100.3	99.0	101.2

2000年全国及各地区城市居民消费价格分类指数(六)

(以上年价格为100)

	(3)地方小吃	二、衣　着	1.服　装	2.衣着材料	(1)棉　布	(2)棉花化纤混纺布
全国平均	**101.5**	**99.5**	**99.3**	**98.5**	**98.8**	**98.6**
北　京	101.0	102.6	102.5	97.8	97.8	104.3
天　津	100.0	100.1	101.5	96.4	99.6	98.1
河　北	99.6	100.6	100.7	100.9	101.4	98.8
山　西	98.0	99.3	99.9	95.3	94.8	87.8
内蒙古	99.8	98.1	97.6	97.9	97.5	99.5
辽　宁	100.2	100.2	100.2	99.0	99.5	97.9
吉　林	100.8	98.4	97.9	97.2	97.7	96.9
黑龙江	100.0	99.2	98.1	98.2	99.5	98.6
上　海	101.6	94.9	94.5	99.3	99.6	95.5
江　苏	99.7	99.3	98.6	99.5	100.4	95.9
浙　江	100.0	98.4	97.4	100.6	100.5	105.3
安　徽	99.5	98.1	97.9	96.7	97.7	97.2
福　建	99.7	97.8	97.4	99.2	97.2	101.3
江　西	99.9	97.1	94.9	97.2	97.6	95.6
山　东	98.1	101.3	101.3	99.6	97.8	99.6
河　南	99.8	99.4	99.1	99.8	97.5	97.6
湖　北	99.5	100.1	100.7	100.2	101.7	101.3
湖　南	100.7	98.6	98.5	96.3	99.7	99.3
广　东	103.9	100.0	99.7	99.7	98.6	99.8
广　西	99.5	101.4	101.9	99.8	99.0	97.9
海　南	100.0	103.3	99.7	100.0	99.4	94.7
重　庆	100.0	90.4	88.3	96.8	100.0	100.0
四　川	104.0	99.3	98.7	100.1	100.3	100.0
贵　州	100.6	99.2	98.2	100.0	100.1	101.0
云　南	112.9	102.2	104.2	92.3	97.2	100.0
西　藏	103.6	100.8	101.2	94.7	100.9	97.5
陕　西	100.3	100.1	100.3	100.0	100.4	96.6
甘　肃	99.5	104.6	103.6	97.8	97.3	94.8
青　海	99.5	99.9	99.9	99.6	95.2	99.0
宁　夏	100.0	97.1	96.0	95.5	98.0	96.2
新　疆	101.8	100.1	100.7	96.8	98.9	97.8

2000年全国及各地区城市居民消费价格分类指数(七)

(以上年价格为100)

	(3)化纤布	(4)呢　绒	(5)绸　缎	(6)毛　线	3.鞋袜帽及其他	(1)鞋　类
全国平均	**99.5**	**98.0**	**98.7**	**97.6**	**100.4**	**100.5**
北　京	97.1	98.1	94.6	96.8	103.9	104.4
天　津	93.0	97.3	97.4	97.2	97.6	97.2
河　北	104.6	99.0	99.7	99.3	100.4	100.5
山　西	99.0	106.4	93.0	88.5	99.8	99.7
内蒙古	97.8	96.9	98.7	98.6	99.3	99.0
辽　宁	102.5	96.4	100.3	98.3	100.5	100.2
吉　林	99.1	95.7	97.8	97.3	100.1	100.5
黑龙江	98.7	97.6	99.5	97.1	101.8	102.0
上　海	93.1	106.6	95.7	100.0	95.1	93.9
江　苏	100.3	100.1	99.3	97.9	101.0	101.1
浙　江	100.8	99.7	99.9	99.5	100.0	99.9
安　徽	94.5	98.1	95.7	98.7	99.4	99.2
福　建	98.9	99.9	99.2	98.5	98.7	98.3
江　西	96.1	99.0	100.6	96.3	102.5	102.3
山　东	99.8	100.4	98.8	99.6	102.3	102.8
河　南	103.7	94.8	99.2	99.4	100.2	100.3
湖　北	102.0	99.3	101.3	98.3	98.3	98.7
湖　南	93.8	95.0	99.1	98.9	99.6	99.4
广　东	100.6	97.2	99.5	100.6	101.0	101.1
广　西	101.1	92.9	100.2	99.9	100.6	100.5
海　南	115.0	100.0	99.1	104.5	117.0	121.6
重　庆	103.1	99.5	87.9	99.9	94.0	93.2
四　川	100.1	100.3	100.3	99.9	100.7	100.8
贵　州	100.8	95.2	103.3	100.1	101.3	102.2
云　南	90.4	76.9	99.3	98.0	100.1	100.0
西　藏	102.4	100.2	100.9	89.5	102.7	99.7
陕　西	101.1	99.1	99.7	99.1	99.5	99.6
甘　肃	105.8	99.6	103.0	91.4	108.9	110.6
青　海	98.9	99.6	99.8	101.4	99.9	100.0
宁　夏	93.3	99.8	98.8	98.8	100.5	100.9
新　疆	99.3	97.3	99.4	91.4	102.3	102.9

2000年全国及各地区城市居民消费价格分类指数(八)

(以上年价格为100)

	(2)袜　子	(3)帽　子	(4)其他衣着	三、家庭设备及用品	1.耐用消费品	(1)家　具
全国平均	**99.8**	**100.7**	**99.9**	**97.7**	**96.4**	**97.3**
北　京	97.9	107.7	100.4	96.3	94.7	100.6
天　津	100.0	100.0	99.4	95.3	95.2	100.0
河　北	98.3	100.8	100.2	98.4	98.4	100.2
山　西	92.9	103.8	104.3	98.1	97.1	98.4
内蒙古	99.3	101.1	100.2	99.2	99.3	100.5
辽　宁	102.5	98.3	102.7	97.3	95.8	96.8
吉　林	97.2	106.2	96.7	97.3	96.9	99.6
黑龙江	100.7	101.1	100.0	98.1	96.9	101.4
上　海	100.0	100.0	102.0	96.6	93.9	92.8
江　苏	102.6	96.3	99.0	98.0	96.4	98.8
浙　江	100.4	99.8	100.1	97.3	95.9	97.9
安　徽	101.8	107.4	99.5	98.8	98.3	99.2
福　建	100.3	88.7	102.1	98.7	98.7	99.4
江　西	107.1	101.9	102.0	98.4	97.7	95.5
山　东	100.0	99.0	99.0	96.6	96.3	96.9
河　南	101.1	105.4	95.9	98.1	97.9	98.8
湖　北	91.6	99.0	98.7	96.5	94.9	94.9
湖　南	103.8	99.6	97.7	97.8	95.3	97.7
广　东	100.2	100.7	100.8	98.5	97.0	96.6
广　西	100.4	102.9	101.0	98.7	97.6	99.9
海　南	100.0	100.0	102.1	99.5	97.1	95.6
重　庆	99.4	99.1	98.4	94.1	92.4	85.1
四　川	99.8	100.1	100.2	98.6	98.0	99.8
贵　州	91.2	98.0	99.7	95.1	92.9	89.7
云　南	101.3	97.9	101.3	100.4	95.7	95.1
西　藏	129.0	102.9	102.9	99.7	98.9	98.7
陕　西	98.9	101.9	99.3	96.9	95.3	99.3
甘　肃	97.2	97.3	105.7	96.5	94.7	92.3
青　海	100.2	102.2	96.5	98.6	99.3	100.5
宁　夏	99.5	99.1	98.3	97.7	95.4	98.0
新　疆	101.8	95.9	98.0	99.4	100.0	99.8

2000年全国及各地区城市居民消费价格分类指数(九)

(以上年价格为100)

	(2)家庭设备	2.室内装饰品	3.床上用品	4.家庭日用杂品	5.其他日用品	四、医疗保健用品
全国平均	**95.9**	**98.9**	**99.7**	**98.3**	**99.3**	**100.1**
北京	91.9	102.6	105.0	97.0	97.2	113.5
天津	93.5	79.4	89.6	95.7	100.3	99.7
河北	97.3	100.1	101.4	98.0	96.6	100.4
山西	96.4	96.0	102.6	98.8	98.9	101.7
内蒙古	98.6	98.0	99.1	99.1	99.4	99.4
辽宁	95.4	98.8	98.8	97.3	98.3	97.6
吉林	95.3	96.3	102.3	97.8	95.9	98.7
黑龙江	95.9	97.6	97.9	96.8	98.2	98.2
上海	94.3	99.3	102.7	95.2	99.7	99.9
江苏	95.8	98.5	100.0	99.4	100.4	99.9
浙江	95.5	98.5	99.5	97.5	99.8	102.0
安徽	98.0	98.3	99.7	98.6	100.4	103.0
福建	98.4	99.9	98.2	98.1	99.1	101.2
江西	98.6	99.1	99.5	99.2	97.9	102.3
山东	96.1	99.4	99.6	96.5	95.8	98.0
河南	97.4	98.2	99.0	98.1	98.2	96.5
湖北	94.9	97.9	101.3	96.0	98.2	96.1
湖南	94.4	98.1	100.0	100.0	99.9	100.1
广东	97.3	100.2	99.6	99.8	100.7	99.1
广西	96.4	99.3	99.9	100.2	99.6	94.3
海南	98.9	103.5	100.7	101.8	98.3	101.0
重庆	95.3	81.4	96.1	96.0	98.7	100.5
四川	97.2	97.6	99.1	99.0	100.1	101.5
贵州	95.1	98.2	97.7	98.3	96.8	98.8
云南	96.1	113.8	99.5	96.7	103.0	100.4
西藏	99.0	99.4	93.4	102.7	100.3	99.3
陕西	92.5	97.2	98.1	96.6	101.1	102.7
甘肃	98.3	98.6	102.8	95.6	98.6	96.2
青海	98.6	99.5	97.6	97.3	98.7	100.9
宁夏	92.1	98.3	101.4	98.0	100.2	97.8
新疆	100.0	98.7	98.8	99.5	98.8	103.7

2000年全国及各地区城市居民消费价格分类指数(十)

(以上年价格为100)

	1.医疗器具及保健用品	2.中药材及中成药	3.西　药	五、交通和通讯工具	1.交通工具	2.通讯工具
全国平均	**99.6**	**105.3**	**96.7**	**94.1**	**97.2**	**90.1**
北　京	99.9	136.4	98.1	92.3	98.5	88.2
天　津	100.2	103.7	96.2	95.7	98.8	91.4
河　北	101.5	106.0	95.6	95.1	98.0	91.4
山　西	103.1	104.6	99.2	96.3	96.9	95.5
内蒙古	99.6	105.9	93.8	96.4	98.1	94.1
辽　宁	99.5	106.8	91.8	96.0	98.8	94.1
吉　林	100.1	103.1	95.8	89.2	93.5	82.6
黑龙江	100.4	98.6	94.6	97.3	98.7	94.4
上　海	100.0	100.0	99.9	93.3	98.0	91.7
江　苏	99.7	102.5	97.9	94.9	98.9	86.7
浙　江	100.2	105.6	99.5	95.1	95.1	95.1
安　徽	99.0	108.8	99.0	90.7	93.3	88.6
福　建	99.7	104.6	98.5	94.7	98.2	90.9
江　西	99.8	107.3	98.5	94.4	96.4	91.0
山　东	98.6	101.8	95.6	92.4	95.9	87.6
河　南	98.7	101.5	93.7	95.2	97.3	90.4
湖　北	99.3	100.9	94.6	89.7	97.9	83.2
湖　南	98.8	105.2	96.8	91.4	97.6	81.8
广　东	99.8	102.1	96.7	95.9	97.4	93.5
广　西	100.2	93.4	94.7	90.8	95.7	84.7
海　南	98.3	102.5	99.9	91.9	93.5	80.4
重　庆	100.0	110.6	93.7	88.8	98.5	82.6
四　川	100.7	105.5	99.3	93.5	97.6	90.3
贵　州	99.5	98.0	99.3	92.9	100.2	89.8
云　南	93.3	108.2	94.5	97.8	98.7	96.3
西　藏	98.6	98.6	100.0	95.6	95.3	97.0
陕　西	100.5	105.0	101.2	88.6	99.2	79.3
甘　肃	95.3	103.7	92.4	91.3	95.5	87.8
青　海	100.6	109.2	98.4	97.1	98.9	95.3
宁　夏	99.6	105.8	92.8	91.8	95.0	82.5
新　疆	100.7	107.2	101.6	94.1	99.3	87.3

2000年全国及各地区城市居民消费价格分类指数(十一)

(以上年价格为100)

	六、娱乐教育文化用品	1.文娱用耐用消费品	2.教材及参考书	3.文化娱乐用品	(1)文娱用品	(2)报纸杂志
全国平均	**96.9**	**91.5**	**106.6**	**102.1**	**99.9**	**104.9**
北　京	97.8	94.2	107.9	105.0	99.7	112.5
天　津	84.6	77.5	94.3	100.3	100.4	100.1
河　北	97.6	95.3	102.1	99.9	98.8	101.0
山　西	96.7	94.0	102.4	99.8	99.4	100.2
内蒙古	98.1	95.6	100.5	100.0	100.1	100.0
辽　宁	98.7	90.8	120.3	100.9	98.4	103.4
吉　林	97.0	92.5	104.9	99.4	98.6	100.5
黑龙江	95.7	89.8	102.6	100.8	101.3	100.2
上　海	92.1	85.9	100.1	106.8	100.4	113.3
江　苏	97.2	92.0	111.2	100.4	100.3	100.4
浙　江	97.0	92.1	107.8	99.7	98.0	101.8
安　徽	96.8	92.8	102.1	100.7	100.1	101.3
福　建	95.3	92.2	100.6	99.9	97.9	102.3
江　西	99.0	96.7	102.3	99.8	100.1	99.5
山　东	95.3	90.1	105.8	101.6	99.7	104.2
河　南	97.3	92.7	108.7	101.3	99.1	104.4
湖　北	95.7	89.4	105.6	101.5	102.6	100.6
湖　南	99.6	92.5	117.0	100.5	100.5	100.6
广　东	99.1	94.1	100.6	107.4	101.3	117.6
广　西	97.4	92.6	105.3	100.5	100.8	100.1
海　南	100.4	99.0	111.5	100.8	102.4	100.0
重　庆	99.3	88.0	117.2	106.6	96.2	118.4
四　川	96.6	88.8	113.9	101.1	98.8	105.1
贵　州	93.6	87.8	103.2	100.9	100.3	101.4
云　南	99.5	94.2	125.9	99.1	97.8	101.8
西　藏	94.0	92.5	96.7	97.4	98.6	96.6
陕　西	99.3	94.1	110.1	100.6	99.2	102.5
甘　肃	93.5	85.9	116.2	100.3	99.7	100.9
青　海	98.9	92.0	106.2	98.8	97.4	100.0
宁　夏	94.6	89.7	103.9	98.7	97.8	100.0
新　疆	98.2	93.6	104.4	101.9	98.7	104.4

2000年全国及各地区城市居民消费价格分类指数(十二)

(以上年价格为100)

	七、居　住	1.住　房	(1)建筑材料	(2)房　租	2.水、电、燃料	八、服务项目
全国平均	**106.7**	**104.4**	**98.0**	**111.3**	**108.3**	**115.1**
北　京	117.9	125.2	92.8	201.0	110.5	116.2
天　津	104.3	98.9	98.0	100.0	110.3	111.6
河　北	107.7	104.0	96.9	110.3	111.0	114.7
山　西	107.8	113.9	96.6	130.8	103.5	168.5
内蒙古	102.7	99.3	97.1	102.3	105.4	122.8
辽　宁	106.5	106.6	93.0	117.0	106.4	105.6
吉　林	106.0	103.2	96.3	107.6	107.2	107.0
黑龙江	107.6	103.9	98.6	106.8	109.5	106.1
上　海	103.3	104.0	99.6	106.2	103.0	130.4
江　苏	106.7	103.0	98.1	108.1	108.6	109.5
浙　江	106.3	103.4	98.0	110.4	108.8	113.8
安　徽	107.6	106.4	98.0	113.6	108.4	115.9
福　建	107.5	105.7	99.0	113.1	108.3	133.2
江　西	106.3	107.0	95.1	123.4	105.8	121.5
山　东	107.5	108.2	98.5	119.1	107.0	116.8
河　南	107.2	107.7	97.6	123.1	106.9	109.2
湖　北	108.9	108.9	98.5	119.6	108.9	106.4
湖　南	106.2	101.2	99.4	103.3	111.5	112.3
广　东	106.8	101.7	98.6	105.5	111.2	115.2
广　西	106.8	99.1	97.4	100.3	113.5	115.9
海　南	111.9	102.2	103.3	99.8	114.3	107.2
重　庆	101.2	98.9	97.4	100.2	103.4	112.3
四　川	102.4	101.8	100.4	103.9	102.8	118.6
贵　州	104.8	98.8	96.0	103.9	108.9	116.5
云　南	101.6	94.6	88.9	99.8	106.5	102.0
西　藏	105.3	104.4	100.1	105.5	105.7	103.9
陕　西	104.4	101.3	99.5	102.2	107.6	111.3
甘　肃	106.1	103.3	100.9	111.5	108.5	103.1
青　海	110.0	117.2	99.4	149.6	106.8	102.5
宁　夏	107.1	102.8	93.9	131.0	110.1	110.2
新　疆	104.0	98.0	95.6	100.8	107.9	117.1

2000年全国及各地区城市居民消费价格分类指数(十三)

(以上年价格为100)

	1.电讯费	2.邮　费	3.交通费	4.洗　理美容费	5.文娱费	6.学　杂保育费	7.修理及其他服务费	8.医疗保健服务
全国平均	**101.3**	**107.4**	**107.0**	**101.4**	**110.1**	**131.7**	**100.2**	**112.7**
北　京	100.0	107.2	137.6	106.4	118.7	122.5	94.5	128.6
天　津	100.0	105.7	112.8	100.0	101.9	124.4	98.4	100.0
河　北	99.1	105.5	111.0	105.7	112.2	128.0	101.3	101.5
山　西	99.1	108.6	107.0	97.4	100.9	244.3	98.6	100.6
内蒙古	98.2	106.3	103.1	101.6	101.7	157.4	100.3	102.9
辽　宁	99.7	106.1	102.3	100.9	105.9	107.2	101.1	136.7
吉　林	100.1	106.2	109.0	100.3	110.6	110.3	100.2	100.7
黑龙江	101.1	107.3	102.6	99.9	106.3	102.7	101.3	104.1
上　海	124.4	106.6	108.6	101.3	124.7	170.9	100.1	100.0
江　苏	100.6	107.5	102.3	102.1	106.6	120.6	100.6	104.5
浙　江	99.8	116.6	102.5	101.5	122.0	136.7	98.8	102.6
安　徽	98.8	106.3	105.8	102.2	104.2	134.2	100.8	106.5
福　建	98.7	106.0	101.7	103.6	102.8	208.1	99.9	146.1
江　西	100.1	107.5	105.8	101.2	109.2	146.8	103.4	104.0
山　东	97.9	106.2	105.1	101.0	109.7	133.6	100.7	127.2
河　南	99.9	109.6	104.0	101.5	105.7	119.9	99.3	101.1
湖　北	94.4	108.5	114.6	101.1	106.6	108.0	103.1	112.7
湖　南	99.6	107.7	112.5	100.8	101.3	123.6	101.1	101.5
广　东	100.7	109.1	101.9	99.1	107.0	135.5	101.6	121.1
广　西	100.3	108.2	101.3	100.4	105.0	136.7	100.0	100.5
海　南	100.0	105.5	97.3	98.7	92.1	122.9	98.9	109.4
重　庆	100.0	109.6	100.6	97.4	137.5	126.1	97.6	112.3
四　川	103.2	108.0	102.9	101.2	101.6	142.5	100.7	101.3
贵　州	100.0	106.4	103.5	102.2	130.4	137.5	102.2	120.6
云　南	100.0	108.7	100.1	107.0	100.6	102.1	107.0	100.0
西　藏	98.9	102.5	98.8	120.5	102.5	99.7	103.2	107.3
陕　西	99.4	107.8	107.0	100.0	110.8	125.2	100.2	100.6
甘　肃	99.9	106.5	102.9	101.2	106.7	104.6	101.3	102.9
青　海	100.0	109.3	108.5	102.2	104.0	100.3	99.7	103.1
宁　夏	99.4	107.7	112.2	110.2	112.9	125.8	98.4	100.0
新　疆	99.8	107.7	110.4	102.6	101.6	146.5	100.2	100.6

2000年全国及各地区农村居民消费价格分类指数(一)

(以上年价格为100)

	总指数	一、食品类	1.粮　食	(1)细　粮	(2)粗　粮	2.淀粉及薯类
全国平均	**99.9**	**97.5**	**88.4**	**88.0**	**94.0**	**98.5**
北　京						
天　津						
河　北	99.1	97.4	91.1	90.4	97.0	100.7
山　西	103.0	96.4	92.3	91.1	98.5	101.6
内蒙古	101.2	97.3	91.4	90.3	98.4	103.8
辽　宁	99.7	97.6	90.2	89.0	97.7	102.7
吉　林	99.6	97.1	90.4	89.9	92.9	97.9
黑龙江	97.2	95.1	89.1	88.5	92.6	96.2
上　海						
江　苏	100.1	98.6	89.7	89.5	93.9	96.7
浙　江	101.1	100.1	86.0	86.0	87.5	99.0
安　徽	100.5	97.4	84.9	84.8	97.6	99.9
福　建	101.3	98.6	88.3	88.3		99.0
江　西	99.1	96.6	84.5	84.5	84.1	96.5
山　东	99.3	96.8	85.7	84.8	96.5	99.1
河　南	99.2	98.8	83.1	82.2	94.6	93.9
湖　北	98.2	97.7	84.6	84.0	93.5	99.7
湖　南	101.4	98.2	86.3	86.3		94.9
广　东	100.0	98.1	90.1	90.1	107.7	97.9
广　西	99.5	96.5	90.6	90.5	97.5	97.3
海　南	100.2	98.4	90.1	90.0	92.8	97.1
重　庆						
四　川	100.6	96.2	85.5	84.1	93.9	99.6
贵　州	100.2	96.1	92.6	92.4	99.1	96.6
云　南	98.4	95.5	90.3	91.3	83.6	94.9
西　藏	99.8	97.8	97.6	98.0	94.5	101.6
陕　西	99.0	96.5	89.7	89.5	91.9	101.9
甘　肃	100.1	98.3	95.9	94.3	106.5	97.0
青　海	99.4	97.1	94.1	94.1	97.6	98.6
宁　夏	99.5	96.7	91.4	91.4	94.5	105.7
新　疆	97.6	94.5	87.4	87.5	85.1	89.9

2000年全国及各地区农村居民消费价格分类指数(二)

(以上年价格为100)

	3.干豆类及豆制品	4.油脂类	5.肉禽及其制品	6.蛋类	7.水产品	8.菜类
全国平均	**101.5**	**87.9**	**99.4**	**84.9**	**100.8**	**105.3**
北京						
天津						
河北	101.6	93.0	102.3	84.1	104.3	102.3
山西	102.3	87.6	104.1	83.4	105.4	100.5
内蒙古	99.5	90.8	102.1	83.2	104.6	100.3
辽宁	108.8	84.5	101.4	83.4	103.2	106.5
吉林	102.1	79.6	96.4	81.4	106.2	105.9
黑龙江	106.6	81.3	98.1	81.3	105.0	98.9
上海						
江苏	100.9	85.4	100.9	87.7	98.2	108.1
浙江	99.4	86.1	99.0	84.3	106.1	114.5
安徽	100.5	85.9	103.8	85.6	102.7	105.3
福建	101.5	95.9	97.5	83.7	100.2	111.1
江西	98.8	86.2	98.6	85.6	97.6	110.8
山东	108.4	84.4	101.4	82.3	105.8	102.4
河南	109.1	90.2	101.9	82.8	101.7	107.8
湖北	99.7	83.5	100.6	89.5	99.6	105.5
湖南	96.2	93.7	100.6	90.1	92.1	105.7
广东	100.0	94.0	96.7	89.7	100.8	102.9
广西	100.7	95.3	95.8	81.9	91.7	97.6
海南	103.0	94.3	97.5	95.7	102.8	107.3
重庆						
四川	102.1	84.4	98.7	87.6	92.1	97.8
贵州	94.6	83.5	97.6	92.4	89.1	102.8
云南	98.5	89.1	93.6	92.0	92.6	100.6
西藏	99.4	96.1	95.0	93.5	101.1	101.1
陕西	107.7	80.3	100.8	83.7	95.7	104.3
甘肃	98.7	89.4	99.0	88.7	100.4	103.4
青海	93.9	82.7	97.7	84.6	100.8	101.4
宁夏	96.9	94.0	99.1	84.2	107.5	100.6
新疆	95.8	81.9	95.6	79.7	94.9	108.1

2000年全国及各地区农村居民消费价格分类指数(三)

(以上年价格为100)

	(1)鲜　菜	(2)干　菜	(3)菜制品	9.调味品	10.糖　类	(1)食　糖
全国平均	**106.7**	**98.2**	**98.8**	**102.1**	**104.9**	**109.5**
北　京						
天　津						
河　北	102.6	98.8	100.8	100.4	97.8	95.8
山　西	100.8	97.7	97.1	99.7	100.1	102.7
内蒙古	100.6	98.9	98.0	100.3	99.8	103.8
辽　宁	106.2	111.3	97.2	103.4	100.7	103.1
吉　林	106.2	103.4	105.8	99.2	100.6	108.4
黑龙江	98.7	102.0	94.3	100.4	107.3	113.3
上　海						
江　苏	109.4	102.6	97.1	102.9	104.4	106.7
浙　江	116.6	97.7	107.0	100.8	109.4	116.0
安　徽	106.1	101.5	98.9	103.3	102.8	104.4
福　建	113.1	100.5	100.6	99.1	114.0	119.7
江　西	113.6	98.8	106.5	98.4	105.9	111.0
山　东	102.7	101.0	97.0	99.5	101.4	102.8
河　南	108.9	100.6	99.2	101.6	108.4	111.4
湖　北	106.9	95.1	95.5	114.4	104.6	107.9
湖　南	109.8	93.5	89.5	104.6	105.7	115.0
广　东	104.6	98.4	93.0	99.5	105.0	113.4
广　西	98.7	97.6	91.8	104.7	109.4	115.8
海　南	109.0	104.8	104.5	101.5	99.1	112.5
重　庆						
四　川	99.6	92.4	100.6	103.2	108.7	113.9
贵　州	106.9	87.5	98.4	99.2	103.8	107.5
云　南	102.0	92.7	104.3	102.7	99.9	101.2
西　藏	101.5	93.0	108.9	93.7	100.0	99.0
陕　西	105.7	94.3	98.3	107.3	103.9	110.7
甘　肃	103.8	97.3	105.2	100.0	99.1	99.8
青　海	101.9	98.7	95.9	102.4	99.8	100.6
宁　夏	100.6	99.8	98.8	98.4	98.8	99.7
新　疆	109.1	97.1	94.6	101.3	96.3	93.7

2000年全国及各地区农村居民消费价格分类指数(四)

(以上年价格为100)

	(2)糖　果	11.烟草类	12.酒和饮料	13.干鲜瓜果	(1)鲜　果	(2)干　果
全国平均	**98.9**	**97.5**	**98.9**	**97.9**	**97.4**	**99.8**
北　京						
天　津						
河　北	99.3	98.1	100.2	95.5	95.1	97.8
山　西	98.8	95.1	96.8	99.0	99.0	99.1
内蒙古	97.1	96.3	98.8	92.5	92.2	93.6
辽　宁	97.7	95.7	101.2	97.1	96.9	98.4
吉　林	92.0	98.3	103.7	97.0	96.7	98.6
黑龙江	102.6	100.2	100.2	92.2	91.9	93.6
上　海						
江　苏	100.2	95.4	98.6	95.3	94.4	98.9
浙　江	100.1	99.6	98.3	103.3	104.2	101.7
安　徽	101.6	97.3	99.1	95.5	93.7	100.7
福　建	99.9	102.0	101.0	103.3	104.2	98.6
江　西	101.3	95.1	96.8	104.9	106.5	101.8
山　东	99.9	97.8	98.8	94.2	92.1	101.0
河　南	98.3	99.7	97.3	96.7	96.4	97.9
湖　北	100.1	98.5	99.3	96.1	95.9	96.8
湖　南	95.6	98.0	95.4	102.0	102.0	102.4
广　东	97.0	105.2	99.5	99.4	99.5	99.1
广　西	101.1	99.3	100.3	102.6	103.5	97.6
海　南	82.7	94.5	99.0	94.9	94.8	95.5
重　庆						
四　川	98.3	93.9	98.6	95.0	93.3	98.9
贵　州	98.0	95.5	97.6	90.5	85.5	100.8
云　南	97.3	93.3	100.6	97.0	97.1	96.5
西　藏	100.4	93.2	99.5	103.8	104.0	93.0
陕　西	96.9	95.1	100.8	94.4	92.6	101.3
甘　肃	98.0	101.7	97.5	100.7	101.4	97.3
青　海	99.3	97.7	98.9	96.3	96.2	96.3
宁　夏	97.6	96.4	97.4	94.6	93.1	102.2
新　疆	97.7	97.9	98.4	95.6	94.6	98.3

2000年全国及各地区农村居民消费价格分类指数(五)

(以上年价格为100)

	14.糕　点	15.奶及奶制品	16.其他食品	17.饮食业	(1)主　食	(2)炒　菜
全国平均	**99.0**	**99.3**	**99.0**	**99.8**	**99.3**	**100.1**
北　京						
天　津						
河　北	100.8	99.3	100.3	100.4	99.7	100.8
山　西	98.7	99.4	96.7	98.8	97.9	99.0
内蒙古	99.1	99.3	101.9	99.5	99.5	99.9
辽　宁	98.4	104.6	98.2	99.9	98.6	101.1
吉　林	98.1	104.2	107.5	99.8	97.7	100.6
黑龙江	97.5	99.2	100.4	99.8	100.5	99.4
上　海						
江　苏	100.3	98.2	101.4	98.8	99.2	98.2
浙　江	98.4	96.7	98.0	100.0	101.0	99.8
安　徽	98.4	97.2	98.6	97.9	97.7	97.4
福　建	98.8	99.3	97.0	101.8	100.0	103.1
江　西	98.1	94.2	101.6	103.0	99.1	106.7
山　东	97.9	101.5	98.3	98.9	97.8	99.0
河　南	99.2	98.5	98.0	98.8	95.7	102.4
湖　北	99.7	99.1	98.4	98.9	99.0	98.9
湖　南	99.6	97.5	100.0	100.3	101.5	99.5
广　东	99.3	100.0	99.7	100.0	98.9	100.2
广　西	100.6	100.7	99.0	100.1	100.1	100.1
海　南	98.1	99.8	100.0	99.9	98.9	100.0
重　庆						
四　川	98.2	98.5	96.6	99.4	99.0	99.6
贵　州	97.5	100.0	93.2	99.4	99.7	98.5
云　南	101.0	98.8	96.8	101.1	101.7	101.0
西　藏	98.4	109.7	101.3	97.8	97.4	100.2
陕　西	98.9	102.6	96.6	99.5	99.3	99.1
甘　肃	98.6	102.2	100.0	99.4	99.1	99.3
青　海	96.5	99.6	98.9	100.1	100.0	101.6
宁　夏	100.9	97.1	94.1	98.9	100.0	96.9
新　疆	97.8	98.9	99.7	98.4	98.2	98.4

2000年全国及各地区农村居民消费价格分类指数(六)

(以上年价格为100)

	(3)地方小吃	二、衣　着	1.服　装	2.衣着材料	(1)棉　布	(2)棉花化纤混纺布
全国平均	**100.1**	**98.6**	**98.7**	**98.1**	**98.7**	**98.7**
北　京						
天　津						
河　北	101.2	99.6	100.0	98.4	99.2	97.7
山　西	100.3	99.3	100.0	93.0	93.5	96.2
内蒙古	98.2	99.6	99.1	98.8	98.7	99.5
辽　宁	99.2	98.6	98.4	98.5	98.2	100.2
吉　林	100.7	100.4	100.2	99.2	97.8	103.0
黑龙江	100.0	100.7	102.3	97.1	97.3	96.2
上　海						
江　苏	100.4	98.9	97.5	99.5	99.5	100.6
浙　江	99.2	97.3	97.5	96.5	99.2	97.6
安　徽	100.1	97.8	97.4	97.5	98.1	97.3
福　建	100.5	98.8	98.5	99.4	100.6	99.1
江　西	100.4	97.1	96.2	98.0	98.9	99.0
山　东	102.5	98.3	98.9	97.2	98.1	99.2
河　南	99.9	98.3	97.6	99.4	100.7	98.9
湖　北	98.6	96.8	96.0	96.6	94.8	93.4
湖　南	97.7	100.6	101.6	100.2	101.2	100.3
广　东	100.8	97.7	97.5	98.5	98.8	99.2
广　西	99.9	97.9	98.1	97.4	99.4	98.9
海　南	100.0	100.6	101.6	96.9	91.8	99.1
重　庆						
四　川	100.1	98.1	99.0	97.9	98.4	98.4
贵　州	103.6	99.4	99.2	92.2	90.8	90.7
云　南	99.4	100.3	100.0	99.4	98.4	98.7
西　藏	96.9	99.4	100.0	93.8	111.3	100.4
陕　西	100.4	98.1	98.3	96.5	98.2	95.1
甘　肃	100.1	96.5	97.3	95.5	95.7	94.7
青　海	98.1	98.7	99.6	98.7	99.9	99.7
宁　夏	101.2	95.8	96.1	92.7	100.3	97.6
新　疆	98.9	98.5	99.9	96.6	96.3	96.4

2000年全国及各地区农村居民消费价格分类指数(七)

(以上年价格为100)

	(3)化纤布	(4)呢　绒	(5)绸　缎	(6)毛　线	3.鞋袜帽及其他	(1)鞋　类
全国平均	**98.1**	**98.4**	**98.3**	**97.2**	**99.1**	**99.1**
北　京						
天　津						
河　北	96.7	98.8	99.5	99.1	100.3	100.4
山　西	87.3	92.2	91.7	96.1	101.3	101.7
内蒙古	99.8	98.2	98.9	98.1	101.2	101.5
辽　宁	100.2	99.3	94.0	96.5	98.7	99.0
吉　林	99.6	100.2	99.1	95.5	102.4	102.5
黑龙江	100.0	100.7	94.2	92.1	101.0	102.1
上　海						
江　苏	99.5	99.8	99.0	99.2	100.7	100.8
浙　江	93.8	100.8	98.3	98.2	97.2	96.9
安　徽	97.8	97.0	97.8	97.1	98.7	98.5
福　建	99.7	94.9	100.9	99.4	99.3	98.5
江　西	94.9	100.1	101.3	97.7	97.9	95.7
山　东	97.4	95.2	97.1	96.9	98.2	98.1
河　南	100.2	98.9	96.5	96.7	97.7	97.9
湖　北	103.1	99.5	97.5	92.5	98.9	99.9
湖　南	101.6	98.2	96.9	97.0	99.4	98.7
广　东	98.7	97.7	99.3	97.1	97.8	97.3
广　西	97.3	99.3	99.0	95.3	97.8	97.8
海　南	100.0	100.0	91.6	100.0	100.0	99.8
重　庆						
四　川	97.4	99.7	99.1	96.4	96.7	96.9
贵　州	82.1	95.4	96.7	97.7	105.0	106.9
云　南	99.5	99.8	99.6	101.0	101.4	101.4
西　藏	107.2	98.7	100.5	91.0	98.9	97.7
陕　西	96.5	97.4	95.8	96.3	99.2	99.4
甘　肃	95.5	99.2	98.5	92.8	96.5	96.2
青　海	100.0	100.0	97.0	95.9	96.6	95.2
宁　夏	90.1	96.6	92.0	93.4	96.9	96.5
新　疆	98.6	96.2	99.8	94.8	98.8	98.0

2000年全国及各地区农村居民消费价格分类指数(八)

(以上年价格为100)

	(2)袜　子	(3)帽　子	(4)其他衣着	三、家庭设备及用品	1.耐用消费品	(1)家　具
全国平均	**99.2**	**98.6**	**99.2**	**97.8**	**96.9**	**97.6**
北　京						
天　津						
河　北	102.1	97.9	99.5	98.8	98.9	99.6
山　西	102.2	100.0	94.9	96.5	95.4	96.4
内蒙古	99.8	97.1	100.1	98.4	97.7	99.5
辽　宁	97.8	97.8	97.7	97.4	95.4	96.8
吉　林	105.8	101.1	100.3	98.3	94.5	95.1
黑龙江	92.4	96.2	99.5	96.9	95.9	96.0
上　海						
江　苏	102.4	100.3	99.3	98.7	97.8	98.0
浙　江	99.2	101.2	97.8	98.0	96.2	96.9
安　徽	101.5	100.6	98.3	98.3	97.8	99.4
福　建	104.0	100.0	100.5	97.2	95.4	96.8
江　西	103.7	96.9	98.1	96.7	96.5	99.3
山　东	97.6	100.5	99.4	97.6	96.8	96.9
河　南	96.5	92.0	98.5	97.5	96.5	97.3
湖　北	92.3	98.3	96.6	95.5	92.7	92.7
湖　南	99.4	95.8	103.4	97.5	97.4	98.8
广　东	99.1	97.9	99.4	98.5	97.4	97.9
广　西	94.3	101.5	99.4	98.3	98.7	99.2
海　南	99.2	104.2	100.0	98.4	95.7	93.9
重　庆						
四　川	94.6	98.3	97.3	96.8	96.4	96.6
贵　州	99.7	100.0	97.3	97.3	97.0	98.9
云　南	101.2	105.1	100.9	99.1	98.1	99.2
西　藏	112.0	101.0	104.8	102.6	102.1	101.7
陕　西	95.0	98.1	100.2	96.8	95.2	96.1
甘　肃	94.8	100.5	98.8	97.8	96.6	97.2
青　海	100.0	100.0	100.4	98.5	98.2	98.8
宁　夏	102.3	97.1	96.8	96.8	97.2	100.8
新　疆	104.4	105.0	96.7	97.3	96.3	96.1

2000 年全国及各地区农村居民消费价格分类指数(九)

(以上年价格为 100)

	(2)家庭设备	2.室　内 装饰品	3.床上用品	4.家庭日 用杂品	5.其　他 日用品	四、医疗保健 用　　品
全国平均	**96.5**	**98.1**	**98.0**	**98.1**	**99.5**	**100.6**
北　京						
天　津						
河　北	98.4	98.3	99.4	98.6	98.8	101.2
山　西	94.8	96.5	93.7	98.4	97.5	99.4
内蒙古	96.5	99.4	99.6	99.0	98.1	100.9
辽　宁	94.7	100.0	96.4	98.8	99.2	96.8
吉　林	94.1	102.1	100.2	100.5	97.9	99.8
黑龙江	95.9	97.6	97.9	96.8	98.2	98.2
上　海						
江　苏	97.7	98.8	98.5	100.1	100.1	100.9
浙　江	95.9	98.0	98.5	98.9	100.9	102.3
安　徽	97.2	95.9	97.8	98.8	99.7	100.9
福　建	94.7	98.6	99.7	98.4	98.6	101.0
江　西	95.6	99.0	97.6	96.2	97.3	103.1
山　东	96.7	97.6	98.7	98.1	98.8	100.8
河　南	95.9	98.5	97.2	97.9	101.3	97.7
湖　北	92.8	93.9	95.8	97.3	98.6	99.6
湖　南	96.8	99.0	98.0	97.3	97.9	103.0
广　东	97.0	100.3	98.1	98.5	101.0	98.8
广　西	98.4	98.1	96.3	98.6	98.2	99.8
海　南	98.3	98.6	98.4	102.1	95.9	114.0
重　庆						
四　川	96.3	96.3	97.0	96.7	99.0	101.5
贵　州	95.8	97.3	100.4	95.8	98.7	97.6
云　南	97.0	100.1	98.6	99.2	102.8	100.8
西　藏	102.3	103.7	105.9	102.8	99.8	101.2
陕　西	94.7	95.4	94.4	98.9	98.6	98.5
甘　肃	96.0	98.0	93.7	96.3	104.9	102.1
青　海	97.5	100.5	99.4	97.9	99.4	103.0
宁　夏	93.8	96.6	96.6	96.8	95.9	102.5
新　疆	96.4	98.2	100.2	97.7	98.6	100.8

2000 年全国及各地区农村居民消费价格分类指数(十)

(以上年价格为 100)

	1.医疗器具及保健用品	2.中药材及中成药	3.西药	五、交通和通讯工具	1.交通工具	2.通讯工具
全国平均	**99.5**	**105.0**	**97.5**	**93.6**	**95.0**	**89.7**
北京						
天津						
河北	98.9	104.8	99.0	96.4	96.9	94.1
山西	98.6	102.8	97.1	91.1	94.1	85.8
内蒙古	98.7	106.1	98.0	95.8	97.7	92.6
辽宁	96.0	105.0	92.2	94.6	96.4	86.9
吉林	98.9	102.9	97.8	96.8	96.0	98.5
黑龙江	92.8	102.8	95.3	90.2	93.0	81.8
上海						
江苏	100.8	103.7	98.7	96.0	96.3	95.2
浙江	100.0	105.7	100.0	92.1	94.2	87.6
安徽	98.9	103.7	98.8	95.9	96.7	92.9
福建	100.6	105.2	97.7	89.8	93.9	81.5
江西	101.3	111.8	96.7	91.0	91.6	89.6
山东	99.4	105.8	98.4	93.9	94.6	91.9
河南	96.9	102.5	95.1	95.9	96.2	91.7
湖北	99.9	104.7	96.8	87.2	91.6	80.2
湖南	100.5	109.4	97.1	88.5	90.4	80.0
广东	99.5	99.7	97.8	94.9	96.6	90.6
广西	98.7	102.8	97.3	91.6	94.2	83.5
海南	102.8	123.6	104.4	93.5	90.8	98.0
重庆						
四川	96.4	105.9	98.3	94.6	95.7	87.1
贵州	102.5	98.7	96.9	95.1	96.0	93.4
云南	103.2	106.5	97.8	93.7	94.4	91.1
西藏	100.5	101.9	101.0	98.7	100.0	87.3
陕西	99.6	104.6	93.8	92.2	95.0	85.0
甘肃	105.8	107.1	97.7	94.7	94.9	93.3
青海	101.1	110.6	95.6	94.1	93.0	95.8
宁夏	100.1	111.0	96.7	89.9	95.2	78.8
新疆	102.1	107.0	97.5	94.4	95.6	92.5

2000年全国及各地区农村居民消费价格分类指数(十一)

(以上年价格为100)

	六、娱乐教育文化用品	1.文娱用耐用消费品	2.教材及参考书	3.文化娱乐用品	(1)文娱用品	(2)报纸杂志
全国平均	**98.1**	**92.5**	**108.1**	**101.1**	**99.0**	**104.1**
北　京						
天　津						
河　北	96.3	93.4	102.2	100.6	100.0	101.5
山　西	97.2	93.4	104.7	95.9	94.1	98.9
内蒙古	97.1	94.2	99.9	99.4	98.9	100.0
辽　宁	98.1	91.6	112.1	99.8	98.7	101.1
吉　林	99.5	95.2	104.0	103.9	102.8	105.8
黑龙江	94.7	91.4	101.5	97.2	94.6	101.6
上　海						
江　苏	97.8	94.0	109.1	100.5	99.7	101.9
浙　江	96.7	91.8	105.8	102.3	99.1	107.8
安　徽	96.4	91.8	102.6	101.1	100.1	102.1
福　建	93.8	91.2	101.4	97.6	99.1	95.3
江　西	97.0	92.0	100.8	101.2	97.0	105.6
山　东	98.2	94.2	104.4	100.2	98.7	101.7
河　南	97.5	92.8	110.5	101.2	100.5	102.6
湖　北	92.4	84.6	103.3	100.4	100.4	100.4
湖　南	106.2	90.9	135.9	98.5	97.7	100.4
广　东	99.2	94.6	100.0	107.0	99.5	116.1
广　西	100.1	93.0	111.4	99.8	99.6	100.0
海　南	94.7	91.0	98.2	100.0	100.0	100.0
重　庆						
四　川	101.8	91.4	116.7	101.6	98.7	107.8
贵　州	100.2	94.8	107.4	97.2	96.5	98.9
云　南	98.9	92.2	114.8	99.7	98.1	101.9
西　藏	101.9	91.3	102.8	117.5	100.6	121.8
陕　西	99.2	89.3	111.3	102.3	98.1	106.3
甘　肃	102.3	91.9	120.1	98.0	98.5	97.3
青　海	100.4	93.3	107.4	100.1	99.2	101.0
宁　夏	94.5	88.6	104.6	98.5	97.7	100.0
新　疆	94.0	88.0	102.7	102.1	102.2	102.0

2000年全国及各地区农村居民消费价格分类指数(十二)

(以上年价格为100)

	七、居 住	1.住 房	(1)建筑材料	(2)房 租	2.水、电、燃料	八、服务项目
全国平均	**102.8**	**99.8**	**98.8**	**104.4**	**106.7**	**112.6**
北 京						
天 津						
河 北	103.6	100.5	98.9	108.3	106.4	106.8
山 西	106.4	112.5	97.6	121.9	102.7	157.5
内 蒙 古	103.4	102.1	100.1	107.6	104.5	117.7
辽 宁	104.6	102.4	101.7	106.3	106.4	111.9
吉 林	103.9	97.8	96.5	100.6	107.8	111.8
黑 龙 江	101.1	93.9	92.5	99.6	105.8	102.6
上 海						
江 苏	101.8	99.9	99.0	107.0	106.9	108.4
浙 江	103.3	99.1	99.1	98.7	110.4	114.1
安 徽	101.5	98.5	97.7	100.3	105.2	119.4
福 建	106.0	99.9	98.8	106.5	111.3	126.7
江 西	103.4	100.6	96.9	113.1	108.2	111.9
山 东	102.2	100.5	100.0	102.4	104.1	111.8
河 南	97.0	95.6	95.2	102.9	101.4	108.5
湖 北	102.1	96.6	95.4	103.3	106.0	104.6
湖 南	101.0	97.8	97.5	100.0	104.6	114.5
广 东	106.2	100.3	99.9	101.7	110.5	107.9
广 西	105.1	101.1	100.7	103.0	110.2	110.2
海 南	103.9	97.8	97.1	100.0	108.5	124.9
重 庆						
四 川	101.1	100.1	98.8	103.8	103.2	120.4
贵 州	104.4	102.0	102.3	101.0	105.9	127.1
云 南	102.0	99.7	98.9	103.7	105.8	106.0
西 藏	101.6	100.1	95.8	101.2	102.1	107.7
陕 西	102.7	99.1	96.3	104.9	106.2	110.8
甘 肃	101.8	97.2	96.6	101.0	106.1	111.9
青 海	102.0	98.4	97.9	100.0	104.3	105.8
宁 夏	104.5	99.8	97.6	112.2	110.3	110.0
新 疆	103.5	101.5	99.8	105.8	105.5	105.6

2000年全国及各地区农村居民消费价格分类指数(十三)

(以上年价格为100)

	1.电讯费	2.邮　费	3.交通费	4.洗　理美容费	5.文娱费	6.学　杂保育费	7.修理及其他服务费	8.医疗保健服务
全国平均	**99.6**	**108.1**	**103.3**	**102.2**	**103.1**	**124.7**	**101.0**	**109.9**
北　京								
天　津								
河　北	98.6	105.4	101.5	99.7	99.9	118.2	100.0	101.3
山　西	100.6	106.5	107.4	100.2	102.5	238.8	99.1	100.2
内蒙古	99.4	106.4	102.5	101.4	99.4	142.7	101.3	104.2
辽　宁	99.7	105.9	103.4	103.4	105.2	111.3	98.5	143.1
吉　林	100.3	108.3	99.6	100.5	115.2	137.5	99.9	100.8
黑龙江	101.1	107.3	102.6	99.9	106.3	102.7	101.3	104.1
上　海								
江　苏	100.7	107.7	101.0	102.2	112.0	117.4	101.3	105.2
浙　江	99.4	107.5	104.3	101.0	104.4	132.8	99.1	101.8
安　徽	98.0	106.9	101.8	99.8	100.6	137.6	100.6	102.7
福　建	98.1	111.2	105.1	102.0	100.8	159.9	100.7	158.2
江　西	99.1	109.9	106.9	107.3	109.5	122.3	103.3	105.7
山　东	97.6	105.8	101.1	102.5	101.0	118.4	102.3	124.9
河　南	100.3	110.7	104.2	101.3	102.1	116.7	102.1	102.0
湖　北	96.9	106.6	103.0	103.1	97.8	107.4	100.3	107.8
湖　南	99.8	107.4	101.0	100.7	99.9	125.3	99.3	100.1
广　东	101.4	111.7	100.4	100.2	100.5	116.2	100.4	111.8
广　西	100.0	106.6	100.7	110.8	102.0	115.1	99.3	106.4
海　南	98.2	105.8	104.3	100.0	92.1	162.8	100.0	104.7
重　庆								
四　川	102.7	109.1	110.7	106.0	104.5	136.7	101.8	113.0
贵　州	100.4	108.0	109.5	106.6	100.6	172.4	101.2	122.0
云　南	100.2	108.2	106.7	105.9	103.4	108.2	106.3	103.1
西　藏	93.1	96.2	103.8	105.7	101.7	110.5	107.9	118.7
陕　西	98.1	108.0	108.6	105.2	103.3	120.8	103.3	105.0
甘　肃	101.8	106.1	103.3	99.8	96.2	117.1	98.7	125.7
青　海	102.3	110.5	100.0	108.7	99.9	112.4	98.2	105.4
宁　夏	99.8	108.0	111.4	105.2	97.8	125.8	101.0	100.2
新　疆	98.5	106.5	100.0	101.8	107.8	110.8	101.0	107.0

2000年36个大中城市居民消费价格分类指数(一)

(以上年价格为100)

	总指数	一、食品类	1. 粮　食	(1) 细　粮	(2)粗　粮	2. 淀粉及薯类
平均指数	**101.3**	**97.6**	**91.2**	**91.1**	**93.7**	**98.9**
北　京	103.5	97.9	91.4	91.1	95.8	97.7
天　津	99.6	98.0	90.3	90.2	91.5	99.7
石家庄	101.7	99.0	89.9	89.4	97.4	97.4
太　原	103.6	93.2	86.6	86.3	91.7	96.5
呼和浩特	103.0	98.3	97.7	97.6	100.0	103.1
沈　阳	100.1	97.3	87.7	87.5	93.4	101.0
大　连	99.6	98.9	90.7	89.4	103.8	105.6
长　春	98.8	93.8	89.5	89.7	84.0	101.9
哈尔滨	100.2	98.2	99.8	99.6	104.3	102.2
上　海	102.5	98.1	92.1	92.1		99.4
南　京	100.0	96.8	89.3	89.3	90.8	98.4
杭　州	100.8	98.9	93.6	93.5	97.3	101.7
宁　波	100.3	98.9	93.3	93.0	100.0	95.3
合　肥	101.3	97.3	88.4	88.1	101.4	97.0
福　州	102.9	99.2	94.6	94.6		95.7
厦　门	106.3	98.3	88.3	88.3		99.8
南　昌	102.6	97.1	91.5	91.6	83.8	99.6
济　南	100.6	97.9	90.2	90.1	92.3	98.4
青　岛	103.3	100.0	92.6	92.1	100.0	107.8
郑　州	99.0	95.9	93.6	93.6	92.7	96.8
武　汉	100.6	97.3	76.3	76.3		97.6
长　沙	101.7	99.4	89.6	89.2	135.8	97.5
广　州	102.8	98.8	99.7	100.0	91.7	95.5
深　圳	102.8	100.2	102.0	102.2	97.6	105.9
南　宁	100.0	96.6	91.3	91.8	83.7	97.2
海　口	101.5	98.2	93.5	93.5	94.1	91.6
重　庆	96.7	93.1	85.3	85.0	91.4	93.9
成　都	100.2	96.3	97.4	97.6	90.5	99.3
贵　阳	98.7	93.3	94.4	94.3	101.1	85.7
昆　明	97.5	93.5	90.9	90.9	87.4	86.2
拉　萨	100.1	99.8	104.1	104.3	100.1	102.2
西　安	100.2	97.2	91.8	91.8	90.1	100.6
兰　州	99.3	97.2	92.9	92.8	97.8	99.1
西　宁	99.9	98.3	95.6	95.6	98.4	97.3
银　川	99.2	97.5	91.6	91.6	93.6	101.8
乌鲁木齐	100.7	97.1	91.5	91.5	90.1	86.8

2000年36个大中城市居民消费价格分类指数(二)

(以上年价格为100)

	3.干豆类及豆制品	4.油脂类	5.肉禽及其制品	6.蛋类	7.水产品	8.菜类
平均指数	**102.8**	**84.1**	**96.7**	**83.4**	**104.5**	**103.6**
北京	97.9	85.8	98.4	84.2	107.3	98.7
天津	112.0	89.4	99.9	83.8	104.0	100.9
石家庄	112.0	95.1	100.2	82.9	106.8	102.2
太原	90.4	96.4	98.3	81.2	108.9	94.7
呼和浩特	100.6	90.6	103.1	82.8	95.3	98.7
沈阳	106.9	80.0	99.2	83.6	107.1	109.0
大连	106.1	81.2	97.1	85.9	112.8	107.7
长春	94.6	86.9	94.0	74.8	101.3	101.7
哈尔滨	107.0	80.6	97.5	85.0	105.9	102.0
上海	104.7	77.1	95.7	84.6	100.9	107.4
南京	96.9	77.3	97.2	84.7	101.2	106.0
杭州	101.1	81.1	92.7	85.4	102.1	105.2
宁波	98.2	76.7	95.2	81.8	102.6	111.3
合肥	103.8	81.6	102.1	83.9	99.6	108.5
福州	94.0	95.0	95.9	84.0	103.0	107.7
厦门	101.9	94.5	95.2	82.2	104.1	101.6
南昌	106.2	77.6	95.3	84.1	104.9	109.9
济南	112.6	89.2	96.6	83.6	104.0	104.8
青岛	104.7	98.3	101.8	84.1	109.5	105.5
郑州	100.5	81.4	95.1	82.4	106.4	105.5
武汉	108.8	78.7	100.0	83.9	100.2	113.2
长沙	99.2	89.9	102.6	83.1	101.0	106.6
广州	102.2	95.8	95.2	83.1	102.3	100.4
深圳	98.5	93.4	98.2	86.1	104.7	106.2
南宁	97.4	96.3	94.0	85.8	98.2	104.1
海口	102.7	91.7	96.0	87.0	103.9	108.8
重庆	104.3	79.1	93.3	93.6	92.8	92.4
成都	99.5	84.6	94.2	85.2	93.9	97.3
贵阳	97.0	81.3	90.7	91.1	98.9	93.7
昆明	97.5	81.0	89.2	81.9	91.6	95.3
拉萨	94.0	98.3	87.9	102.4	89.9	113.4
西安	98.7	77.2	97.6	85.6	105.7	101.5
兰州	94.3	79.4	97.4	82.6	103.4	105.7
西宁	93.7	80.9	99.8	83.7	108.1	103.9
银川	95.8	95.4	98.8	85.2	105.4	99.5
乌鲁木齐	95.9	84.6	96.2	77.2	92.9	109.9

2000年36个大中城市居民消费价格分类指数(三)

(以上年价格为100)

	(1)鲜　菜	(2)干　菜	(3)菜制品	9. 调味品	10. 糖　类	(1)食　糖
平均指数	**103.8**	**101.7**	**98.6**	**100.1**	**101.5**	**105.4**
北　　京	98.4	101.2	102.3	98.3	98.9	98.3
天　　津	101.0	100.1	100.0	102.3	102.4	108.6
石 家 庄	101.9	106.2	107.4	97.1	98.7	102.1
太　　原	94.4	106.2	94.1	102.8	98.2	89.6
呼和浩特	98.8	94.4	101.3	97.5	98.1	102.0
沈　　阳	108.7	116.0	101.5	99.1	101.1	101.8
大　　连	108.0	102.9	93.4	101.4	102.2	110.8
长　　春	100.9	122.0	100.9	95.1	100.5	101.8
哈 尔 滨	102.0	100.7	100.1	101.5	97.4	96.8
上　　海	108.5	98.2	99.1	100.0	103.9	114.1
南　　京	106.5	97.9	102.8	96.4	98.6	96.7
杭　　州	105.5	106.6	100.0	99.3	104.2	116.7
宁　　波	111.9	105.3	105.6	94.5	110.3	116.8
合　　肥	109.1	94.5	114.0	103.1	99.3	103.3
福　　州	109.4	93.2	100.0	94.8	110.2	103.8
厦　　门	103.2	93.3	87.1	98.8	108.6	112.6
南　　昌	110.7	99.4	100.5	98.3	98.8	101.7
济　　南	105.0	104.8	95.9	99.4	98.6	95.5
青　　岛	105.7	99.6	103.2	98.8	105.6	111.8
郑　　州	106.4	99.1	92.0	109.5	98.5	98.3
武　　汉	114.3	96.8	93.7	114.8	101.3	103.8
长　　沙	107.2	100.7	98.6	99.8	102.8	110.4
广　　州	100.3	102.9	95.9	100.4	104.4	111.6
深　　圳	106.7	102.5	100.4	100.5	98.1	91.4
南　　宁	105.2	97.9	94.6	102.0	102.2	105.6
海　　口	109.7	95.9	100.4	99.7	104.9	118.6
重　　庆	92.4	93.3	92.5	97.8	103.4	108.3
成　　都	97.2	97.4	103.1	102.3	98.7	91.9
贵　　阳	94.4	83.5	91.8	98.7	101.5	110.8
昆　　明	95.5	91.7	91.2	101.2	103.9	110.9
拉　　萨	114.3	89.6	103.2	118.9	104.5	116.3
西　　安	101.6	99.1	99.9	104.9	98.5	108.3
兰　　州	106.0	108.2	92.6	103.5	101.5	99.1
西　　宁	104.0	101.5	101.5	100.2	101.2	103.6
银　　川	99.4	103.5	98.9	100.7	104.1	117.9
乌鲁木齐	110.5	96.6	103.5	92.7	104.6	117.2

2000年36个大中城市居民消费价格分类指数(四)

(以上年价格为100)

	(2)糖　果	11.烟草类	12.酒和饮料	13.干鲜瓜果	(1)鲜　果	(2)干　果
平均指数	**99.7**	**96.9**	**98.6**	**94.6**	**93.8**	**98.1**
北　京	99.0	105.6	100.0	89.8	88.4	94.9
天　津	97.4	93.2	99.1	95.1	93.5	100.0
石家庄	98.2	99.0	97.4	97.4	96.2	101.0
太　原	104.5	85.4	93.5	90.4	87.6	105.8
呼和浩特	96.1	96.3	98.7	91.6	92.3	89.2
沈　阳	100.9	89.7	102.6	91.6	89.7	99.9
大　连	99.6	91.9	96.6	91.0	90.0	97.0
长　春	99.3	97.9	96.2	86.9	86.5	89.1
哈尔滨	98.1	99.9	99.2	98.3	97.7	101.2
上　海	99.5	96.3	99.1	94.8	93.4	99.6
南　京	99.4	95.4	96.5	93.2	95.1	87.2
杭　州	100.9	100.8	100.0	104.5	107.0	95.6
宁　波	106.1	93.4	95.0	107.9	107.7	108.3
合　肥	98.2	98.5	93.0	90.5	89.3	95.7
福　州	125.0	96.2	95.8	100.0	100.7	91.3
厦　门	100.0	100.6	100.4	102.6	102.9	98.6
南　昌	97.2	95.4	96.4	102.9	104.9	97.2
济　南	100.4	99.9	101.3	95.9	95.7	100.0
青　岛	104.6	88.6	99.0	98.8	98.6	99.5
郑　州	98.6	94.0	96.3	96.8	95.1	103.2
武　汉	100.0	92.3	98.9	96.2	96.0	97.0
长　沙	99.5	99.6	98.0	100.2	100.6	98.5
广　州	100.5	100.3	98.1	99.5	99.7	98.3
深　圳	99.6	101.5	98.3	95.8	95.3	99.3
南　宁	100.1	100.0	104.5	95.4	95.1	98.5
海　口	96.5	102.1	95.5	94.2	93.9	97.7
重　庆	101.1	95.6	99.7	89.9	88.2	99.1
成　都	101.9	102.1	99.0	95.7	93.6	106.5
贵　阳	94.9	91.2	96.5	93.7	92.0	100.3
昆　明	98.2	96.2	93.8	91.5	91.5	90.9
拉　萨	99.0	104.8	97.3	85.3	83.3	101.1
西　安	95.5	98.8	97.8	96.1	94.9	100.3
兰　州	102.7	98.8	93.7	101.1	102.6	95.4
西　宁	99.8	99.8	98.0	102.8	103.5	100.0
银　川	96.3	94.8	98.2	95.7	95.4	96.7
乌鲁木齐	99.2	94.2	94.8	99.3	95.5	110.8

2000年36个大中城市居民消费价格分类指数(五)

(以上年价格为100)

	14. 糕　点	15. 奶及奶制品	16. 其他食品	17. 饮食业	(1)主　食	(2)炒　菜
平均指数	**99.6**	**100.8**	**98.6**	**99.8**	**99.4**	**99.1**
北　京	94.8	104.3	96.9	100.8	95.9	102.1
天　津	97.8	100.0	96.1	100.2	100.2	100.2
石家庄	102.8	104.6	101.1	100.4	99.5	102.3
太　原	95.8	100.0	97.3	94.1	95.5	93.0
呼和浩特	100.0	105.6	113.4	98.5	95.6	100.9
沈　阳	100.3	98.5	95.2	99.8	99.4	100.0
大　连	98.3	98.9	92.4	99.5	100.0	99.1
长　春	101.3	98.8	95.7	100.2	96.2	98.9
哈尔滨	101.6	105.8	94.0	99.6	100.0	99.3
上　海	101.8	100.3	98.4	99.8	98.4	99.7
南　京	97.6	99.2	102.4	97.1	99.9	96.2
杭　州	101.2	101.0	99.9	100.3	100.0	101.0
宁　波	96.9	100.7	100.0	94.7	100.0	90.2
合　肥	99.0	99.6	97.3	98.2	97.5	98.2
福　州	106.6	100.0	100.0	100.0	100.0	100.0
厦　门	99.3	100.0	100.1	94.6	90.8	93.7
南　昌	98.5	100.2	100.9	99.9	100.0	99.8
济　南	102.0	100.0	103.7	101.0	101.6	100.6
青　岛	101.4	99.9	95.9	98.0	99.8	96.6
郑　州	99.1	97.4	98.5	100.5	100.1	101.1
武　汉	97.0	99.4	98.1	98.2	100.3	97.1
长　沙	99.6	101.2	97.0	100.1	100.0	99.4
广　州	98.6	99.5	96.8	100.4	103.2	98.4
深　圳	105.1	97.5	96.0	101.1	97.9	97.6
南　宁	100.0	100.8	100.0	99.1	100.0	98.6
海　口	99.5	95.6	100.0	95.1	100.0	91.1
重　庆	99.9	98.5	102.7	101.7	100.0	102.8
成　都	99.5	109.4	97.1	103.5	102.8	102.4
贵　阳	98.9	102.8	97.7	93.8	100.0	89.0
昆　明	99.6	100.0	94.4	101.2	100.0	99.7
拉　萨	90.3	107.2	100.5	103.6	105.3	100.8
西　安	107.8	104.6	103.2	98.4	99.1	96.8
兰　州	107.4	100.9	90.2	96.7	100.0	93.7
西　宁	98.4	96.6	97.3	100.6	100.8	101.3
银　川	100.6	100.9	92.4	99.5	97.6	100.5
乌鲁木齐	100.5	100.0	96.3	100.3	98.7	102.2

2000年36个大中城市居民消费价格分类指数(六)

(以上年价格为100)

	(3)地方小吃	二、衣 着	1.服 装	2.衣着材料	(1)棉 布	(2)棉花化纤混纺布
平均指数	**102.2**	**99.3**	**99.1**	**98.1**	**100.0**	**98.5**
北 京	101.0	102.6	102.5	97.8	97.8	104.3
天 津	100.0	100.1	101.5	96.4	99.6	98.1
石家庄	100.0	101.7	102.2	100.8	101.9	100.1
太 原	96.0	99.6	100.3	94.0	91.1	81.9
呼和浩特	98.1	95.7	94.7	89.6	93.9	98.5
沈 阳	100.0	102.1	103.1	99.8	98.5	100.0
大 连	100.0	97.2	95.9	101.5	101.8	88.6
长 春	110.2	99.3	99.1	97.7	101.9	96.2
哈尔滨	100.0	98.5	96.7	98.4	99.2	98.2
上 海	101.6	94.9	94.5	99.3	99.6	95.5
南 京	92.4	102.9	101.9	110.1	102.3	84.5
杭 州	100.0	96.0	93.4	100.0	100.0	100.0
宁 波	100.0	99.6	99.3	100.2	100.0	108.3
合 肥	100.0	95.9	93.2	100.4	98.5	92.9
福 州	100.0	96.6	96.2	98.4	98.7	100.0
厦 门	100.0	94.3	93.6	99.8	100.4	94.5
南 昌	100.0	95.4	90.9	100.3	92.8	99.9
济 南	100.5	99.8	99.3	96.5	94.7	96.8
青 岛	100.0	108.3	110.5	108.2	98.8	97.2
郑 州	100.0	100.5	100.5	101.0	100.3	101.7
武 汉	99.2	100.5	101.3	98.3	105.0	102.3
长 沙	103.6	97.8	97.9	91.1	96.1	106.3
广 州	103.4	97.6	96.8	98.9	99.4	94.6
深 圳	109.5	102.9	102.4	101.5	98.7	104.5
南 宁	100.0	105.4	108.0	100.1	97.1	100.0
海 口	100.0	103.3	99.7	100.0	99.4	94.7
重 庆	100.0	90.4	88.3	96.8	100.0	100.0
成 都	108.9	100.2	100.0	99.8	100.6	100.0
贵 阳	100.0	97.3	96.6	98.6	100.0	100.0
昆 明	118.1	102.6	104.8	92.4	97.3	100.0
拉 萨	105.5	101.1	101.3	89.5	105.7	100.1
西 安	100.5	99.5	99.7	100.1	101.3	96.0
兰 州	99.2	109.0	107.2	100.7	96.3	95.5
西 宁	99.5	100.1	100.2	100.1	95.0	98.9
银 川	100.0	95.9	94.4	94.3	97.2	96.4
乌鲁木齐	100.0	98.0	98.3	96.0	99.7	100.0

2000年36个大中城市居民消费价格分类指数(七)

(以上年价格为100)

	(3)化纤布	(4)呢　绒	(5)绸　缎	(6)毛　线	3. 鞋袜帽及其他	(1)鞋　类
平均指数	**98.8**	**97.6**	**97.4**	**96.8**	**99.8**	**99.8**
北　　京	97.1	98.1	94.6	96.8	103.9	104.4
天　　津	93.0	97.3	97.4	97.2	97.6	97.2
石 家 庄	101.9	99.5	100.9	99.4	101.2	100.9
太　　原	96.1	108.7	90.8	86.0	101.1	101.4
呼和浩特	98.1	73.7	92.9	92.9	101.4	99.7
沈　　阳	104.4	99.7	100.0	98.9	100.1	99.8
大　　连	113.0	95.5	95.8	100.0	99.3	98.9
长　　春	100.0	94.8	99.3	96.9	100.9	100.3
哈 尔 滨	100.2	98.6	97.3	96.3	102.6	103.0
上　　海	93.1	106.6	95.7	100.0	95.1	93.9
南　　京	122.4	98.3	103.1	99.4	104.6	104.6
杭　　州	100.0	100.0	100.0	100.0	100.1	100.0
宁　　波	100.0	101.9	98.3	100.0	100.1	100.0
合　　肥	105.8	99.1	96.2	99.9	100.1	99.6
福　　州	100.0	92.9	96.3	96.6	97.8	97.4
厦　　门	101.7	100.0	100.0	100.0	96.0	95.7
南　　昌	100.0	98.9	100.7	104.6	107.0	106.7
济　　南	98.3	93.7	96.8	98.0	102.3	102.9
青　　岛	113.8	115.1	100.2	99.0	102.8	103.2
郑　　州	107.0	93.7	97.1	98.9	100.4	101.5
武　　汉	89.4	102.2	100.2	99.4	99.0	99.9
长　　沙	77.5	93.1	98.3	107.2	99.7	100.1
广　　州	99.3	100.0	100.0	96.4	100.0	99.8
深　　圳	99.0	88.9	96.7	91.6	104.7	105.1
南　　宁	100.0	100.0	100.0	101.3	98.7	98.6
海　　口	115.0	100.0	99.1	104.5	117.0	121.6
重　　庆	103.1	99.5	87.9	99.9	94.0	93.2
成　　都	100.0	100.7	100.0	98.6	100.6	100.6
贵　　阳	100.1	89.7	101.4	100.0	99.1	99.5
昆　　明	91.7	78.0	99.9	97.9	100.0	100.0
拉　　萨	115.2	99.2	100.0	83.1	102.5	98.8
西　　安	101.0	99.6	100.0	98.9	98.8	98.7
兰　　州	120.5	100.5	107.8	87.0	114.9	118.6
西　　宁	98.3	99.6	99.1	104.0	99.9	100.0
银　　川	90.6	99.8	101.1	100.0	100.3	100.6
乌鲁木齐	98.8	98.8	98.0	87.1	99.7	100.2

2000年36个大中城市居民消费价格分类指数(八)

(以上年价格为100)

	(2)袜　子	(3)帽　子	(4)其他衣着	三、家庭设备及用品	1.耐用消费品	(1)家　具
平均指数	**99.5**	**104.4**	**100.0**	**97.2**	**95.3**	**96.7**
北　京	97.9	107.7	100.4	96.3	94.7	100.6
天　津	100.0	100.0	99.4	95.3	95.2	100.0
石家庄	106.0	106.2	100.2	97.5	97.5	100.8
太　原	82.1	98.1	108.2	98.6	98.0	99.2
呼和浩特	100.0	105.2	103.8	99.8	98.3	99.9
沈　阳	100.0	105.3	102.1	98.7	94.3	96.5
大　连	100.0	94.0	102.4	93.3	94.1	94.3
长　春	100.0	111.9	102.4	98.8	98.2	100.0
哈尔滨	100.0	101.7	100.3	98.6	96.7	105.9
上　海	100.0	100.0	102.0	96.6	93.9	92.8
南　京	106.8	99.9	102.7	99.9	98.8	108.7
杭　州	100.0	100.0	100.4	95.7	93.2	97.2
宁　波	101.5	100.0	100.0	98.4	98.3	99.8
合　肥	109.7	126.0	92.6	99.1	99.9	101.0
福　州	100.0	100.0	100.7	99.2	99.6	100.3
厦　门	99.8	76.4	99.2	98.0	98.8	98.2
南　昌	120.8	100.0	100.0	97.5	96.8	89.5
济　南	99.5	96.4	98.2	93.6	93.2	93.6
青　岛	99.8	100.0	99.7	95.4	96.5	93.7
郑　州	98.6	118.2	85.9	98.8	97.4	98.1
武　汉	88.4	100.1	97.4	95.9	93.0	95.1
长　沙	100.0	100.0	94.1	97.5	94.6	98.3
广　州	101.4	100.8	100.8	100.2	98.9	100.0
深　圳	103.6	89.7	100.9	95.5	92.9	90.7
南　宁	100.0	107.3	98.1	98.4	96.8	100.0
海　口	100.0	100.0	102.1	99.5	97.1	95.6
重　庆	99.4	99.1	98.4	94.1	92.4	85.1
成　都	100.0	100.0	102.0	99.2	99.0	99.9
贵　阳	92.6	100.0	100.0	92.6	89.9	86.6
昆　明	100.0	98.6	100.8	100.5	94.4	91.8
拉　萨	179.0	106.7	114.0	100.1	98.2	96.6
西　安	98.9	102.7	98.9	96.8	95.1	100.0
兰　州	96.5	95.2	107.0	96.2	94.1	91.3
西　宁	100.2	102.5	96.1	98.8	99.3	99.9
银　川	99.2	98.7	98.2	97.0	93.7	96.8
乌鲁木齐	100.0	98.9	92.7	99.7	100.5	100.0

2000年36个大中城市居民消费价格分类指数(九)

(以上年价格为100)

	(2)家庭设备	2.室内装饰品	3.床上用品	4.家庭日用杂品	5.其他日用品	四、医疗保健用品
平均指数	**94.8**	**98.5**	**100.3**	**97.7**	**99.8**	**101.5**
北京	91.9	102.6	105.0	97.0	97.2	113.5
天津	93.5	79.4	89.6	95.7	100.3	99.7
石家庄	95.2	97.1	101.8	96.6	97.4	103.1
太原	97.5	97.5	106.7	97.8	98.5	101.1
呼和浩特	97.2	99.8	96.8	101.4	101.0	101.4
沈阳	93.6	102.6	97.3	101.2	102.1	99.5
大连	94.0	93.0	98.5	90.7	93.3	98.9
长春	97.0	100.3	102.8	96.2	99.3	98.8
哈尔滨	92.6	98.3	100.0	101.9	98.6	100.7
上海	94.3	99.3	102.7	95.2	99.7	99.9
南京	96.7	99.4	99.3	101.0	102.9	97.3
杭州	92.5	100.1	99.0	98.6	98.3	102.2
宁波	98.0	100.0	99.2	93.3	100.7	97.4
合肥	99.7	97.0	100.4	97.9	99.8	99.8
福州	99.2	99.9	100.0	94.7	100.9	102.0
厦门	99.3	100.0	97.1	98.0	97.1	101.8
南昌	99.8	97.6	100.0	98.8	95.9	100.4
济南	93.0	98.5	97.4	93.6	93.9	96.9
青岛	98.0	98.2	100.4	94.0	92.6	98.8
郑州	97.1	100.1	103.0	100.8	98.1	92.5
武汉	92.4	96.1	102.1	96.8	98.4	99.2
长沙	93.1	98.4	99.9	99.9	99.4	102.4
广州	98.1	99.5	99.5	101.2	102.6	93.7
深圳	95.0	105.3	100.9	99.6	98.8	104.4
南宁	95.0	100.0	102.3	101.4	98.3	90.8
海口	98.9	103.5	100.7	101.8	98.3	101.0
重庆	95.3	81.4	96.1	96.0	98.7	100.5
成都	98.5	96.4	100.0	98.9	100.6	102.2
贵阳	92.2	100.0	96.2	97.6	97.3	97.0
昆明	95.7	118.4	99.7	97.0	103.2	101.1
拉萨	99.2	99.6	92.3	106.9	99.7	98.1
西安	91.5	96.9	98.2	96.4	102.3	103.0
兰州	100.0	97.9	103.1	95.4	98.9	95.6
西宁	99.0	99.9	98.4	97.5	99.1	101.2
银川	90.2	100.3	102.4	97.2	100.7	97.0
乌鲁木齐	100.5	101.2	98.8	99.2	99.4	103.9

2000年36个大中城市居民消费价格分类指数(十)

(以上年价格为100)

	1.医疗器具及保健用品	2.中药材及中成药	3.西　药	五、交通和通讯工具	1.交通工具	2.通讯工具
平均指数	**99.6**	**108.8**	**97.3**	**93.5**	**97.1**	**89.8**
北　京	99.9	136.4	98.1	92.3	98.5	88.2
天　津	100.2	103.7	96.2	95.7	98.8	91.4
石家庄	104.0	108.3	96.3	99.1	104.9	91.5
太　原	106.9	101.8	100.0	97.8	98.5	96.7
呼和浩特	100.8	110.2	96.3	95.0	94.9	95.0
沈　阳	99.8	111.4	90.5	97.3	101.1	94.8
大　连	100.1	102.3	97.4	98.0	91.6	100.0
长　春	99.9	105.0	96.4	81.5	85.1	76.0
哈尔滨	99.8	101.7	100.2	100.3	100.5	99.8
上　海	100.0	100.0	99.9	93.3	98.0	91.7
南　京	98.9	98.6	96.4	90.0	100.3	77.4
杭　州	99.5	106.1	99.4	93.6	85.8	99.0
宁　波	101.8	92.3	100.0	95.7	96.5	95.0
合　肥	99.0	103.3	97.7	85.5	91.7	82.4
福　州	99.8	104.9	100.0	102.6	104.2	98.5
厦　门	99.9	104.8	99.5	98.6	98.3	98.7
南　昌	98.1	103.5	98.1	96.1	100.0	89.0
济　南	97.1	105.8	92.3	92.0	95.0	85.8
青　岛	98.0	100.5	97.8	64.1	96.8	51.9
郑　州	100.3	95.5	90.0	96.5	97.5	94.4
武　汉	99.7	105.0	97.1	89.7	97.6	78.4
长　沙	98.5	110.2	97.4	93.2	100.0	77.2
广　州	101.5	97.1	91.9	97.9	99.1	97.1
深　圳	97.3	103.0	107.2	96.2	95.7	97.3
南　宁	96.7	87.3	94.3	86.4	96.6	71.5
海　口	98.3	102.5	99.9	91.9	93.5	80.4
重　庆	100.0	110.6	93.7	88.8	98.5	82.6
成　都	100.0	106.7	99.8	97.6	98.8	95.5
贵　阳	97.8	97.8	96.4	96.9	100.0	96.0
昆　明	92.5	110.2	93.8	99.3	99.0	100.1
拉　萨	91.3	96.3	100.0	92.5	93.5	80.3
西　安	100.0	103.0	103.1	85.0	100.6	72.3
兰　州	93.9	104.3	91.8	92.0	95.3	89.5
西　宁	100.6	111.5	98.7	98.1	100.5	95.8
银　川	98.4	103.5	92.8	93.8	94.1	92.0
乌鲁木齐	99.8	109.6	100.1	89.0	100.0	78.4

2000年36个大中城市居民消费价格分类指数(十一)

(以上年价格为100)

	六、娱乐教育文化用品	1. 文娱用耐用消费品	2. 教材及参考书	3. 文化娱乐用品	(1)文娱用品	(2)报纸杂志
平均指数	**95.5**	**89.8**	**106.5**	**102.7**	**99.7**	**106.4**
北　京	97.8	94.2	107.9	105.0	99.7	112.5
天　津	84.6	77.5	94.3	100.3	100.4	100.1
石家庄	96.0	91.7	103.5	99.6	99.3	100.0
太　原	96.4	94.5	101.0	99.9	99.8	100.0
呼和浩特	96.4	90.9	100.0	101.7	103.0	100.0
沈　阳	98.1	88.8	123.0	100.1	100.2	100.0
大　连	99.2	90.7	127.1	99.8	99.6	100.0
长　春	98.1	95.3	102.0	100.3	100.8	100.0
哈尔滨	95.4	87.4	104.5	101.1	102.0	100.0
上　海	92.1	85.9	100.1	106.8	100.4	113.3
南　京	94.6	88.5	112.0	100.1	100.2	100.0
杭　州	100.9	98.8	108.6	96.7	94.5	100.0
宁　波	92.7	84.9	109.0	100.0	100.0	100.0
合　肥	95.7	91.6	100.9	100.1	100.3	100.0
福　州	93.0	90.2	100.4	96.3	97.2	95.0
厦　门	99.9	96.3	99.1	105.6	96.3	114.8
南　昌	99.4	98.4	104.4	98.8	99.5	98.1
济　南	92.6	81.6	105.6	103.5	99.7	107.7
青　岛	97.1	93.3	109.4	99.9	99.8	100.0
郑　州	99.5	94.3	110.5	103.5	99.4	108.6
武　汉	94.4	85.8	109.2	99.3	98.4	100.0
长　沙	100.5	94.3	121.4	100.7	101.3	100.2
广　州	99.9	96.2	99.7	109.2	100.6	129.8
深　圳	94.8	89.5	100.4	102.1	103.6	100.0
南　宁	95.5	89.4	105.9	100.2	100.4	100.0
海　口	100.4	99.0	111.5	100.8	102.4	100.0
重　庆	99.3	88.0	117.2	106.6	96.2	118.4
成　都	94.0	86.5	106.5	100.4	97.6	105.8
贵　阳	89.0	82.1	102.1	99.9	99.7	100.0
昆　明	100.0	95.0	127.9	99.2	97.9	102.2
拉　萨	93.0	90.7	94.5	96.6	98.1	95.7
西　安	99.4	93.9	111.7	100.6	99.9	101.8
兰　州	91.1	84.2	117.6	100.5	101.1	100.0
西　宁	99.7	92.6	106.3	98.5	97.0	100.0
银　川	94.2	90.4	102.9	98.3	96.5	100.0
乌鲁木齐	97.1	91.3	103.6	101.3	95.5	106.9

2000年36个大中城市居民消费价格分类指数(十二)

(以上年价格为100)

	七、居　住	1. 住　房	(1)建筑材料	(2)房　租	2. 水、电、燃料	八、服务项目
平均指数	**107.0**	**106.7**	**96.9**	**115.5**	**107.0**	**117.1**
北　京	117.9	125.2	92.8	201.0	110.5	116.2
天　津	104.3	98.9	98.0	100.0	110.3	111.6
石家庄	107.8	102.4	94.9	120.6	111.1	113.1
太　原	107.0	116.4	95.6	135.7	100.2	162.1
呼和浩特	102.1	101.0	98.6	103.3	102.9	130.6
沈　阳	106.5	100.7	92.2	103.5	108.7	104.0
大　连	112.5	123.9	81.3	152.3	101.1	101.0
长　春	106.3	103.9	93.4	106.4	108.0	112.7
哈尔滨	106.8	103.5	100.9	104.9	108.3	108.0
上　海	103.3	104.0	99.6	106.2	103.0	130.4
南　京	109.2	106.6	104.0	109.2	110.4	107.8
杭　州	109.7	105.0	94.2	115.9	111.9	112.9
宁　波	103.2	101.2	98.6	107.7	107.2	114.0
合　肥	102.8	98.8	95.2	100.5	104.6	120.2
福　州	106.1	109.6	100.6	113.6	105.0	130.9
厦　门	105.4	104.6	98.3	116.1	105.9	144.5
南　昌	110.0	122.1	93.8	153.9	103.7	125.2
济　南	107.3	107.0	101.6	110.8	107.5	129.0
青　岛	113.8	120.0	93.6	140.7	108.1	112.0
郑　州	109.3	112.0	98.6	128.4	107.6	105.8
武　汉	111.0	120.2	93.2	138.1	106.9	109.5
长　沙	105.7	98.8	97.7	100.0	113.7	111.1
广　州	105.3	105.8	98.2	112.1	104.9	117.4
深　圳	105.6	99.0	98.0	100.0	115.3	114.0
南　宁	107.9	98.9	96.1	100.8	116.1	119.5
海　口	111.9	102.2	103.3	99.8	114.3	107.2
重　庆	101.2	98.9	97.4	100.2	103.4	112.3
成　都	103.6	102.6	100.6	105.3	104.4	115.1
贵　阳	102.0	97.6	96.0	100.0	105.8	120.1
昆　明	101.5	93.9	87.2	99.8	106.6	102.1
拉　萨	107.7	109.1	104.0	109.2	107.5	107.5
西　安	103.4	100.0	100.4	99.9	107.1	111.3
兰　州	105.9	104.2	101.9	116.0	107.5	101.6
西　宁	110.7	120.5	101.3	149.3	106.4	102.8
银　川	108.9	104.5	92.1	132.2	112.9	107.6
乌鲁木齐	104.5	98.1	94.1	100.5	108.8	120.7

2000年36个大中城市居民消费价格分类指数(十三)

(以上年价格为100)

	1.电讯费	2.邮　费	3.交通费	4.洗　理 美容费	5.文娱费	6.学　杂 保育费	7.修理及 其他服务费	8.医疗 保健服务
平均指数	**104.0**	**107.7**	**110.2**	**100.6**	**114.8**	**135.1**	**99.6**	**112.5**
北　京	100.0	107.2	137.6	106.4	118.7	122.5	94.5	128.6
天　津	100.0	105.7	112.8	100.0	101.9	124.4	98.4	100.0
石家庄	99.6	104.2	115.0	99.3	115.5	122.1	102.5	100.0
太　原	100.1	108.0	109.5	99.9	100.0	235.1	97.9	100.0
呼和浩特	99.6	106.2	107.8	105.3	99.9	171.6	104.3	100.0
沈　阳	99.8	105.4	101.0	100.0	96.8	105.2	99.8	136.3
大　连	99.5	105.7	101.7	100.2	98.9	100.2	100.4	114.8
长　春	100.4	107.7	117.4	100.8	115.2	118.5	100.0	100.0
哈尔滨	100.0	106.2	109.4	106.6	111.0	101.5	109.7	135.5
上　海	124.4	106.6	108.6	101.3	124.7	170.9	100.1	100.0
南　京	99.1	108.1	103.0	97.3	121.0	112.7	102.5	102.2
杭　州	100.0	131.3	100.1	100.0	128.3	135.6	100.0	100.0
宁　波	100.0	107.1	102.7	113.9	168.8	130.3	96.7	100.0
合　肥	98.9	106.7	100.3	97.6	107.9	146.0	100.5	117.0
福　州	98.5	109.2	100.5	100.0	104.4	206.0	100.3	130.3
厦　门	97.9	107.6	100.3	100.0	101.2	245.3	98.9	100.0
南　昌	100.0	108.2	105.5	100.0	111.3	160.4	104.3	100.0
济　南	96.6	106.1	102.4	102.0	116.7	159.2	98.8	151.5
青　岛	99.3	105.1	110.4	103.1	114.6	121.2	103.1	102.9
郑　州	100.0	110.1	102.7	98.7	100.0	113.3	100.2	100.0
武　汉	97.1	108.5	107.0	98.7	110.5	122.7	101.4	111.7
长　沙	100.0	107.0	117.7	100.0	100.0	120.2	100.5	100.0
广　州	100.2	108.4	100.8	99.4	104.6	143.3	103.1	120.7
深　圳	101.4	109.7	101.9	99.0	101.8	134.6	100.5	124.1
南　宁	100.0	107.9	99.6	100.0	98.0	149.1	100.0	100.0
海　口	100.0	105.5	97.3	98.7	92.1	122.9	98.9	109.4
重　庆	100.0	109.6	100.6	97.4	137.5	126.1	97.6	112.3
成　都	102.3	108.0	106.3	100.0	96.6	134.6	100.2	100.0
贵　阳	100.0	107.0	104.1	99.7	152.7	143.3	100.8	112.0
昆　明	100.0	109.0	100.0	108.2	100.6	101.3	111.8	100.0
拉　萨	100.0	97.9	97.6	138.4	107.6	100.0	106.5	147.0
西　安	99.6	108.0	109.9	100.0	113.4	123.9	98.4	100.0
兰　州	99.8	106.6	103.3	103.2	107.5	100.0	101.7	100.0
西　宁	100.0	107.9	110.0	102.6	102.7	100.6	98.8	100.0
银　川	99.3	108.8	115.7	107.4	108.1	118.4	94.9	100.0
乌鲁木齐	100.0	104.4	116.5	100.0	100.0	146.6	100.0	100.0

2000年全国及各地区商品零售价格分类指数(一)

(以上年价格为100)

	总指数	一、食品类	1. 粮 食	(1)细 粮	(2)粗 粮	2. 油脂类
全国平均	**98.5**	**97.5**	**90.1**	**88.8**	**102.0**	**86.2**
北 京	98.9	97.5	92.0	91.1	103.3	85.8
天 津	98.6	98.0	100.4	91.0	124.1	88.1
河 北	99.1	97.8	91.5	89.7	100.0	91.7
山 西	97.1	95.9	91.0	89.7	99.7	90.8
内 蒙 古	98.8	97.0	93.4	92.6	97.3	88.5
辽 宁	98.4	98.3	90.2	88.4	105.6	81.0
吉 林	98.0	95.9	90.7	89.5	97.3	83.6
黑 龙 江	97.8	96.2	92.7	91.9	98.7	81.0
上 海	96.4	97.5	97.1	92.6	119.6	77.3
江 苏	98.6	97.0	88.5	87.9	98.1	83.5
浙 江	99.0	98.9	87.8	87.0	103.1	82.8
安 徽	98.0	96.8	86.5	84.7	105.6	84.0
福 建	98.9	98.4	90.2	90.0	93.7	96.2
江 西	98.5	97.9	87.2	86.9	94.0	83.4
山 东	98.6	98.0	90.8	88.8	104.0	90.4
河 南	98.5	96.9	85.3	83.6	100.8	88.5
湖 北	97.8	97.3	83.4	82.4	100.0	80.8
湖 南	99.3	98.2	87.7	87.3	96.5	91.6
广 东	99.9	98.8	95.1	94.7	99.8	94.5
广 西	98.6	96.4	91.7	90.9	98.8	95.8
海 南	99.9	98.8	90.9	90.5	95.8	92.5
重 庆	95.5	92.8	87.2	86.5	93.3	79.8
四 川	97.7	95.2	88.7	88.0	93.0	84.2
贵 州	97.3	94.4	93.2	92.9	99.4	81.6
云 南	97.6	94.3	90.8	90.7	92.5	86.8
西 藏	99.2	98.5	100.3	100.8	97.8	102.6
陕 西	98.3	97.0	91.1	89.7	108.6	80.0
甘 肃	99.1	97.6	94.9	94.1	102.3	85.8
青 海	99.0	97.9	95.8	95.6	97.0	82.1
宁 夏	97.6	97.6	92.1	91.4	103.7	94.6
新 疆	98.3	96.4	88.9	88.6	94.4	83.6

2000年全国及各地区商品零售价格分类指数(二)

(以上年价格为100)

	3.肉禽蛋	4.水产品	5.鲜　菜	6.干　菜	7.鲜　果	8.干　果
全国平均	**96.1**	**102.7**	**105.3**	**99.2**	**95.7**	**99.1**
北　京	96.6	107.3	98.5	98.1	88.4	94.9
天　津	95.0	102.1	101.2	97.1	94.1	99.9
河　北	98.5	105.2	102.6	98.6	93.7	99.6
山　西	96.2	104.2	98.9	97.9	92.7	102.0
内蒙古	98.2	103.6	100.5	96.6	91.3	93.9
辽　宁	97.1	108.4	107.0	108.3	91.2	99.4
吉　林	92.5	103.1	103.6	104.2	91.5	97.0
黑龙江	94.7	104.9	101.1	99.0	94.6	96.7
上　海	93.4	101.0	108.4	101.5	93.4	99.4
江　苏	97.3	98.6	109.4	99.6	93.6	98.6
浙　江	95.7	102.9	111.5	99.7	102.8	100.7
安　徽	98.9	102.7	108.1	99.1	92.9	98.5
福　建	94.3	101.9	110.1	97.8	101.7	98.9
江　西	96.7	99.1	112.9	99.5	106.1	99.6
山　东	96.2	105.4	105.4	98.4	95.0	101.1
河　南	96.5	103.7	107.4	97.9	95.6	99.1
湖　北	98.8	101.1	109.7	97.2	96.4	97.7
湖　南	99.4	96.1	107.5	96.3	101.9	99.7
广　东	95.6	101.8	104.0	99.1	98.1	98.7
广　西	94.5	94.9	99.8	95.6	100.6	96.6
海　南	96.3	102.1	109.2	98.9	93.5	96.5
重　庆	93.7	94.0	92.1	97.6	88.8	98.9
四　川	95.3	92.9	97.4	96.3	92.2	99.7
贵　州	94.6	95.2	99.4	92.7	89.3	99.3
云　南	91.1	92.0	97.8	96.6	93.9	94.0
西　藏	94.0	95.4	103.7	95.9	94.0	99.5
陕　西	97.3	102.9	104.7	98.0	94.1	100.5
甘　肃	96.7	102.8	104.4	96.4	101.0	94.8
青　海	96.3	106.3	102.8	96.8	101.3	97.9
宁　夏	97.4	107.9	101.1	98.7	94.4	98.3
新　疆	94.5	95.3	107.4	97.6	94.6	101.9

2000年全国及各地区商品零售价格分类指数(三)

(以上年价格为100)

	9.其他食品	(1)调味品	(2)食　糖	(3)糖　果	(4)糕　点	(5)奶及奶制品
全国平均	**100.9**	**101.2**	**108.6**	**99.2**	**99.5**	**100.0**
北　京	98.8	98.3	98.3	99.0	94.8	104.3
天　津	100.6	102.7	106.9	98.7	99.0	100.0
河　北	100.2	99.5	99.3	100.2	100.7	100.3
山　西	98.6	99.3	97.6	100.3	98.1	99.4
内蒙古	100.6	100.6	103.5	98.0	100.8	99.9
辽　宁	100.0	101.4	106.7	101.2	99.7	98.6
吉　林	99.5	98.2	106.1	95.8	99.0	101.5
黑龙江	101.2	101.5	105.2	100.2	99.1	102.2
上　海	101.5	100.0	114.8	99.4	101.6	100.3
江　苏	100.7	100.8	104.3	99.7	100.0	99.5
浙　江	102.0	99.3	116.3	100.7	98.9	99.3
安　徽	100.5	102.3	105.0	100.6	98.7	98.9
福　建	102.1	98.0	114.3	101.3	101.0	99.6
江　西	99.8	98.3	108.1	100.4	98.5	96.5
山　东	99.2	97.7	100.6	99.7	100.0	98.5
河　南	101.4	103.2	111.8	97.9	98.8	98.0
湖　北	103.3	115.5	107.3	100.0	98.2	99.0
湖　南	101.6	102.1	112.7	96.3	100.2	98.8
广　东	100.8	99.9	112.1	98.3	101.2	97.9
广　西	103.4	102.7	112.9	100.6	100.1	101.3
海　南	101.5	100.4	117.0	93.1	98.9	96.8
重　庆	99.6	95.7	108.3	101.1	99.9	97.6
四　川	101.7	102.0	112.3	98.4	98.3	101.0
贵　州	100.1	99.5	109.4	98.0	98.1	101.6
云　南	100.5	101.7	104.5	97.6	100.4	99.5
西　藏	104.8	106.6	103.3	99.5	94.4	107.3
陕　西	103.5	107.4	109.4	96.8	102.7	102.9
甘　肃	100.4	100.6	100.8	101.0	103.9	99.6
青　海	99.7	101.7	101.8	100.4	98.0	97.8
宁　夏	99.3	99.0	106.8	96.8	102.6	99.2
新　疆	99.4	99.3	100.6	98.8	99.5	99.6

2000年全国及各地区商品零售价格分类指数(四)

(以上年价格为100)

	(6)罐　头	10. 饮食业	(1)主　食	(2)炒　菜	(3)地方小吃	二、饮料烟酒类
全国平均	**98.0**	**99.8**	**99.0**	**99.7**	**101.3**	**98.0**
北　京	96.9	101.2	95.9	102.1	101.0	101.9
天　津	96.4	99.9	100.3	99.6	100.0	98.1
河　北	100.4	100.5	99.9	100.8	100.3	98.6
山　西	97.1	97.2	98.1	96.4	98.8	94.2
内蒙古	101.2	99.6	99.2	99.8	99.6	97.4
辽　宁	96.3	99.9	99.9	99.8	99.8	96.8
吉　林	99.1	100.0	98.3	100.2	102.7	97.3
黑龙江	98.3	99.9	100.2	99.8	100.4	98.5
上　海	98.4	99.8	98.6	99.7	101.6	96.9
江　苏	100.2	98.8	99.5	98.3	99.5	96.3
浙　江	98.0	100.1	100.4	100.0	100.1	98.8
安　徽	98.2	98.1	97.8	97.9	99.6	97.8
福　建	98.3	99.0	97.1	99.2	100.2	99.8
江　西	100.7	101.9	99.4	103.5	100.5	96.4
山　东	97.1	99.8	98.1	101.3	98.6	98.7
河　南	97.8	100.2	96.9	101.4	99.9	97.7
湖　北	99.3	98.5	99.3	98.0	99.0	97.3
湖　南	98.9	99.2	99.4	99.0	99.7	97.6
广　东	98.1	100.3	99.5	99.0	103.8	100.9
广　西	99.0	99.4	99.8	99.1	99.8	99.7
海　南	100.0	98.0	99.7	96.1	100.0	97.5
重　庆	102.7	101.7	100.0	102.8	100.0	98.1
四　川	97.0	100.7	99.9	100.6	102.7	96.6
贵　州	96.2	98.3	99.5	97.0	101.2	96.2
云　南	95.8	101.1	100.6	100.6	105.1	95.3
西　藏	101.2	100.2	101.1	99.2	98.7	98.6
陕　西	99.4	99.5	99.0	99.3	100.3	98.4
甘　肃	95.8	97.0	99.7	94.8	99.7	95.6
青　海	97.7	100.5	100.8	101.0	99.0	97.9
宁　夏	94.1	99.4	98.8	99.6	100.5	96.3
新　疆	97.8	99.5	98.5	100.2	99.5	96.9

2000年全国及各地区商品零售价格分类指数(五)

(以上年价格为100)

	1.饮　料	2.烟　酒	三、服装鞋帽类	1.服　装	2.鞋	3.其他衣着
全国平均	**98.5**	**97.8**	**99.2**	**98.7**	**99.8**	**99.9**
北　京	99.1	103.6	102.9	102.5	104.4	99.8
天　津	98.9	97.8	103.9	106.3	98.7	101.4
河　北	99.9	97.9	100.5	100.6	100.6	99.5
山　西	96.5	93.5	100.3	100.5	100.3	100.0
内蒙古	98.3	97.2	99.2	98.3	100.2	100.9
辽　宁	98.0	96.4	99.0	98.5	99.8	99.6
吉　林	97.5	97.1	99.6	98.7	100.7	99.8
黑龙江	97.8	98.7	99.5	98.5	101.8	98.8
上　海	99.7	96.6	93.8	93.0	94.1	101.5
江　苏	98.4	95.8	99.3	98.1	101.0	101.2
浙　江	97.9	99.0	98.2	97.6	98.6	99.8
安　徽	97.9	97.7	98.4	97.4	99.2	100.7
福　建	97.7	100.6	98.3	97.4	99.0	100.7
江　西	98.9	95.7	96.9	95.3	98.3	100.1
山　东	99.6	98.3	100.0	99.8	100.5	99.5
河　南	96.5	97.9	98.7	98.4	99.1	99.0
湖　北	97.2	97.3	99.1	99.1	99.9	96.5
湖　南	99.1	97.3	99.8	99.6	99.7	100.9
广　东	99.2	101.6	98.7	97.8	99.9	100.6
广　西	98.1	100.1	100.0	100.7	98.9	99.1
海　南	97.6	97.4	103.7	100.8	112.9	102.3
重　庆	99.3	97.7	91.9	89.5	93.6	102.4
四　川	98.9	96.2	98.6	98.8	98.3	98.2
贵　州	99.7	95.6	100.6	99.0	105.7	96.4
云　南	100.8	93.3	102.0	102.8	100.7	101.0
西　藏	98.4	98.7	100.7	102.8	95.8	101.0
陕　西	99.2	98.1	99.6	99.6	99.7	99.7
甘　肃	90.4	96.8	101.8	101.5	104.1	97.9
青　海	97.3	98.1	99.9	100.0	99.5	100.5
宁　夏	98.2	95.9	97.7	96.7	99.3	101.1
新　疆	98.0	96.7	99.8	99.8	100.1	99.3

2000年全国及各地区商品零售价格分类指数(六)

(以上年价格为100)

	四、纺织品类	1.棉　布	2.棉花化纤混纺布	3.化纤布	4.呢　绒	5.绸　缎
全国平均	**98.6**	**98.9**	**98.5**	**99.0**	**98.4**	**98.8**
北　京	98.3	97.9	104.3	97.1	98.1	97.6
天　津	96.7	100.2	98.2	93.0	96.9	98.6
河　北	99.2	100.1	98.0	99.5	98.6	100.1
山　西	94.5	94.2	92.4	90.9	99.7	95.3
内蒙古	97.3	98.1	99.6	98.6	93.1	98.3
辽　宁	99.4	98.9	98.1	103.2	98.3	98.4
吉　林	98.4	96.6	101.0	99.2	97.4	99.3
黑龙江	97.9	99.1	98.0	98.7	98.0	98.9
上　海	99.6	100.1	95.3	91.7	102.3	97.5
江　苏	100.0	100.0	97.9	103.4	98.9	99.9
浙　江	99.3	99.8	101.0	97.4	100.2	99.4
安　徽	97.7	98.1	97.5	97.3	97.8	97.9
福　建	98.9	100.1	99.7	99.7	96.9	98.4
江　西	97.9	98.4	98.7	95.9	99.2	100.4
山　东	98.5	97.8	99.0	98.7	98.6	98.5
河　南	99.3	99.8	98.8	101.6	96.6	98.1
湖　北	98.1	97.4	95.6	101.1	99.6	99.3
湖　南	97.7	99.9	100.1	95.5	96.3	99.2
广　东	98.7	99.0	98.3	99.6	98.5	99.7
广　西	98.8	99.0	98.8	99.0	98.3	99.5
海　南	98.8	92.9	96.6	105.3	100.0	98.5
重　庆	96.7	100.0	100.0	103.1	99.5	89.4
四　川	98.7	99.1	98.8	98.3	99.9	99.9
贵　州	98.4	96.9	96.1	99.1	94.7	101.3
云　南	96.3	98.0	99.2	98.1	85.5	99.6
西　藏	96.6	102.6	100.8	109.6	99.1	99.8
陕　西	97.9	99.0	95.7	98.9	97.5	98.4
甘　肃	98.0	96.4	93.2	103.8	100.1	100.2
青　海	99.2	98.6	100.0	99.6	99.6	98.6
宁　夏	95.2	98.9	98.2	91.5	99.2	98.3
新　疆	97.1	97.7	96.9	99.6	97.1	100.1

2000年全国及各地区商品零售价格分类指数(七)

(以上年价格为100)

	6.其他纺织品	五、中西药品类	1.中　药	2.西　药	3.医疗用品	六、化妆品类
全国平均	**98.1**	**100.2**	**104.6**	**97.3**	**99.6**	**98.9**
北　京	98.5	113.6	136.4	98.1	100.8	95.3
天　津	97.2	100.1	103.9	96.7	100.0	97.9
河　北	99.1	100.8	105.4	98.0	99.3	99.4
山　西	93.1	100.8	104.5	97.5	101.9	99.1
内蒙古	97.8	99.9	104.8	96.5	98.6	100.2
辽　宁	99.3	96.9	104.7	93.0	100.0	98.6
吉　林	98.8	99.6	103.1	96.8	99.6	100.1
黑龙江	96.4	97.1	100.1	94.9	98.4	101.7
上　海	103.9	99.6	99.3	99.9	100.0	98.6
江　苏	98.9	100.2	102.5	98.5	100.3	99.1
浙　江	98.8	102.0	105.2	99.7	101.0	99.4
安　徽	97.9	101.9	106.4	98.8	99.4	99.1
福　建	99.0	100.9	104.6	98.2	100.4	99.9
江　西	97.3	102.0	108.5	97.6	100.4	97.4
山　东	98.5	99.6	104.0	97.0	98.3	97.0
河　南	98.0	97.2	102.1	94.6	99.3	98.9
湖　北	96.4	98.0	101.4	96.2	99.8	98.3
湖　南	98.7	100.9	106.9	97.0	101.2	99.9
广　东	98.2	98.4	99.6	97.0	99.9	99.9
广　西	98.5	96.6	97.2	95.8	96.8	98.1
海　南	101.9	107.3	113.2	102.9	99.1	99.1
重　庆	93.8	100.6	113.3	93.3	100.0	92.6
四　川	98.0	101.5	105.8	98.8	98.2	101.3
贵　州	100.5	98.6	98.5	98.4	98.3	97.6
云　南	97.8	99.9	107.3	96.0	94.1	103.2
西　藏	93.1	99.9	99.3	100.1	100.4	104.7
陕　西	96.9	100.8	103.7	98.8	99.1	101.0
甘　肃	95.6	99.2	105.4	95.5	99.3	99.8
青　海	98.9	99.9	104.9	97.8	102.0	98.4
宁　夏	98.5	98.1	107.8	93.4	99.0	99.8
新　疆	92.6	102.6	107.4	100.0	99.3	97.3

2000年全国及各地区商品零售价格分类指数(八)

(以上年价格为100)

	七、书报杂志类	八、文化体育用品	1. 文化用品	2. 体育用品	九、日用品类	1. 一般日用品
全国平均	**105.4**	**98.9**	**98.7**	**99.5**	**98.1**	**97.9**
北京	107.9	99.9	100.1	97.0	98.3	96.7
天津	98.5	98.3	98.1	99.2	99.0	97.5
河北	101.9	99.5	100.0	98.4	98.6	98.6
山西	101.7	99.2	99.6	97.3	98.0	98.0
内蒙古	100.3	100.4	100.8	99.4	99.0	98.7
辽宁	109.6	98.4	98.4	98.5	97.2	96.9
吉林	101.9	99.5	99.5	99.6	98.3	97.6
黑龙江	102.2	98.6	98.7	98.3	100.0	99.8
上海	100.2	98.0	96.8	100.8	95.6	96.3
江苏	105.4	99.6	99.5	99.9	99.3	99.6
浙江	103.3	99.7	99.8	99.2	97.8	97.1
安徽	101.4	99.6	99.3	100.1	98.8	98.2
福建	103.8	98.6	98.7	98.2	98.4	98.1
江西	101.0	100.1	100.6	98.3	97.4	97.1
山东	102.5	98.3	98.1	99.0	97.3	97.0
河南	105.5	99.4	99.1	100.2	98.2	97.9
湖北	102.4	96.4	94.1	102.8	97.1	96.9
湖南	111.0	98.8	98.3	100.2	98.6	98.8
广东	109.7	99.1	98.7	100.6	99.2	99.4
广西	105.6	100.1	100.1	100.0	99.1	99.2
海南	105.1	98.8	98.3	100.6	98.3	99.9
重庆	110.0	96.3	95.1	99.0	95.8	97.0
四川	110.1	99.2	99.5	98.5	97.9	97.8
贵州	103.4	98.5	98.5	98.9	97.2	97.8
云南	109.1	98.0	98.0	97.9	97.5	98.0
西藏	100.8	102.0	101.9	102.3	99.9	101.5
陕西	107.3	98.9	99.0	97.9	98.2	97.5
甘肃	110.3	97.4	96.9	98.4	98.5	97.7
青海	104.4	99.7	99.7	99.9	98.0	97.4
宁夏	102.6	97.7	98.1	95.6	98.7	98.6
新疆	101.3	99.3	98.6	101.6	98.5	98.3

2000 年全国及各地区商品零售价格分类指数(九)

(以上年价格为 100)

	2. 家具类	3. 日用杂品	十、家用电器类	十一、首饰类	十二、燃料类	十三、建筑装璜材料类	十四、机电产品类
全国平均	**97.8**	**99.4**	**93.6**	**97.6**	**117.7**	**98.4**	**95.6**
北京	100.5	101.3	92.1	89.6	109.4	97.7	97.1
天津	99.9	100.9	92.3	99.7	115.2	98.0	97.5
河北	98.7	98.1	95.5	95.4	113.4	100.5	97.1
山西	98.2	97.5	93.9	96.2	113.5	98.5	94.0
内蒙古	99.5	98.9	96.2	97.8	116.5	99.8	97.0
辽宁	96.7	99.4	92.5	94.0	118.2	98.2	97.1
吉林	99.7	90.7	96.0	91.5	114.4	100.5	95.1
黑龙江	99.2	102.1	92.1	95.3	111.5	100.2	95.2
上海	94.2	101.1	90.6	98.7	119.7	95.3	98.7
江苏	98.2	99.9	94.6	101.2	118.4	97.7	96.3
浙江	98.3	99.3	93.7	100.4	121.0	100.6	95.1
安徽	99.6	99.1	94.9	99.4	111.6	97.2	94.7
福建	98.6	98.9	94.1	97.4	117.7	99.8	95.3
江西	97.0	98.5	95.6	96.2	118.9	97.7	94.2
山东	96.8	99.2	94.0	94.9	115.7	99.2	96.4
河南	98.3	98.8	94.2	95.4	115.7	97.5	96.2
湖北	96.3	98.6	90.8	97.1	122.6	95.8	88.4
湖南	97.6	99.6	94.2	98.1	120.1	97.0	93.4
广东	98.6	100.1	95.3	101.4	122.5	99.2	94.4
广西	99.5	98.4	94.7	98.0	126.1	98.2	91.1
海南	94.2	101.9	96.2	94.6	116.0	99.4	96.0
重庆	92.9	97.0	91.6	99.7	121.7	93.3	91.5
四川	98.5	97.3	92.8	99.9	117.9	99.6	95.9
贵州	95.9	98.6	93.8	95.1	113.4	95.8	95.2
云南	95.2	99.7	95.5	104.6	123.1	96.0	94.3
西藏	97.7	98.6	98.0	92.6	106.2	99.3	94.1
陕西	98.3	99.9	92.0	94.6	112.8	99.5	95.5
甘肃	96.9	103.8	94.5	95.4	115.8	100.4	96.3
青海	99.2	97.4	94.0	96.7	108.3	98.4	95.4
宁夏	98.5	99.4	90.5	97.6	122.9	96.3	91.8
新疆	98.3	99.3	95.0	97.5	109.3	97.2	96.1

2000年全国及各地区城市商品零售价格分类指数(一)

(以上年价格为100)

	总指数	一、食品类	1.粮 食	(1)细 粮	(2)粗 粮	2.油脂类
全国平均	**98.5**	**97.6**	**91.2**	**89.8**	**105.7**	**84.7**
北 京	98.9	97.5	92.0	91.1	103.3	85.8
天 津	98.6	98.0	100.4	91.0	124.1	88.1
河 北	99.2	98.0	90.4	88.4	101.6	90.1
山 西	96.8	95.1	88.7	88.1	95.2	92.3
内蒙古	98.7	97.0	94.2	93.9	96.6	85.6
辽 宁	98.4	98.5	90.2	88.5	106.9	80.3
吉 林	97.6	95.5	90.0	89.1	96.5	84.4
黑龙江	97.9	96.8	94.7	94.1	99.4	80.9
上 海	96.4	97.5	97.1	92.6	119.6	77.3
江 苏	98.5	96.5	87.3	86.9	95.5	82.1
浙 江	98.8	98.3	89.8	89.2	108.3	79.5
安 徽	97.9	96.4	87.4	85.3	108.1	81.8
福 建	99.0	98.4	91.3	91.2	94.0	96.3
江 西	98.6	97.9	90.1	90.0	91.7	80.8
山 东	98.8	98.7	92.1	91.0	103.7	94.1
河 南	98.8	96.0	85.9	85.2	98.2	86.6
湖 北	98.1	97.9	81.4	80.8	97.7	78.5
湖 南	99.8	98.7	88.5	88.1	99.7	90.0
广 东	100.0	99.1	98.5	98.3	100.5	94.9
广 西	98.4	96.7	93.0	92.2	99.9	96.2
海 南	101.0	98.0	92.8	92.6	95.7	89.5
重 庆	95.5	92.8	87.2	86.5	93.3	79.8
四 川	97.5	94.7	90.8	90.6	92.5	83.8
贵 州	96.9	93.8	93.7	93.5	97.4	81.7
云 南	97.0	92.8	90.4	90.2	93.9	83.3
西 藏	99.1	98.6	102.3	103.0	98.6	103.7
陕 西	98.8	97.4	91.6	90.3	117.4	79.3
甘 肃	98.9	97.3	94.3	93.6	99.8	83.8
青 海	99.3	98.7	96.6	96.6	96.1	81.3
宁 夏	97.8	98.1	92.6	92.1	101.9	94.8
新 疆	98.9	97.1	89.9	89.3	109.9	85.1

2000年全国及各地区城市商品零售价格分类指数(二)

(以上年价格为100)

	3. 肉禽蛋	4. 水产品	5. 鲜　菜	6. 干　菜	7. 鲜　果	8. 干　果
全国平均	**95.5**	**103.4**	**104.8**	**100.3**	**94.9**	**98.8**
北　京	96.6	107.3	98.5	98.1	88.4	94.9
天　津	95.0	102.1	101.2	97.1	94.1	99.9
河　北	99.1	105.5	102.3	100.4	92.0	101.8
山　西	94.9	104.3	97.0	98.6	89.2	103.4
内蒙古	97.4	103.6	100.3	97.1	91.3	93.5
辽　宁	96.9	109.1	107.1	109.2	90.5	99.6
吉　林	92.3	102.4	102.9	105.0	90.0	96.3
黑龙江	94.5	104.7	102.0	99.4	96.0	98.4
上　海	93.4	101.0	108.4	101.5	93.4	99.4
江　苏	96.0	98.8	109.4	99.7	93.6	98.4
浙　江	94.4	100.9	107.5	101.1	102.4	99.3
安　徽	97.4	103.3	110.3	97.9	92.4	95.8
福　建	94.2	102.6	108.3	95.5	102.2	98.9
江　西	96.0	100.5	112.6	97.8	103.1	95.5
山　东	96.0	105.4	106.5	99.0	96.7	100.4
河　南	94.8	105.7	106.4	96.6	95.8	100.4
湖　北	98.8	102.2	111.4	99.0	97.5	98.3
湖　南	99.7	98.6	106.5	100.7	102.5	98.0
广　东	95.5	102.3	103.8	100.4	97.4	98.6
广　西	94.8	98.0	100.8	94.7	96.9	95.3
海　南	95.6	101.9	109.4	97.0	93.6	97.6
重　庆	93.7	94.0	92.1	97.6	88.8	98.9
四　川	94.2	93.5	96.1	96.3	90.9	101.4
贵　州	92.3	98.5	94.0	93.1	91.4	99.2
云　南	89.0	91.4	95.5	95.6	91.4	90.2
西　藏	91.6	89.8	106.6	95.9	86.9	103.3
陕　西	97.0	107.3	103.4	97.8	94.3	100.0
甘　肃	95.9	104.1	104.7	94.4	101.4	92.6
青　海	96.8	107.9	103.2	97.3	102.9	99.7
宁　夏	97.9	108.1	100.8	98.5	94.7	96.6
新　疆	94.2	95.7	107.2	99.6	94.5	103.6

2000年全国及各地区城市商品零售价格分类指数(三)

(以上年价格为100)

	9.其他食品	(1)调味品	(2)食　糖	(3)糖　果	(4)糕　点	(5)奶及奶制品
全国平均	**100.4**	**100.6**	**106.7**	**99.6**	**99.6**	**100.2**
北　京	98.8	98.3	98.3	99.0	94.8	104.3
天　津	100.6	102.7	106.9	98.7	99.0	100.0
河　北	100.8	97.5	104.4	101.0	100.5	101.0
山　西	98.3	99.0	93.5	100.8	97.8	99.4
内蒙古	100.6	100.7	102.2	98.6	101.6	100.3
辽　宁	99.9	101.1	107.7	102.0	100.0	98.3
吉　林	98.9	97.8	104.5	97.3	99.2	100.7
黑龙江	101.1	102.2	101.4	99.2	99.6	103.1
上　海	101.5	100.0	114.8	99.4	101.6	100.3
江　苏	100.2	99.9	102.7	99.3	99.8	100.0
浙　江	101.6	97.7	116.0	101.0	99.3	100.3
安　徽	100.6	101.7	107.1	99.5	98.7	100.4
福　建	101.5	97.3	108.2	103.3	102.6	100.0
江　西	99.1	98.3	102.9	99.7	98.6	98.2
山　东	98.6	95.6	96.8	99.6	101.2	97.3
河　南	100.2	104.8	108.4	97.4	97.8	97.9
湖　北	102.5	115.8	106.2	99.9	97.2	99.0
湖　南	100.1	100.0	107.6	96.4	100.5	99.3
广　东	100.6	100.3	110.6	99.3	102.0	97.2
广　西	101.3	101.7	105.8	100.0	99.7	101.2
海　南	102.1	99.4	118.6	96.4	99.5	95.0
重　庆	99.6	95.7	108.3	101.1	99.9	97.6
四　川	101.0	102.3	101.0	98.2	98.4	104.0
贵　州	100.9	99.7	111.3	98.0	99.1	101.9
云　南	100.6	100.8	110.4	97.9	99.8	99.9
西　藏	104.5	110.3	106.4	98.9	91.6	106.0
陕　西	103.9	107.4	107.9	96.6	105.3	103.6
甘　肃	101.0	101.5	102.1	102.6	106.1	99.5
青　海	99.3	99.5	102.4	101.1	98.7	97.1
宁　夏	99.8	99.5	114.3	96.4	103.1	99.8
新　疆	100.2	98.6	110.5	100.0	100.4	100.0

2000年全国及各地区城市商品零售价格分类指数(四)

(以上年价格为100)

	(6)罐　头	10.饮食业	(1)主　食	(2)炒　菜	(3)地方小吃	二、饮料烟酒类
全国平均	**97.6**	**99.8**	**99.0**	**99.5**	**101.7**	**97.7**
北　京	96.9	101.2	95.9	102.1	101.0	101.9
天　津	96.4	99.9	100.3	99.6	100.0	98.1
河　北	100.6	100.5	100.1	100.8	99.3	97.5
山　西	97.3	96.2	98.7	95.1	97.9	92.7
内蒙古	100.6	99.6	99.3	99.7	100.1	97.2
辽　宁	95.2	99.9	100.2	99.8	99.9	96.2
吉　林	97.2	100.1	98.3	100.1	103.0	96.7
黑龙江	97.0	99.9	100.0	99.8	100.1	97.9
上　海	98.4	99.8	98.6	99.7	101.6	96.9
江　苏	99.6	98.8	99.6	98.3	99.2	95.9
浙　江	97.8	100.0	99.9	100.0	100.2	98.8
安　徽	98.4	98.4	98.1	98.3	99.5	97.1
福　建	99.3	97.5	95.7	97.1	99.9	98.6
江　西	99.9	100.7	99.8	101.1	100.5	96.4
山　东	96.2	100.2	98.1	102.3	96.7	98.8
河　南	97.2	99.5	97.6	100.3	99.9	96.7
湖　北	99.5	98.3	99.4	97.5	99.4	96.2
湖　南	98.2	99.0	99.0	98.7	101.1	98.4
广　东	97.3	100.3	99.8	98.5	104.6	100.3
广　西	99.0	98.8	99.3	98.4	99.7	100.0
海　南	100.0	95.7	100.0	91.1	100.0	97.8
重　庆	102.7	101.7	100.0	102.8	100.0	98.1
四　川	97.5	101.4	100.8	101.0	104.6	97.5
贵　州	98.3	95.9	99.5	94.2	100.4	95.6
云　南	94.4	101.2	99.7	100.2	112.4	93.5
西　藏	101.1	101.8	102.7	97.1	101.3	99.7
陕　西	101.9	99.4	99.0	99.4	100.3	98.3
甘　肃	91.3	96.1	100.0	94.5	99.6	93.9
青　海	97.5	100.6	101.5	100.6	99.4	97.6
宁　夏	93.9	99.8	98.1	100.7	100.0	96.8
新　疆	96.8	100.1	98.9	101.4	100.5	95.6

2000年全国及各地区城市商品零售价格分类指数(五)

(以上年价格为100)

	1.饮　料	2.烟　酒	三、服装鞋帽类	1.服　装	2.鞋	3.其他衣着
全国平均	**97.9**	**97.6**	**99.4**	**98.8**	**100.3**	**100.4**
北　京	99.1	103.6	102.9	102.5	104.4	99.8
天　津	98.9	97.8	103.9	106.3	98.7	101.4
河　北	99.3	96.5	101.4	101.5	100.9	101.5
山　西	95.6	91.8	100.3	100.7	100.2	98.9
内蒙古	98.3	97.0	98.6	97.9	99.3	100.4
辽　宁	97.5	95.9	99.1	98.5	100.0	99.8
吉　林	96.6	96.7	99.1	98.1	100.1	99.6
黑龙江	96.3	98.3	98.7	97.3	101.6	100.0
上　海	99.7	96.6	93.8	93.0	94.1	101.5
江　苏	97.8	95.5	99.6	98.5	101.1	101.3
浙　江	98.1	99.0	98.6	97.7	99.8	99.8
安　徽	97.2	97.1	98.7	97.6	99.4	102.3
福　建	96.9	99.5	97.7	96.7	98.6	101.0
江　西	98.8	95.9	97.2	94.2	102.3	101.6
山　东	99.7	98.4	100.7	100.2	102.2	99.9
河　南	96.1	96.8	99.7	99.2	100.5	100.1
湖　北	94.7	96.6	100.5	100.7	100.5	97.9
湖　南	99.2	98.3	99.0	98.4	99.6	100.8
广　东	98.8	100.9	99.1	98.1	101.1	101.1
广　西	97.9	100.6	102.0	102.9	100.4	100.7
海　南	95.0	99.3	105.8	100.1	121.0	103.4
重　庆	99.3	97.7	91.9	89.5	93.6	102.4
四　川	99.4	97.1	99.3	98.7	100.5	100.2
贵　州	100.3	94.6	99.3	98.2	101.8	97.8
云　南	99.8	90.7	102.8	104.8	99.9	98.6
西　藏	98.8	100.2	102.4	104.6	95.9	103.8
陕　西	98.0	98.5	100.3	100.7	100.1	99.3
甘　肃	87.9	95.6	104.9	103.8	110.8	97.6
青　海	94.6	98.4	100.9	100.2	102.5	99.5
宁　夏	98.7	96.3	98.3	97.1	100.4	101.0
新　疆	99.1	95.0	100.0	99.5	101.7	100.7

2000年全国及各地区城市商品零售价格分类指数(六)

(以上年价格为100)

	四、纺织品类	1.棉　布	2.棉花化纤混纺布	3.化纤布	4.呢　绒	5.绸　缎
全国平均	**99.0**	**99.1**	**98.4**	**99.8**	**98.6**	**98.9**
北　京	98.3	97.9	104.3	97.1	98.1	97.6
天　津	96.7	100.2	98.2	93.0	96.9	98.6
河　北	100.4	101.3	98.6	103.0	98.2	100.5
山　西	96.2	94.9	88.3	99.4	105.0	96.9
内蒙古	96.5	97.4	99.7	98.1	91.3	97.6
辽　宁	99.7	99.1	97.1	105.1	98.1	99.1
吉　林	98.2	96.2	98.1	99.1	96.7	99.5
黑龙江	98.4	99.9	98.8	98.2	97.6	99.5
上　海	99.6	100.1	95.3	91.7	102.3	97.5
江　苏	100.4	100.4	93.9	105.3	98.3	100.2
浙　江	100.5	100.4	104.2	101.2	99.9	100.2
安　徽	97.7	97.7	97.5	96.0	98.7	97.9
福　建	98.9	100.1	100.2	99.9	98.5	97.4
江　西	97.9	97.0	97.8	97.0	98.4	100.4
山　东	99.5	97.1	98.4	100.2	100.3	98.7
河　南	99.6	97.1	98.3	103.5	94.8	98.4
湖　北	100.3	103.0	101.3	97.2	99.6	102.2
湖　南	96.0	99.8	99.7	91.7	95.3	98.9
广　东	98.9	99.3	97.5	100.3	99.1	99.3
广　西	99.7	98.1	98.7	100.9	97.0	99.6
海　南	99.9	99.4	94.8	115.0	100.0	99.3
重　庆	96.7	100.0	100.0	103.1	99.5	89.4
四　川	99.9	100.3	100.2	100.1	100.2	100.1
贵　州	99.8	100.0	98.2	100.5	94.0	105.0
云　南	94.0	97.0	99.9	90.7	79.7	100.3
西　藏	97.0	102.0	101.1	111.3	99.7	98.9
陕　西	99.8	100.5	96.6	102.3	97.7	100.9
甘　肃	99.9	97.1	92.2	115.6	100.2	101.9
青　海	99.1	96.4	100.3	99.1	99.3	100.1
宁　夏	96.4	97.6	98.5	92.6	100.0	100.5
新　疆	97.1	99.2	98.1	99.8	97.6	98.9

2000年全国及各地区城市商品零售价格分类指数(七)

(以上年价格为100)

	6. 其他纺织品	五、中西药品类	1. 中　药	2. 西　药	3. 医疗用品	六、化妆品类
全国平均	**98.9**	**100.1**	**104.7**	**97.0**	**99.7**	**98.5**
北　京	98.5	113.6	136.4	98.1	100.8	95.3
天　津	97.2	100.1	103.9	96.7	100.0	97.9
河　北	100.2	100.6	106.1	96.3	99.2	100.9
山　西	92.0	101.8	105.5	97.9	103.6	100.0
内蒙古	98.0	99.2	104.6	94.5	99.2	100.3
辽　宁	99.8	96.9	105.3	93.2	100.6	98.4
吉　林	99.4	99.5	103.1	98.4	98.9	100.1
黑龙江	97.9	96.6	98.8	94.8	99.9	101.6
上　海	103.9	99.6	99.3	99.9	100.0	98.6
江　苏	99.0	99.9	101.9	98.4	100.2	98.8
浙　江	99.6	101.5	104.1	99.4	102.0	100.1
安　徽	98.9	102.7	108.8	98.8	99.4	99.5
福　建	98.9	100.9	104.4	98.7	99.0	99.2
江　西	97.8	101.4	106.0	98.3	99.0	97.1
山　东	99.7	98.8	102.9	96.0	98.0	95.3
河　南	99.7	96.8	101.7	94.0	99.9	97.4
湖　北	100.6	96.9	98.8	95.9	99.7	97.3
湖　南	99.3	100.7	106.1	97.0	101.3	100.0
广　东	98.8	98.3	99.6	96.5	99.9	98.9
广　西	101.0	93.1	91.9	94.2	95.9	100.3
海　南	102.5	101.1	102.6	99.9	96.2	98.7
重　庆	93.8	100.6	113.3	93.3	100.0	92.6
四　川	99.4	101.8	106.3	99.2	100.4	100.0
贵　州	101.3	98.8	97.8	99.4	97.6	97.9
云　南	97.7	99.2	107.5	94.1	92.0	103.2
西　藏	92.3	99.2	98.4	100.0	97.9	104.5
陕　西	99.0	102.4	103.1	102.0	99.4	103.1
甘　肃	96.6	96.0	102.7	92.7	94.5	92.1
青　海	99.1	99.1	99.9	98.7	105.5	98.3
宁　夏	99.8	95.9	106.3	91.9	98.6	102.3
新　疆	91.2	103.4	107.4	100.8	99.8	97.2

2000年全国及各地区城市商品零售价格分类指数(八)

(以上年价格为100)

	七、书报杂志类	八、文化体育用品	1. 文化用品	2. 体育用品	九、日用品类	1. 一般日用品
全国平均	**105.1**	**98.8**	**98.5**	**99.8**	**98.3**	**98.1**
北京	107.9	99.9	100.1	97.0	98.3	96.7
天津	98.5	98.3	98.1	99.2	99.0	97.5
河北	102.0	98.8	99.4	97.6	99.0	99.0
山西	101.1	99.5	99.5	99.4	98.4	98.4
内蒙古	100.6	101.0	101.4	100.0	99.0	98.8
辽宁	110.3	98.4	98.4	98.6	97.2	96.9
吉林	101.6	99.1	99.1	99.1	98.3	97.4
黑龙江	102.7	99.3	99.1	100.1	101.2	100.9
上海	100.2	98.0	96.8	100.8	95.6	96.3
江苏	105.6	99.4	99.2	100.1	99.4	99.8
浙江	102.9	99.6	99.6	99.6	97.8	96.8
安徽	101.5	99.2	99.2	99.4	98.6	97.7
福建	105.1	98.2	98.3	98.0	99.1	98.5
江西	101.5	99.8	99.9	99.5	98.1	98.1
山东	102.3	98.1	97.5	99.5	97.1	97.1
河南	103.2	99.3	99.2	99.6	98.6	98.5
湖北	103.7	96.3	93.2	104.6	98.0	97.9
湖南	108.5	99.5	98.8	101.3	99.5	100.2
广东	110.1	98.9	98.7	100.0	99.6	99.8
广西	102.8	100.2	100.1	100.4	99.8	99.8
海南	108.8	99.0	98.8	100.9	100.3	101.9
重庆	110.0	96.3	95.1	99.0	95.8	97.0
四川	106.3	98.5	98.1	99.8	99.5	99.5
贵州	101.3	99.3	99.1	100.3	97.4	98.2
云南	109.4	96.5	96.4	97.7	96.3	98.1
西藏	99.0	99.6	98.5	102.2	101.6	102.9
陕西	107.2	99.8	99.9	98.6	98.4	97.4
甘肃	110.2	97.2	96.3	99.0	99.6	98.7
青海	104.9	100.3	100.3	99.8	98.2	97.7
宁夏	102.7	97.9	98.3	96.0	99.0	99.3
新疆	101.1	98.7	98.4	100.0	99.3	99.3

2000年全国及各地区城市商品零售价格分类指数(九)

(以上年价格为100)

	2.家具类	3.日用杂品	十、家用电器类	十一、首饰类	十二、燃料类	十三、建筑装璜材料类	十四、机电产品类
全国平均	**97.8**	**100.0**	**93.4**	**97.1**	**118.9**	**98.6**	**96.0**
北京	100.5	101.3	92.1	89.6	109.4	97.7	97.1
天津	99.9	100.9	92.3	99.7	115.2	98.0	97.5
河北	99.2	98.4	95.5	93.7	115.1	101.0	98.2
山西	98.8	96.9	94.7	96.6	111.9	98.1	95.8
内蒙古	99.8	98.5	96.9	97.9	116.0	99.3	97.8
辽宁	96.9	98.8	92.4	92.8	120.1	98.0	97.6
吉林	99.7	97.6	94.5	90.9	113.6	100.9	94.6
黑龙江	100.7	103.3	91.2	94.8	111.0	102.8	96.3
上海	94.2	101.1	90.6	98.7	119.7	95.3	98.7
江苏	98.0	99.8	93.8	101.6	118.3	97.7	96.3
浙江	98.8	99.6	93.4	100.0	122.4	99.7	95.4
安徽	99.6	99.8	95.7	99.4	111.5	96.5	94.6
福建	99.4	99.9	95.1	97.3	116.6	101.6	98.2
江西	96.9	101.0	97.3	97.1	114.3	97.7	95.4
山东	96.4	98.7	93.4	93.9	117.7	99.6	96.4
河南	98.9	98.5	94.8	95.5	120.3	99.7	96.4
湖北	97.1	99.6	92.3	96.4	127.5	96.6	89.4
湖南	97.5	101.1	94.3	97.9	125.0	99.5	94.6
广东	98.6	100.7	95.3	101.5	123.2	99.1	94.4
广西	100.1	99.5	94.0	96.9	124.6	97.9	92.6
海南	95.3	100.9	100.0	96.7	124.2	103.0	94.0
重庆	92.9	97.0	91.6	99.7	121.7	93.3	91.5
四川	99.5	99.2	93.0	100.7	122.0	99.7	96.0
贵州	94.2	100.8	90.4	93.5	116.5	97.9	94.9
云南	90.5	99.9	96.7	106.7	127.0	92.8	94.4
西藏	99.9	101.8	99.7	88.8	104.1	99.5	94.2
陕西	99.3	99.6	92.9	94.5	112.1	99.5	96.7
甘肃	97.3	106.0	94.3	94.2	117.0	99.9	96.1
青海	99.7	96.1	93.1	94.8	107.1	97.9	95.6
宁夏	98.3	99.6	90.7	97.3	118.6	97.2	95.0
新疆	99.9	98.4	97.7	96.0	109.7	97.7	97.0

2000 年全国及各地区农村商品零售价格分类指数(一)

(以上年价格为 100)

	总指数	一、食品类	1. 粮 食	(1)细 粮	(2)粗 粮	2. 油脂类
全国平均	**98.5**	**97.4**	**88.9**	**87.6**	**98.9**	**88.4**
北 京						
天 津						
河 北	98.9	97.5	92.1	90.6	98.9	92.9
山 西	97.5	97.1	93.1	91.2	101.2	89.6
内 蒙 古	98.9	96.9	92.3	90.6	97.6	91.2
辽 宁	98.6	97.8	91.0	88.4	103.5	84.6
吉 林	99.2	97.2	92.5	91.0	97.3	79.5
黑 龙 江	97.6	95.0	89.5	88.1	98.1	81.3
上 海						
江 苏	98.8	97.8	90.1	89.3	100.0	85.4
浙 江	99.1	99.6	86.5	85.4	101.3	85.7
安 徽	98.0	97.1	85.7	84.2	103.2	86.0
福 建	98.9	98.4	89.2	88.8	93.5	96.1
江 西	98.5	97.9	85.1	84.4	95.0	85.7
山 东	98.3	96.7	88.6	84.9	104.7	84.7
河 南	98.3	97.7	84.8	81.8	102.5	90.2
湖 北	97.1	96.6	85.4	84.1	100.6	83.3
湖 南	98.4	97.4	86.7	86.1	94.3	94.4
广 东	99.6	98.2	91.2	90.6	98.9	94.0
广 西	98.8	96.2	91.0	90.1	98.2	95.5
海 南	99.0	99.5	89.5	89.0	95.9	94.1
重 庆						
四 川	97.8	95.9	86.4	84.8	93.2	84.5
贵 州	97.8	96.2	92.6	92.2	101.4	81.3
云 南	98.4	95.8	91.2	91.1	91.8	89.1
西 藏	99.5	97.9	97.8	98.0	97.1	96.1
陕 西	97.7	96.5	90.5	89.0	102.8	80.9
甘 肃	99.6	98.1	95.6	94.6	105.4	88.9
青 海	98.9	96.6	94.7	94.3	98.2	83.4
宁 夏	97.4	96.7	91.7	90.9	105.7	94.1
新 疆	97.4	95.0	87.6	87.5	88.2	82.1

2000年全国及各地区农村商品零售价格分类指数(二)

(以上年价格为100)

	3.肉禽蛋	4.水产品	5.鲜 菜	6.干 菜	7.鲜 果	8.干 果
全国平均	**97.1**	**101.0**	**106.3**	**98.0**	**97.1**	**99.6**
北 京						
天 津						
河 北	98.1	104.9	102.9	97.4	94.9	97.9
山 西	98.3	103.2	101.6	96.8	97.9	98.9
内 蒙 古	99.8	103.4	100.7	95.9	91.4	94.2
辽 宁	98.6	103.4	106.3	103.8	96.9	98.1
吉 林	93.4	105.4	106.0	100.1	96.4	98.4
黑 龙 江	95.3	105.2	99.2	98.7	91.4	92.8
上 海						
江 苏	98.8	98.5	109.3	99.5	93.7	98.9
浙 江	97.0	106.6	115.8	98.6	103.2	101.9
安 徽	100.1	102.2	106.5	99.6	93.3	100.6
福 建	94.5	100.6	112.5	100.0	101.1	98.9
江 西	97.3	97.9	113.3	101.0	108.5	101.8
山 东	96.6	105.5	103.1	97.7	92.0	101.7
河 南	98.2	101.7	108.3	99.0	95.3	97.7
湖 北	98.7	99.8	106.8	96.1	95.1	96.9
湖 南	98.9	92.1	109.9	94.0	100.6	103.9
广 东	95.8	100.9	104.4	97.0	99.5	98.8
广 西	94.2	91.4	98.7	96.0	105.0	98.0
海 南	96.8	102.3	109.0	103.5	93.5	95.7
重 庆						
四 川	96.8	92.3	99.5	96.3	93.8	98.7
贵 州	97.1	90.3	106.2	92.7	87.4	100.6
云 南	93.7	92.4	101.2	96.9	97.1	96.8
西 藏	95.0	101.7	100.8	94.4	100.8	92.6
陕 西	97.7	95.9	105.8	98.1	93.9	101.3
甘 肃	98.3	100.1	103.8	97.7	99.9	97.2
青 海	95.4	100.6	102.1	95.3	96.5	96.1
宁 夏	96.3	107.4	101.5	99.2	94.0	101.7
新 疆	94.6	94.9	108.0	95.4	94.8	98.3

2000年全国及各地区农村商品零售价格分类指数(三)

(以上年价格为100)

	9.其他食品	(1)调味品	(2)食　糖	(3)糖　果	(4)糕　点	(5)奶及奶制品
全国平均	**101.6**	**101.8**	**110.1**	**98.7**	**99.2**	**99.4**
北　京						
天　津						
河　北	99.6	100.9	95.9	99.2	100.8	99.3
山　西	99.2	99.9	102.6	98.9	98.6	99.5
内蒙古	100.6	100.7	104.0	97.0	99.5	99.0
辽　宁	100.5	103.2	103.3	97.6	99.0	104.5
吉　林	101.5	99.4	108.5	92.4	98.1	104.2
黑龙江	101.6	100.4	113.2	102.6	97.4	99.2
上　海						
江　苏	101.5	102.2	106.7	100.3	100.3	98.2
浙　江	102.4	100.9	116.4	100.2	98.4	97.1
安　徽	100.5	102.9	104.0	101.3	98.7	97.4
福　建	102.7	98.6	119.5	99.8	98.9	98.9
江　西	100.5	98.4	110.8	101.2	98.4	94.4
山　东	99.9	99.6	102.8	99.9	98.1	101.3
河　南	102.4	101.9	112.1	98.2	99.2	98.6
湖　北	104.4	114.3	107.9	100.0	100.1	99.0
湖　南	103.9	103.8	115.7	96.0	99.6	97.4
广　东	101.2	99.6	113.4	97.0	99.3	100.0
广　西	105.2	103.4	116.4	101.1	100.6	100.7
海　南	100.2	102.1	112.3	82.6	97.8	100.6
重　庆						
四　川	102.7	101.8	114.4	98.5	98.3	98.5
贵　州	99.1	99.1	107.5	98.1	97.2	100.0
云　南	100.5	102.3	101.3	97.4	101.0	98.8
西　藏	105.3	93.3	98.4	100.6	98.1	109.7
陕　西	103.2	107.7	110.7	97.0	98.9	102.6
甘　肃	99.8	100.0	99.5	98.6	98.4	101.0
青　海	100.3	104.3	100.6	99.3	96.7	99.4
宁　夏	98.4	98.4	99.9	97.5	101.1	97.7
新　疆	97.6	100.4	92.8	97.6	97.6	98.7

2000年全国及各地区农村商品零售价格分类指数(四)

(以上年价格为100)

	(6)罐　头	10.饮食业	(1)主　食	(2)炒　菜	(3)地方小吃	二、饮料烟酒类
全国平均	**98.9**	**100.0**	**99.0**	**100.3**	**100.3**	**98.4**
北　京						
天　津						
河　北	100.3	100.5	99.7	100.8	101.1	99.4
山　西	97.0	98.7	97.6	99.1	100.3	96.1
内蒙古	102.0	99.5	99.1	99.9	98.5	97.7
辽　宁	98.1	99.5	98.5	99.9	99.4	99.0
吉　林	107.1	99.8	97.7	100.5	100.8	100.2
黑龙江	100.9	100.0	100.6	99.5	100.6	100.5
上　海						
江　苏	101.2	98.8	99.2	98.3	100.5	96.8
浙　江	97.9	100.2	101.0	100.0	99.9	98.8
安　徽	98.1	97.8	97.6	97.5	99.7	98.3
福　建	97.2	101.8	99.3	103.2	100.8	101.2
江　西	101.6	103.3	99.1	106.7	100.6	96.4
山　东	98.5	99.1	98.0	99.1	102.0	98.7
河　南	98.1	100.8	96.0	102.4	100.0	98.4
湖　北	98.5	98.9	99.1	98.9	98.5	98.8
湖　南	100.0	99.6	100.5	99.6	96.3	96.6
广　东	99.6	100.2	98.9	100.2	101.1	102.0
广　西	99.1	100.1	100.1	100.1	99.9	99.6
海　南	100.0	99.9	99.3	100.0	100.0	97.5
重　庆						
四　川	96.7	99.8	99.2	99.9	100.8	96.1
贵　州	93.6	99.4	99.6	98.4	103.6	96.7
云　南	96.6	101.0	101.5	101.0	99.4	97.6
西　藏	101.1	98.1	97.3	99.8	97.7	96.6
陕　西	96.8	99.6	99.3	99.2	100.4	98.4
甘　肃	100.0	99.4	99.1	99.3	100.1	98.9
青　海	98.9	100.4	100.0	101.5	98.4	98.3
宁　夏	93.9	98.6	100.1	97.2	101.3	95.5
新　疆	100.1	98.5	97.9	99.0	98.5	98.2

2000年全国及各地区农村商品零售价格分类指数(五)

(以上年价格为100)

	1.饮料	2.烟酒	三、服装鞋帽类	1.服装	2.鞋	3.其他衣着
全国平均	**99.5**	**98.2**	**98.8**	**98.5**	**99.0**	**99.1**
北京						
天津						
河北	100.4	98.9	99.8	99.9	100.3	98.1
山西	97.7	95.6	100.5	100.2	100.5	101.6
内蒙古	98.4	97.5	100.3	99.1	101.4	101.3
辽宁	100.5	98.6	98.4	98.2	99.0	97.4
吉林	101.4	99.6	100.8	100.0	102.3	100.8
黑龙江	102.5	100.0	101.5	102.6	102.1	96.0
上海						
江苏	99.4	96.2	99.0	97.5	100.8	101.1
浙江	97.8	99.1	97.7	97.4	96.8	99.8
安徽	98.5	98.2	98.1	97.2	99.0	99.8
福建	98.9	101.9	98.9	98.4	99.5	100.2
江西	99.2	95.7	96.7	96.2	95.8	99.4
山东	99.5	98.4	98.8	99.1	98.1	98.8
河南	96.8	98.6	97.8	97.6	97.8	98.3
湖北	100.6	98.3	96.8	95.8	99.3	95.8
湖南	98.8	96.4	101.1	101.6	99.8	101.0
广东	99.8	103.1	97.7	97.2	97.7	99.4
广西	98.2	99.8	97.9	98.1	97.3	97.9
海南	99.3	96.7	101.1	101.6	99.8	100.3
重庆						
四川	98.6	95.6	98.0	99.0	96.9	97.5
贵州	99.5	96.4	102.4	99.6	112.2	96.0
云南	102.5	96.2	101.1	100.3	101.3	103.2
西藏	97.8	96.1	98.1	99.4	95.5	98.5
陕西	101.1	97.8	98.7	98.2	99.1	100.1
甘肃	98.7	98.9	97.4	97.7	96.4	98.4
青海	100.3	97.6	98.7	99.6	95.6	101.4
宁夏	97.1	95.2	96.4	95.9	96.9	101.3
新疆	97.1	98.4	99.4	100.4	98.3	98.3

2000年全国及各地区农村商品零售价格分类指数(六)

(以上年价格为100)

	四、纺织品类	1. 棉　布	2. 棉花化纤混纺布	3. 化纤布	4. 呢　绒	5. 绸　缎
全国平均	**98.1**	**98.7**	**98.5**	**98.3**	**98.1**	**98.5**
北　京						
天　津						
河　北	98.3	99.2	97.6	96.7	98.9	99.8
山　西	92.6	93.4	96.3	87.1	92.1	92.9
内蒙古	98.8	98.9	99.5	99.7	98.1	99.3
辽　宁	98.5	98.2	100.2	100.2	99.3	95.2
吉　林	99.2	97.6	103.5	99.6	100.0	98.6
黑龙江	96.9	97.3	96.2	100.0	100.6	96.6
上　海						
江　苏	99.4	99.6	100.6	99.5	99.8	98.9
浙　江	97.7	99.2	97.6	94.2	100.6	98.3
安　徽	97.7	98.4	97.4	98.3	97.0	97.9
福　建	99.0	100.1	99.3	99.7	94.8	100.0
江　西	97.9	98.8	99.1	94.8	99.8	100.3
山　东	97.5	98.3	99.5	97.4	95.2	98.1
河　南	99.0	100.7	98.9	100.2	98.9	97.8
湖　北	96.6	94.9	93.5	103.1	99.5	97.1
湖　南	100.1	100.4	100.3	102.1	98.3	99.4
广　东	98.4	98.8	99.3	98.7	97.7	100.3
广　西	98.1	99.4	98.9	97.3	99.3	99.4
海　南	97.2	91.9	99.1	100.0	100.0	93.8
重　庆						
四　川	98.1	98.6	98.5	97.7	99.7	99.6
贵　州	93.9	90.6	90.8	82.1	95.4	97.1
云　南	98.6	98.4	98.6	99.5	99.8	98.9
西　藏	95.5	103.3	100.4	106.9	98.6	102.5
陕　西	96.4	98.3	95.1	96.6	97.3	96.1
甘　肃	95.9	95.7	94.5	96.1	99.5	98.6
青　海	99.3	99.9	99.8	100.0	100.0	97.2
宁　夏	92.8	100.2	97.5	89.6	96.8	93.5
新　疆	97.2	96.2	96.3	98.5	96.0	101.8

2000年全国及各地区农村商品零售价格分类指数(七)

(以上年价格为100)

	6. 其他纺织品	五、中西药品类	1. 中　药	2. 西　药	3. 医疗用品	六、化妆品类
全国平均	**97.0**	**100.4**	**104.5**	**97.7**	**99.5**	**99.8**
北　京						
天　津						
河　北	98.3	101.0	104.7	99.1	99.6	98.0
山　西	94.3	99.7	103.5	97.1	100.4	97.2
内蒙古	97.6	100.7	105.0	98.4	97.8	100.0
辽　宁	96.5	97.1	104.5	91.9	95.7	99.4
吉　林	96.9	100.0	103.1	97.6	100.6	100.2
黑龙江	93.3	98.2	102.7	95.3	96.1	102.1
上　海						
江　苏	98.7	100.7	103.8	98.8	100.6	99.7
浙　江	98.0	102.6	106.1	100.0	99.7	98.6
安　徽	97.1	101.2	104.3	98.8	99.4	98.6
福　建	99.2	100.9	105.0	97.8	101.9	100.7
江　西	96.9	102.5	110.9	96.7	101.6	97.6
山　东	97.4	100.9	106.1	98.5	99.1	99.7
河　南	96.7	97.6	102.5	95.2	97.5	100.3
湖　北	93.2	99.9	104.8	96.9	100.1	99.1
湖　南	98.0	101.5	108.8	97.0	101.2	99.4
广　东	97.2	98.7	99.3	98.0	99.4	101.8
广　西	95.6	99.6	102.8	97.1	97.3	95.4
海　南	101.4	111.5	123.3	104.4	101.4	99.9
重　庆						
四　川	97.4	101.4	105.4	98.4	96.5	103.4
贵　州	100.5	97.5	98.6	96.8	101.6	98.6
云　南	97.9	100.7	107.1	97.9	97.8	103.0
西　藏	93.1	101.0	101.1	100.6	104.8	108.4
陕　西	95.1	98.5	104.4	94.2	99.2	98.8
甘　肃	93.3	102.8	109.2	97.8	108.5	115.7
青　海	98.4	102.7	110.0	95.9	100.0	98.6
宁　夏	95.1	102.1	110.2	96.2	100.5	94.7
新　疆	95.3	101.3	107.4	98.6	98.6	97.5

2000年全国及各地区农村商品零售价格分类指数(八)

(以上年价格为100)

	七、书报杂志类	八、文化体育用品	1. 文化用品	2. 体育用品	九、日用品类	1. 一般日用品
全国平均	**105.7**	**99.2**	**99.3**	**99.1**	**97.8**	**97.6**
北　京						
天　津						
河　北	101.8	100.1	100.5	99.1	98.3	98.4
山　西	102.5	98.6	99.8	93.0	97.5	97.5
内蒙古	99.9	99.4	99.8	98.7	98.9	98.7
辽　宁	107.3	97.9	98.2	96.3	97.5	97.0
吉　林	102.5	101.4	101.1	102.2	98.4	99.1
黑龙江	100.9	96.7	97.3	94.9	96.1	96.0
上　海						
江　苏	104.9	99.9	100.1	99.5	99.1	99.1
浙　江	103.8	99.8	100.1	98.6	97.8	97.4
安　徽	101.2	99.9	99.5	100.6	99.0	98.8
福　建	102.1	99.1	99.4	98.5	97.7	97.8
江　西	100.8	100.4	101.2	97.2	96.8	96.2
山　东	102.9	98.8	99.0	98.2	97.7	96.9
河　南	107.7	99.4	98.8	100.8	97.8	97.4
湖　北	101.5	96.7	95.7	99.6	96.1	95.7
湖　南	116.1	97.0	97.2	96.5	96.7	96.5
广　东	108.8	99.7	98.9	101.7	98.6	98.7
广　西	108.1	99.9	100.0	99.5	98.6	98.7
海　南	99.2	99.2	98.7	100.5	96.4	97.0
重　庆						
四　川	113.2	99.8	100.6	97.5	96.9	96.8
贵　州	105.2	97.1	97.1	97.3	96.9	96.9
云　南	109.1	99.4	99.9	97.9	98.8	97.9
西　藏	112.1	104.9	105.6	102.5	99.0	101.1
陕　西	107.4	97.6	97.7	97.4	97.9	97.8
甘　肃	110.4	98.1	98.3	97.6	96.4	96.1
青　海	103.7	98.8	98.5	99.9	97.8	97.0
宁　夏	102.3	97.1	97.7	95.3	97.9	97.0
新　疆	101.6	100.1	98.9	103.2	97.0	96.4

2000年全国及各地区农村商品零售价格分类指数(九)

(以上年价格为100)

	2.家具类	3.日用杂品	十、家用电器类	十一、首饰类	十二、燃料类	十三、建筑装璜材料类	十四、机电产品类
全国平均	**97.8**	**98.4**	**94.0**	**98.8**	**115.8**	**98.1**	**94.2**
北京							
天津							
河北	98.3	97.8	95.6	97.9	111.9	100.0	95.7
山西	97.0	98.2	92.6	95.4	115.0	98.7	90.5
内蒙古	99.2	99.2	95.1	97.8	117.4	100.7	95.8
辽宁	96.0	103.3	93.0	99.0	112.0	99.1	93.8
吉林	98.8	97.0	94.8	93.5	117.8	99.6	96.6
黑龙江	94.8	98.8	94.9	99.0	111.5	96.2	90.3
上海							
江苏	98.5	100.0	96.1	100.2	118.5	97.6	96.4
浙江	97.7	99.0	94.0	101.2	119.1	101.4	94.1
安徽	99.5	98.8	94.1	99.4	111.7	97.7	94.9
福建	97.4	97.8	92.7	97.5	118.9	98.0	90.1
江西	97.3	97.6	93.9	94.9	123.2	97.7	93.0
山东	97.5	99.7	95.1	96.9	112.5	98.8	96.9
河南	97.8	99.1	93.6	95.1	111.6	95.6	95.6
湖北	94.9	97.7	88.4	98.2	116.8	94.7	86.9
湖南	97.9	96.1	94.0	99.4	110.8	92.6	88.9
广东	98.5	98.4	95.2	101.2	121.2	99.5	94.5
广西	99.0	97.2	95.2	99.6	127.4	98.1	89.8
海南	93.4	102.9	93.1	91.3	108.0	97.0	96.2
重庆							
四川	97.5	96.7	92.7	98.4	114.1	99.6	95.4
贵州	98.6	94.4	96.0	99.0	109.2	94.8	95.0
云南	100.0	99.7	94.0	99.2	118.7	98.4	94.2
西藏	95.1	96.6	95.5	98.0	112.4	99.2	94.7
陕西	96.4	100.1	90.8	94.9	113.6	99.4	93.7
甘肃	96.0	98.5	95.5	99.6	113.9	101.3	97.3
青海	98.5	99.4	95.5	98.1	110.5	99.4	95.2
宁夏	99.0	99.0	90.2	98.3	124.9	94.3	85.6
新疆	96.2	100.3	91.0	98.7	108.7	96.6	95.1

2000年36个大中城市商品零售价格分类指数(一)

(以上年价格为100)

	总指数	一、食品类	1.粮　食	(1)细　粮	(2)粗　粮	2.油脂类
平均指数	**98.4**	**97.7**	**92.9**	**90.9**	**111.2**	**83.1**
北　　京	98.9	97.5	92.0	91.1	103.3	85.8
天　　津	98.6	98.0	100.4	91.0	124.1	88.1
石 家 庄	99.9	99.1	91.0	90.1	97.9	95.3
太　　原	96.0	93.8	86.5	86.3	91.8	96.4
呼和浩特	98.4	97.7	97.8	97.6	100.6	90.6
沈　　阳	98.0	97.4	88.3	87.9	97.0	80.1
大　　连	97.8	99.7	94.0	89.2	116.5	81.3
长　　春	97.5	94.0	89.5	89.7	86.0	89.5
哈 尔 滨	98.8	98.5	99.9	99.7	102.1	80.6
上　　海	96.4	97.5	97.1	92.6	119.6	77.3
南　　京	99.2	96.3	91.2	91.4	88.6	77.4
杭　　州	98.3	98.7	94.1	93.1	121.0	81.5
宁　　波	98.3	98.9	91.2	91.2	88.4	76.8
合　　肥	97.2	96.3	89.9	88.1	106.1	81.6
福　　州	98.8	98.8	94.8	94.8	96.8	95.1
厦　　门	98.5	97.4	89.0	88.7	95.1	95.8
南　　昌	97.8	96.7	91.7	91.7	92.1	77.5
济　　南	98.0	97.1	91.0	89.7	102.9	89.4
青　　岛	99.7	100.3	92.7	91.4	112.8	98.3
郑　　州	99.1	96.7	94.2	94.1	96.5	81.7
武　　汉	97.4	97.9	76.6	76.3	96.4	79.6
长　　沙	100.7	99.0	90.2	89.8	113.4	89.8
广　　州	99.4	98.9	100.3	100.4	98.0	95.9
深　　圳	100.6	100.4	101.9	102.0	101.4	93.4
南　　宁	98.3	96.3	92.0	91.5	96.7	96.3
海　　口	101.0	98.0	92.8	92.6	95.7	89.5
重　　庆	95.5	92.8	87.2	86.5	93.3	79.8
成　　都	98.2	96.1	96.7	97.4	89.7	84.2
贵　　阳	95.8	92.6	95.2	95.3	95.2	81.3
昆　　明	97.0	92.4	90.2	90.0	93.6	81.8
拉　　萨	99.6	98.8	104.4	104.8	99.5	106.2
西　　安	98.7	97.1	93.4	92.1	117.3	77.2
兰　　州	99.0	97.0	94.9	94.1	102.1	79.5
西　　宁	99.3	98.4	97.1	97.3	96.0	81.2
银　　川	97.6	98.1	93.5	92.8	103.7	95.5
乌鲁木齐	99.2	97.9	91.9	91.5	122.0	84.6

2000年36个大中城市商品零售价格分类指数(二)

(以上年价格为100)

	3.肉禽蛋	4.水产品	5.鲜　菜	6.干　菜	7.鲜　果	8.干　果
平均指数	**94.9**	**105.3**	**104.5**	**100.7**	**94.0**	**98.4**
北　京	96.6	107.3	98.5	98.1	88.4	94.9
天　津	95.0	102.1	101.2	97.1	94.1	99.9
石家庄	97.0	110.2	101.7	103.0	94.2	101.1
太　原	93.4	104.1	94.4	100.0	86.7	105.8
呼和浩特	99.1	95.4	99.2	97.2	91.0	89.2
沈　阳	97.6	106.9	108.3	117.9	89.7	99.9
大　连	95.0	113.8	108.1	99.6	90.4	97.2
长　春	90.4	101.2	100.2	109.4	86.0	88.8
哈尔滨	95.8	106.2	101.8	100.3	99.8	100.6
上　海	93.4	101.0	108.4	101.5	93.4	99.4
南　京	94.8	104.7	106.5	98.7	94.2	90.1
杭　州	91.8	101.5	105.5	102.7	106.1	97.9
宁　波	94.0	101.8	111.4	102.5	107.7	108.0
合　肥	98.8	100.6	108.7	99.9	89.3	95.7
福　州	93.8	102.6	109.1	92.4	100.5	91.5
厦　门	93.6	102.9	103.2	91.7	103.0	98.1
南　昌	92.9	103.9	110.2	100.2	104.8	97.9
济　南	92.6	102.1	105.7	101.7	96.3	100.3
青　岛	99.9	109.0	106.3	99.7	98.8	100.3
郑　州	92.2	107.2	106.5	94.1	94.8	103.2
武　汉	98.4	102.4	114.2	97.9	97.0	97.9
长　沙	99.7	101.2	107.2	98.4	98.8	98.5
广　州	94.1	102.3	100.3	101.8	99.9	98.3
深　圳	97.6	105.7	106.7	101.1	94.4	98.3
南　宁	93.2	98.2	105.1	94.9	94.3	98.5
海　口	95.6	101.9	109.4	97.0	93.6	97.6
重　庆	93.7	94.0	92.1	97.6	88.8	98.9
成　都	93.5	94.6	97.2	97.4	93.2	106.6
贵　阳	90.7	99.4	93.9	90.2	92.0	100.7
昆　明	88.5	90.1	94.6	96.3	91.4	89.3
拉　萨	89.5	86.2	112.0	94.9	83.5	104.7
西　安	96.5	108.4	101.8	97.7	94.4	99.8
兰　州	95.5	102.5	105.9	93.5	102.2	92.5
西　宁	96.7	108.0	102.3	97.2	103.7	100.3
银　川	98.1	106.3	99.6	98.8	95.4	95.9
乌鲁木齐	93.5	96.9	109.3	95.8	94.3	105.7

2000年36个大中城市商品零售价格分类指数(三)

(以上年价格为100)

	9.其他食品	(1)调味品	(2)食　糖	(3)糖　果	(4)糕　点	(5)奶及奶制品
平均指数	**100.2**	**100.6**	**106.8**	**99.7**	**99.3**	**100.6**
北　京	98.8	98.3	98.3	99.0	94.8	104.3
天　津	100.6	102.7	106.9	98.7	99.0	100.0
石家庄	100.8	97.5	101.9	98.1	103.0	100.9
太　原	98.7	102.8	89.6	104.5	95.8	100.0
呼和浩特	101.1	97.5	102.1	96.0	100.0	105.6
沈　阳	98.9	99.1	102.9	100.9	100.3	97.2
大　连	98.6	101.2	110.9	99.6	98.4	98.9
长　春	97.7	92.9	101.7	98.2	101.9	99.2
哈尔滨	100.4	101.9	96.8	99.1	100.0	104.7
上　海	101.5	100.0	114.8	99.4	101.6	100.3
南　京	98.0	96.2	96.7	99.4	97.7	98.4
杭　州	103.1	99.3	116.7	101.0	101.4	101.6
宁　波	102.0	93.5	116.8	106.7	96.8	100.7
合　肥	99.9	102.8	103.3	98.2	99.0	99.6
福　州	101.3	94.8	103.7	125.0	106.0	100.0
厦　门	101.3	98.8	112.6	100.0	99.3	100.0
南　昌	98.7	97.1	101.0	97.3	98.5	100.2
济　南	101.0	99.3	95.4	100.3	102.1	100.0
青　岛	101.7	99.4	111.6	104.8	101.6	99.9
郑　州	100.5	107.5	98.3	98.6	98.9	97.6
武　汉	102.4	114.1	103.8	100.2	97.1	99.4
长　沙	100.8	99.8	110.3	99.5	99.5	101.2
广　州	100.8	101.2	112.2	100.4	99.3	99.5
深　圳	99.1	102.4	91.2	98.2	105.8	93.5
南　宁	101.4	102.0	105.6	100.1	100.0	100.8
海　口	102.2	99.4	118.6	96.4	99.5	95.0
重　庆	99.6	95.7	108.3	101.1	99.9	97.6
成　都	102.2	102.3	92.0	102.2	99.7	108.6
贵　阳	100.5	98.7	110.3	95.7	99.0	102.9
昆　明	100.4	100.7	110.9	97.9	99.0	100.0
拉　萨	105.2	119.3	116.2	98.9	88.4	106.0
西　安	104.7	107.5	108.3	95.3	108.0	104.6
兰　州	101.5	102.0	99.9	103.4	107.4	99.8
西　宁	99.3	100.2	103.0	100.6	98.6	97.1
银　川	99.8	100.4	117.9	96.9	100.9	101.2
乌鲁木齐	99.7	95.2	117.2	99.2	100.5	100.0

2000年36个大中城市商品零售价格分类指数(四)

(以上年价格为100)

	(6)罐　头	10.饮食业	(1)主　食	(2)炒　菜	(3)地方小吃	二、饮　料 烟酒类
平均指数	**97.2**	**99.7**	**99.2**	**99.3**	**102.2**	**97.8**
北　京	96.9	101.2	95.9	102.1	101.0	101.9
天　津	96.4	99.9	100.3	99.6	100.0	98.1
石家庄	100.8	101.6	99.5	102.7	100.0	98.3
太　原	97.3	93.7	95.5	93.0	96.0	90.2
呼和浩特	110.2	98.4	95.6	100.7	98.1	98.5
沈　阳	95.2	99.9	99.7	100.0	100.0	97.2
大　连	92.1	99.3	100.0	99.1	100.0	94.4
长　春	95.8	100.0	96.2	98.8	110.2	97.1
哈尔滨	92.0	99.5	100.0	99.4	100.0	99.1
上　海	98.4	99.8	98.6	99.7	101.6	96.9
南　京	100.9	97.0	99.9	96.2	92.4	96.1
杭　州	100.0	100.6	100.0	101.0	100.0	100.6
宁　波	100.0	95.8	100.0	92.7	100.0	95.3
合　肥	97.6	98.2	97.5	98.2	100.0	95.9
福　州	100.0	100.0	100.0	100.0	100.0	94.7
厦　门	98.2	95.2	90.8	93.7	100.0	100.9
南　昌	101.1	99.9	100.0	99.8	100.0	95.2
济　南	105.2	101.0	101.9	100.5	100.4	101.1
青　岛	96.9	97.4	99.7	96.5	100.0	96.7
郑　州	98.5	100.5	100.1	100.8	100.0	95.5
武　汉	98.3	98.2	100.3	97.1	99.2	95.0
长　沙	97.0	99.9	100.0	99.0	103.6	98.5
广　州	96.8	100.5	103.2	98.5	103.4	100.4
深　圳	99.0	100.5	97.9	97.6	109.5	100.5
南　宁	100.0	99.1	100.0	98.6	100.0	103.8
海　口	100.0	95.7	100.0	91.1	100.0	97.7
重　庆	102.7	101.7	100.0	102.8	100.0	98.1
成　都	97.3	103.4	102.7	102.5	108.7	99.9
贵　阳	97.7	90.5	100.0	88.2	100.0	94.1
昆　明	93.3	101.3	100.0	99.7	114.4	93.3
拉　萨	100.3	105.1	105.7	101.0	105.2	99.8
西　安	102.9	97.9	99.2	95.7	100.5	98.6
兰　州	90.1	95.4	100.0	94.0	99.2	93.7
西　宁	97.4	100.6	101.5	100.7	99.4	98.4
银　川	93.8	99.6	97.6	100.5	100.0	96.6
乌鲁木齐	96.3	100.3	98.7	102.2	100.0	94.6

2000年36个大中城市商品零售价格分类指数(五)

(以上年价格为100)

	1.饮　料	2.烟　酒	三、服　装 鞋帽类	1.服　装	2.鞋	3.其他衣着
平均指数	**97.9**	**97.6**	**99.2**	**98.6**	**100.1**	**100.4**
北　京	99.1	103.6	102.9	102.5	104.4	99.8
天　津	98.9	97.8	103.9	106.3	98.7	101.4
石家庄	103.6	95.3	101.6	102.1	100.7	101.3
太　原	93.6	89.2	100.6	100.5	101.5	98.0
呼和浩特	101.8	98.0	97.2	95.3	100.6	102.0
沈　阳	97.9	97.0	100.8	102.0	100.2	99.0
大　连	96.5	93.8	95.5	94.1	98.8	96.2
长　春	96.7	97.2	99.9	99.5	100.0	100.9
哈尔滨	96.6	99.8	96.8	93.9	102.8	101.5
上　海	99.7	96.6	93.8	93.0	94.1	101.5
南　京	98.2	95.6	102.7	101.9	104.6	102.5
杭　州	100.0	100.7	96.4	93.6	99.7	99.1
宁　波	96.2	95.0	99.7	99.2	100.0	100.4
合　肥	97.4	95.5	96.8	93.8	99.6	106.5
福　州	89.7	97.1	96.5	95.4	97.5	99.7
厦　门	99.1	102.0	95.0	93.7	96.8	98.9
南　昌	99.9	94.1	94.7	89.9	106.2	104.8
济　南	103.3	99.4	99.7	99.1	102.3	96.4
青　岛	96.1	97.2	105.9	106.4	103.1	109.2
郑　州	95.5	95.5	100.6	100.3	101.5	99.6
武　汉	95.5	94.9	100.6	101.0	99.8	98.0
长　沙	98.5	98.5	99.5	98.3	100.2	104.6
广　州	98.6	101.3	97.7	96.5	99.8	101.0
深　圳	98.5	100.9	102.0	100.7	107.0	102.2
南　宁	98.9	104.9	105.4	107.9	99.4	100.3
海　口	94.8	99.3	105.8	100.1	121.0	103.4
重　庆	99.3	97.7	91.9	89.5	93.6	102.4
成　都	99.2	100.1	100.3	100.0	100.6	101.3
贵　阳	99.6	93.0	98.5	98.5	99.4	90.4
昆　明	99.9	90.5	102.9	104.8	100.2	97.4
拉　萨	99.0	100.1	103.8	106.0	94.5	120.4
西　安	97.7	99.3	100.1	100.4	99.9	99.2
兰　州	86.8	95.7	108.9	107.2	118.1	95.9
西　宁	95.6	99.0	101.0	100.2	102.8	99.7
银　川	99.1	95.8	97.8	96.5	100.1	101.1
乌鲁木齐	98.5	93.9	98.9	98.5	100.4	97.9

2000年36个大中城市商品零售价格分类指数(六)

(以上年价格为100)

	四、纺织品类	1.棉　布	2.棉花化纤混纺布	3.化纤布	4.呢　绒	5.绸　缎
平均指数	**99.0**	**99.1**	**97.9**	**99.8**	**98.7**	**98.4**
北　京	98.3	97.9	104.3	97.1	98.1	97.6
天　津	96.7	100.2	98.2	93.0	96.9	98.6
石家庄	100.7	101.9	100.1	101.9	99.5	100.9
太　原	94.9	91.3	81.4	96.1	108.7	95.5
呼和浩特	90.0	93.9	98.5	98.1	73.7	94.1
沈　阳	101.6	98.6	100.0	104.4	100.5	100.8
大　连	99.2	101.8	89.9	113.0	95.7	96.9
长　春	98.7	102.2	96.2	100.0	95.6	101.2
哈尔滨	98.3	99.3	98.2	100.2	98.5	97.7
上　海	99.6	100.1	95.3	91.7	102.3	97.5
南　京	105.6	102.3	84.5	122.4	98.3	102.0
杭　州	100.0	100.0	100.0	100.0	100.0	100.0
宁　波	101.5	100.0	113.4	100.0	102.1	100.8
合　肥	100.2	97.7	92.9	105.8	99.1	98.4
福　州	98.1	98.9	100.0	100.0	95.9	96.3
厦　门	99.2	100.4	94.5	101.7	100.0	100.0
南　昌	99.5	92.8	99.9	100.0	98.6	100.7
济　南	96.3	95.1	96.8	98.1	93.6	96.8
青　岛	106.5	98.7	97.0	115.3	115.5	99.2
郑　州	101.5	100.3	101.7	107.0	93.7	98.4
武　汉	99.9	105.1	102.5	89.4	102.3	102.9
长　沙	91.0	96.1	107.9	77.5	93.1	98.6
广　州	98.1	99.4	95.5	99.2	100.0	99.8
深　圳	100.1	98.0	105.1	98.2	88.9	98.0
南　宁	100.9	97.5	100.0	100.0	100.0	100.0
海　口	99.9	99.4	94.8	115.0	100.0	99.3
重　庆	96.7	100.0	100.0	103.1	99.5	89.4
成　都	100.0	100.3	100.0	100.0	100.7	100.0
贵　阳	97.9	100.0	100.0	100.1	89.7	101.2
昆　明	93.5	96.1	100.0	91.7	77.7	99.9
拉　萨	95.9	103.8	100.1	115.2	99.3	97.9
西　安	99.5	101.3	96.0	101.1	97.7	100.4
兰　州	101.4	96.3	95.5	120.5	102.1	106.6
西　宁	99.1	95.3	99.8	98.7	99.4	99.4
银　川	95.8	96.9	98.2	90.6	100.1	102.7
乌鲁木齐	96.3	99.7	100.0	98.8	98.8	98.7

2000年36个大中城市商品零售价格分类指数(七)

(以上年价格为100)

	6.其他纺织品	五、中西药品类	1.中药	2.西药	3.医疗用品	六、化妆品类
平均指数	**99.1**	**100.8**	**106.4**	**97.2**	**100.1**	**98.5**
北京	98.5	113.6	136.4	98.1	100.8	95.3
天津	97.2	100.1	103.9	96.7	100.0	97.9
石家庄	99.5	101.8	108.3	95.9	101.0	109.2
太原	89.0	101.3	101.8	99.8	108.4	100.2
呼和浩特	96.5	100.1	106.4	96.3	102.4	102.0
沈阳	102.3	95.8	111.4	90.5	99.7	100.0
大连	98.3	99.1	102.3	97.4	104.8	95.3
长春	99.2	100.2	105.0	96.4	98.1	106.3
哈尔滨	97.5	100.9	102.6	99.9	100.0	104.2
上海	103.9	99.6	99.3	99.9	100.0	98.6
南京	99.6	97.7	98.6	96.4	100.9	102.9
杭州	99.8	102.3	105.0	99.2	104.3	102.1
宁波	98.6	97.4	94.0	100.0	100.2	98.4
合肥	99.5	99.9	103.3	97.7	99.2	98.8
福州	99.6	101.7	104.9	100.0	100.4	97.6
厦门	99.2	101.1	103.5	99.5	99.5	101.0
南昌	100.6	100.0	103.3	97.7	97.1	91.4
济南	98.7	98.9	107.7	92.7	96.7	95.7
青岛	101.7	99.0	100.5	98.5	96.7	87.5
郑州	101.9	93.9	99.6	89.5	106.2	97.3
武汉	101.3	97.9	99.9	97.0	101.1	98.2
长沙	103.1	102.8	111.1	97.4	103.1	100.0
广州	98.2	95.2	97.3	91.9	100.4	100.8
深圳	99.7	103.2	100.1	107.4	99.6	91.6
南宁	103.5	90.7	87.3	94.3	96.2	101.3
海口	102.5	101.1	102.6	99.9	96.0	98.7
重庆	93.8	100.6	113.3	93.3	100.0	92.6
成都	99.4	102.3	106.9	99.8	100.0	101.2
贵阳	99.3	96.7	97.8	96.4	96.0	89.8
昆明	98.1	99.6	108.8	93.8	91.5	103.1
拉萨	90.6	98.2	96.2	100.0	94.5	107.5
西安	99.6	102.8	101.1	104.1	100.0	104.7
兰州	96.4	95.1	104.0	91.1	92.3	90.8
西宁	100.0	98.9	100.0	98.7	108.0	99.3
银川	100.4	94.9	103.6	91.6	97.7	103.2
乌鲁木齐	88.4	103.9	109.6	100.1	99.9	96.1

2000年36个大中城市商品零售价格分类指数(八)

(以上年价格为100)

	七、书报杂志类	八、文化体育用品	1.文化用品	2.体育用品	九、日用品类	1.一般日用品
平均指数	**105.0**	**98.5**	**98.3**	**99.6**	**97.8**	**97.5**
北　京	107.9	99.9	100.1	97.0	98.3	96.7
天　津	98.5	98.3	98.1	99.2	99.0	97.5
石家庄	101.8	99.2	98.5	100.1	100.7	100.6
太　原	100.4	99.3	99.0	101.8	98.0	97.3
呼和浩特	100.0	102.8	105.2	96.5	99.4	98.8
沈　阳	107.3	97.8	96.6	100.8	98.0	102.4
大　连	112.2	98.8	98.7	99.2	94.4	93.3
长　春	100.8	99.3	99.3	99.2	97.4	95.6
哈尔滨	103.2	99.0	98.4	101.5	102.5	102.0
上　海	100.2	98.0	96.8	100.8	95.6	96.3
南　京	105.6	98.6	98.1	100.7	100.5	101.5
杭　州	103.2	100.9	101.0	100.6	96.1	93.5
宁　波	102.2	99.8	99.6	100.7	96.6	94.5
合　肥	100.7	99.4	99.1	100.3	98.9	97.0
福　州	107.1	99.4	99.3	100.3	99.1	97.1
厦　门	104.1	98.4	99.0	97.1	98.5	98.6
南　昌	103.1	98.7	98.8	98.5	96.8	97.1
济　南	104.0	97.8	97.6	98.3	96.1	96.2
青　岛	102.6	97.0	95.8	100.0	95.4	95.7
郑　州	102.9	100.9	101.1	100.1	99.1	98.7
武　汉	104.2	92.3	90.6	98.9	96.2	97.1
长　沙	109.0	100.5	99.8	102.2	98.8	100.0
广　州	110.9	99.0	99.1	98.7	100.2	100.3
深　圳	100.1	99.4	98.5	105.9	97.0	98.4
南　宁	103.0	99.9	100.3	99.4	101.0	101.3
海　口	108.8	99.2	99.0	100.9	100.3	101.9
重　庆	110.0	96.3	95.1	99.0	95.8	97.0
成　都	103.9	98.0	97.7	98.8	99.9	100.1
贵　阳	100.8	98.1	97.4	101.0	96.9	98.0
昆　明	110.0	96.3	96.0	98.8	96.0	98.3
拉　萨	97.3	100.4	98.6	107.9	102.0	105.2
西　安	108.1	100.3	100.5	99.1	98.7	97.5
兰　州	110.5	96.8	95.5	99.2	100.5	99.2
西　宁	105.1	100.6	100.6	99.5	98.0	97.6
银　川	102.7	97.6	98.2	94.3	98.9	99.4
乌鲁木齐	101.2	97.6	97.3	99.0	99.6	99.8

2000年36个大中城市商品零售价格分类指数(九)

(以上年价格为100)

	2.家具类	3.日用杂品	十、家 用电器类	十一、首饰类	十二、燃料类	十三、建筑装璜材料类	十四、机 电产品类
平均指数	**97.2**	**100.2**	**92.6**	**96.0**	**118.3**	**97.8**	**96.1**
北　京	100.5	101.3	92.1	89.6	109.4	97.7	97.1
天　津	99.9	100.9	92.3	99.7	115.2	98.0	97.5
石家庄	101.2	99.4	93.5	92.1	116.5	99.6	99.3
太　原	99.8	94.4	95.6	96.3	107.6	99.4	95.6
呼和浩特	100.4	98.8	93.7	96.9	118.6	100.1	97.0
沈　阳	95.6	98.7	89.6	93.4	117.4	98.6	96.6
大　连	97.4	98.3	92.3	91.9	120.9	94.9	98.9
长　春	99.8	96.5	95.9	88.8	115.6	103.8	92.8
哈尔滨	102.8	105.3	89.9	93.7	108.3	106.7	98.0
上　海	94.2	101.1	90.6	98.7	119.7	95.3	98.7
南　京	100.3	98.7	91.4	101.6	118.5	99.5	96.3
杭　州	99.9	97.9	93.0	94.7	117.8	95.6	92.7
宁　波	99.9	100.4	92.6	101.3	125.3	99.0	97.0
合　肥	100.5	101.7	97.2	98.6	109.7	92.6	93.9
福　州	100.3	102.5	92.3	101.5	114.4	101.4	100.3
厦　门	98.8	97.6	98.1	94.8	115.0	99.6	100.3
南　昌	93.6	104.5	98.9	96.3	112.7	98.2	97.2
济　南	95.1	97.3	88.6	91.3	116.2	104.8	95.3
青　岛	94.1	98.9	96.9	94.7	117.1	94.9	91.7
郑　州	99.9	98.6	94.4	93.1	126.2	101.9	96.6
武　汉	93.9	96.5	91.0	96.3	126.4	96.6	83.5
长　沙	96.3	100.5	96.2	97.4	130.5	99.6	94.8
广　州	100.0	100.3	95.9	104.2	124.5	98.2	90.7
深　圳	92.2	104.6	91.3	94.7	118.5	97.8	98.3
南　宁	100.7	100.5	91.7	94.2	125.6	98.6	91.4
海　口	95.3	100.9	100.0	96.7	124.2	103.0	94.0
重　庆	92.9	97.0	91.6	99.7	121.7	93.3	91.5
成　都	99.8	99.4	91.9	101.6	116.3	98.6	97.4
贵　阳	91.0	105.8	88.7	93.4	116.8	98.6	94.4
昆　明	88.3	100.8	97.3	107.4	129.2	91.8	94.5
拉　萨	97.6	103.6	100.7	87.0	104.2	99.5	96.8
西　安	100.0	99.7	92.1	93.0	110.8	99.5	96.7
兰　州	97.5	109.0	94.1	94.0	118.3	100.1	96.9
西　宁	99.9	95.6	93.9	95.5	106.1	97.3	97.3
银　川	97.6	99.4	90.4	97.2	119.3	96.5	96.5
乌鲁木齐	100.1	97.2	98.7	97.8	109.0	97.9	97.0

2000年全国及各地区农业生产资料价格分类指数(一)

(以上年价格为100)

	农业生产资料价格指数	1.小农具	2.饲　料	3.幼禽家畜	4.大牲畜	5.半机械化农具
全国平均	**99.1**	**99.3**	**93.4**	**119.0**	**100.3**	**98.2**
北　京						
天　津						
河　北	101.5	98.8	96.2	113.5	101.4	99.1
山　西	102.5	100.4	91.5	149.0	98.6	98.4
内蒙古	106.1	100.1	97.7	144.3	96.8	99.3
辽　宁	97.5	102.1	97.4	120.7	103.6	101.4
吉　林	98.9	98.8	91.5	100.9	94.3	96.5
黑龙江	98.6	97.8	93.4	106.2	98.2	95.5
上　海						
江　苏	98.9	102.0	91.5	128.8		97.5
浙　江	100.4	98.2	95.1	116.3	102.0	99.3
安　徽	98.2	100.5	94.0	111.8	112.9	97.6
福　建	97.4	102.0	94.3	112.3	95.0	98.9
江　西	95.9	96.5	99.2	111.2	100.4	97.0
山　东	98.7	100.2	92.6	113.5	99.6	99.2
河　南	99.6	99.2	88.0	125.0	100.8	96.2
湖　北	97.6	98.8	91.1	151.0	99.3	92.8
湖　南	99.3	96.1	91.8	147.4	104.9	99.6
广　东	98.1	97.6	92.2	106.8	94.4	95.7
广　西	99.9	97.1	94.5	117.1	100.5	98.0
海　南	98.0	95.4	94.9	101.6	101.0	98.1
重　庆						
四　川	96.2	96.5	93.3	106.0	100.0	94.8
贵　州	100.6	94.6	106.7	102.5	107.3	99.9
云　南	98.9	103.6	93.4	97.2	95.4	101.0
西　藏	96.0	100.0	94.4	99.8	100.0	110.7
陕　西	102.2	102.6	92.3	132.9	98.5	99.2
甘　肃	103.9	96.8	95.7	131.3	98.0	98.8
青　海	100.7	99.8	98.1	121.1	99.7	99.0
宁　夏	96.0	96.3	86.0	127.6	97.2	95.1
新　疆	97.9	99.1	93.5	94.4	99.7	97.8

2000年全国及各地区农业生产资料价格分类指数(二)

(以上年价格为100)

	6.机械化农具	7.化学肥料	8.农药及农药械	(1)化学农药	(2)农药械	9.农机用油	10.其他
全国平均	**96.5**	**92.9**	**95.3**	**95.1**	**96.8**	**123.9**	**98.6**
北京							
天津							
河北	97.7	95.0	97.7	97.4	99.6	120.3	97.8
山西	95.9	91.3	96.0	97.1	91.5	123.9	99.7
内蒙古	95.3	94.6	96.9	96.6	99.0	123.5	99.3
辽宁	97.2	91.5	96.8	96.8	97.3	117.8	99.1
吉林	97.6	97.0	98.2	98.5	95.7	117.8	96.4
黑龙江	94.7	89.1	94.3	94.3	94.3	125.4	99.5
上海							
江苏	95.2	93.3	94.8	94.6	97.1	120.9	98.5
浙江	97.8	93.0	95.0	94.8	97.0	123.2	101.3
安徽	96.0	92.2	97.1	97.0	98.7	122.0	96.6
福建	98.4	92.1	95.1	94.9	95.8	126.2	98.0
江西	92.4	88.6	93.2	92.2	98.9	120.1	96.7
山东	96.5	92.6	94.6	94.3	96.7	123.4	98.8
河南	94.2	93.3	97.7	97.8	96.8	126.2	99.5
湖北	95.6	91.7	96.3	96.9	91.7	118.4	100.0
湖南	95.9	89.6	92.6	92.4	97.6	138.2	93.7
广东	99.0	94.0	94.5	94.2	97.6	120.6	99.4
广西	97.3	91.8	94.6	94.2	99.0	128.7	95.5
海南	99.6	92.6	98.6	99.2	93.4	115.4	100.4
重庆							
四川	92.3	93.4	93.1	93.3	91.7	133.7	96.4
贵州	96.3	104.7	98.0	95.1	107.8	116.2	94.1
云南	98.1	97.3	97.9	98.2	96.2	122.7	100.1
西藏	91.4	98.7	95.5	99.9	93.6	100.8	98.8
陕西	97.9	92.4	99.4	99.7	97.3	127.1	101.4
甘肃	96.0	95.5	95.6	95.7	95.1	131.5	98.1
青海	95.9	95.5	98.1	99.2	93.9	115.8	100.3
宁夏	92.0	91.5	95.8	96.6	91.3	130.6	95.5
新疆	97.7	92.8	98.5	99.4	95.4	110.3	98.4

2000年全国及各地区农产品收购价格分类指数(一)

(以上年价格为100)

	总指数	一、粮食类	二、经济作物类	1.食用植物油及油料	2.棉花	3.麻
全国平均	**96.4**	**90.2**	**101.8**	**93.6**	**121.2**	**100.9**
北京						
天津						
河北	93.0	84.7	112.5	92.9	141.5	110.0
山西	93.3	88.8	95.9	83.6	127.2	99.0
内蒙古	99.7	90.8	83.3	81.2		
辽宁	95.4	91.9	105.4	101.9	110.5	
吉林	96.0	96.8	89.0	78.7		
黑龙江	100.7	100.6	101.4	84.9		99.1
上海						
江苏	100.5	95.5	111.9	87.6	134.7	100.0
浙江	100.8	95.7	101.5	94.1	128.0	92.0
安徽	93.2	84.0	103.2	104.5	100.8	101.0
福建	94.8	80.5	90.0	88.2		
江西	97.5	85.6	102.5	96.8	111.0	116.9
山东	90.8	86.3	90.9	83.6	101.3	
河南	96.8	84.2	109.2	96.3	119.5	106.1
湖北	97.0	87.7	107.4	86.2	115.5	103.4
湖南	96.8	85.6	120.1	85.5	135.6	150.6
广东	97.9	92.6	99.6	95.9		103.0
广西	92.8	83.9	92.5	92.0		100.0
海南						
重庆						
四川	98.7	88.7	89.6	87.7	118.8	87.2
贵州	95.6	97.1	93.6	89.9		82.1
云南	93.6	80.7	94.1	82.6		
西藏						
陕西	96.0	88.6	93.2	83.3	115.7	
甘肃	98.5	90.6	117.9	88.6	148.4	99.4
青海	100.7	88.5	79.9	79.9		
宁夏	98.0	94.8	95.5	95.5		98.0
新疆	101.0	96.3	120.5	100.2	126.3	

2000年全国及各地区农产品收购价格分类指数(二)

(以上年价格为100)

	4.烟　叶	5.糖　料	6.茶　叶	三、竹木材类	1.木　材	2.竹　材
全国平均	**103.4**	**88.8**	**100.3**	**90.0**	**96.0**	**88.5**
北　京						
天　津						
河　北	99.2					
山　西	106.5	119.2		95.2	95.2	
内蒙古	90.1	97.6				
辽　宁	116.7			92.8	92.8	
吉　林	122.3	69.8		126.6	126.6	
黑龙江	109.6	89.9		94.1	94.1	
上　海						
江　苏			93.2			
浙　江	100.0		95.8	91.8	84.3	102.8
安　徽	131.1		99.5	86.5	85.5	90.7
福　建	102.0	78.9	94.6	92.8	94.8	80.8
江　西	93.3	98.7	113.9	99.0	98.3	100.1
山　东	103.9			100.0	100.0	
河　南	100.0		100.9	94.0	94.0	
湖　北	100.3		104.1	100.5	100.5	100.3
湖　南	94.4	125.0	97.3	97.8	99.0	90.0
广　东	111.9	92.1	108.9	100.5	101.3	97.4
广　西	112.4	92.1	194.5	88.5	114.3	88.3
海　南						
重　庆						
四　川	96.6	81.0	103.8	85.9	84.8	97.8
贵　州	106.4	89.4	98.1	86.7	86.6	102.6
云　南	102.4	76.4	102.5	97.0	97.0	103.3
西　藏						
陕　西	96.1		76.8	104.6	104.6	
甘　肃	95.8	111.1	100.0			
青　海						
宁　夏	95.1					
新　疆		105.8		91.9	91.9	

2000年全国及各地区农产品收购价格分类指数(三)

(以上年价格为100)

	四、工业用油漆类	1.工业用油脂油料	2.工业用漆胶	五、禽畜产品类	1.肉畜	2.禽蛋
全国平均	**93.2**	**91.7**	**98.3**	**99.0**	**100.4**	**90.6**
北京						
天津						
河北				99.1	107.8	83.2
山西				100.1	104.3	91.7
内蒙古	78.1	78.1		107.6	99.3	83.3
辽宁				100.8	105.4	86.3
吉林	73.2	73.2		99.6	95.1	119.3
黑龙江				102.3	107.0	88.1
上海						
江苏				99.0	104.3	89.8
浙江				100.2	103.5	84.3
安徽	88.2	88.2		96.8	96.5	85.4
福建	91.4	91.4		99.1	103.8	86.7
江西	80.5	80.5		99.7	101.6	88.2
山东				96.3	97.2	93.5
河南	92.4	91.6	94.9	98.2	101.0	88.3
湖北	88.0	87.7	96.0	97.2	102.7	91.5
湖南				101.7	102.6	96.1
广东	98.3	97.8	109.6	97.2	100.2	95.2
广西	92.9	92.5	98.8	94.7	95.5	88.4
海南						
重庆						
四川	88.0	87.3	145.7	99.3	98.8	98.4
贵州	131.5	131.5		95.8	95.4	96.9
云南	99.6	118.2	97.6	94.3	93.9	95.2
西藏						
陕西	100.0	100.0		105.2	110.7	96.5
甘肃	155.6		155.6	88.5	86.1	87.4
青海				105.8	100.6	83.0
宁夏				101.5	98.7	91.8
新疆				112.4	115.1	101.4

2000年全国及各地区农产品收购价格分类指数(四)

(以上年价格为100)

	3.皮　张	4.鬃　毛	5.其　他 畜产品	六、蚕　茧 蚕丝类	七、干鲜果	1.瓜　果
全国平均	**106.2**	**128.7**	**100.7**	**137.7**	**98.6**	**98.6**
北　京						
天　津						
河　北	104.2	122.1	114.0		89.6	87.6
山　西	89.4	96.3	103.2	118.4	84.4	83.7
内蒙古	117.4	161.3	103.5		87.7	94.4
辽　宁	122.0	165.6	100.0	121.1	78.9	76.9
吉　林	123.6	102.2	112.2		54.6	54.0
黑龙江	111.6	113.6	100.1		90.2	81.5
上　海						
江　苏	99.9	100.0	100.3	131.9	95.5	96.1
浙　江	99.9	112.2	103.9	134.0	108.6	122.0
安　徽	100.9	108.3	97.9	148.3	70.7	67.5
福　建	104.5		95.6		104.8	108.4
江　西	89.1	114.7	97.7	128.6	145.5	151.2
山　东	112.1	110.1	96.2	112.0	89.9	87.6
河　南	94.2	125.2	95.4	301.2	95.1	105.0
湖　北	78.2			154.0	122.4	136.3
湖　南	101.9	100.0	98.3		120.4	139.0
广　东	92.3	109.4		119.8	103.6	103.7
广　西	115.2	99.8		163.2	111.2	109.1
海　南						
重　庆						
四　川	123.4	130.8	89.4	138.5	114.7	115.4
贵　州	119.7	97.4	100.0	103.0	85.2	96.9
云　南	111.4	85.9	94.1	96.0	104.1	97.2
西　藏						
陕　西	101.7		99.4	134.8	91.9	88.7
甘　肃	158.7	119.5	101.0		104.8	107.4
青　海	128.9	130.7	102.9		66.1	61.7
宁　夏	115.9	120.6	100.9	99.8	101.6	101.4
新　疆	111.1	113.8	87.6	108.8	113.9	107.5

2000年全国及各地区农产品收购价格分类指数(五)

(以上年价格为100)

	2.干　果	八、干鲜菜及调味品	1.鲜　菜	2.干　菜	3.调味品	九、药材类
全国平均	**96.8**	**99.5**	**99.9**	**94.0**	**196.3**	**100.8**
北　京						
天　津						
河　北	95.5	93.5	96.3	81.6	101.0	94.7
山　西	101.8	97.4	97.4	100.1	97.7	102.7
内蒙古	72.0	101.1	101.4	97.3	104.5	103.8
辽　宁	98.5	89.8	93.4	85.7		103.7
吉　林	150.3	106.4	103.6	157.1		138.9
黑龙江	98.8	100.1	100.1	99.9		127.9
上　海						
江　苏	89.7	105.1	103.9	172.2		109.1
浙　江	79.9	98.6	93.1	105.3		92.1
安　徽	96.8	90.9	93.2	82.6		100.3
福　建	87.9	95.2	95.6	94.5		81.0
江　西	100.7	103.3	103.6	94.7		101.9
山　东	113.8	103.0	103.2	87.7	165.0	95.1
河　南	88.3	101.3	101.3	97.5	122.9	99.9
湖　北	91.4	97.6	101.3	93.4		116.3
湖　南	86.7	103.7	104.5	95.0		97.0
广　东	102.0	96.0	96.3	95.2	97.5	91.3
广　西	210.2	93.9	92.4	84.2	224.9	97.7
海　南						
重　庆						
四　川	105.3	104.4	107.3	77.2	97.2	113.1
贵　州	73.6	90.8	96.9	70.7		102.3
云　南	109.2	99.7	93.0	84.7	264.0	93.3
西　藏						
陕　西	100.4	97.0	96.4	101.2	105.0	121.0
甘　肃	99.0	108.3	109.0	102.6	101.7	91.1
青　海	103.9	97.1	95.1	105.3	88.7	125.7
宁　夏	103.2	102.9	102.6	103.7	101.9	99.8
新　疆	114.5	109.2	107.1	117.6		103.6

2000年全国及各地区农产品收购价格分类指数(六)

(以上年价格为100)

	十、土副产品类	十一、水产品类	1.海水鲜品	2.淡水鲜品	3.其他水产品
全国平均	**101.3**	**100.5**	**104.8**	**98.2**	**100.9**
北京					
天津					
河北	103.7	113.0	112.6	113.0	
山西	90.6	101.9		101.9	
内蒙古	100.0	117.6		117.6	
辽宁	95.6	111.5	112.2	98.1	137.1
吉林	153.5	124.1		124.1	
黑龙江	96.8	103.4		103.4	
上海					
江苏	111.9	98.0	112.2	97.4	111.7
浙江	121.0	101.9	100.1	111.2	
安徽	102.6	104.0		104.0	
福建	86.0	103.3	108.4	97.6	101.0
江西	105.4	102.9		102.9	103.6
山东	88.7	106.2	106.0	106.0	111.4
河南	101.8	91.9		91.9	
湖北	101.2	89.1		89.1	
湖南	98.8	103.1		103.1	
广东	109.8	99.9	105.7	98.7	91.0
广西	120.8	90.3	98.0	90.1	100.0
海南					
重庆					
四川	106.7	86.6		86.6	
贵州	114.3	96.0		96.0	
云南	98.2	91.5		91.5	
西藏					
陕西	116.2	100.3		100.3	
甘肃	99.3	103.4		103.4	
青海	94.5	103.6		103.6	
宁夏	99.6	100.7		100.7	
新疆	98.6	93.1		93.1	

第三部分

城镇居民家庭收支调查资料

(一) 综合资料

1. 按平均每人生活费收入五等份分组

2000年城镇居民家庭生活基本情况(一)

(平均每户)

	单位	总计	最低收入户	其中:困难户	低收入户	中等偏下户
调查户数	户	42220.04	4222.00	2207.31	4222.00	8444.01
一、家庭人口数	人	3.13	3.56	3.60	3.40	3.28
(一)有收入者人数	人	2.12	1.93	1.87	2.03	2.13
1.就业人口数	人	1.68	1.59	1.54	1.66	1.69
(1)国有经济单位职工人数	人	1.21	0.87	0.82	1.01	1.14
(2)集体经济单位职工人数	人	0.18	0.31	0.32	0.27	0.23
(3)其他经济类型职工人数	人	0.07	0.06	0.05	0.07	0.08
(4)个体经营者人员数	人	0.10	0.16	0.16	0.16	0.12
(5)个体被雇人员数	人	0.05	0.10	0.10	0.09	0.07
(6)离退休再就业人员数	人	0.04	0.02	0.01	0.02	0.03
(7)其他就业人员数	人	0.03	0.07	0.07	0.05	0.04
2.离退休人员	人	0.44	0.31	0.30	0.36	0.43
3.其他有收入者人数	人	0.01	0.03	0.03	0.01	0.01
(二)无收入者人数	人	1.00	1.64	1.73	1.37	1.15
二、期末家庭人口数	人	3.12	3.56	3.60	3.40	3.28
非家庭人口经常在家用饭人数	人	0.06	0.02	0.02	0.03	0.04

2000年城镇居民家庭生活基本情况(二)

(平均每户)

	单　位	中　等 收入户	中　等 偏上户	高　收 入　户	最　高 收入户
调查户数	户	8444.01	8444.01	4222.00	4222.00
一、家庭人口数	人	3.14	2.97	2.87	2.66
(一)有收入者人数	人	2.16	2.17	2.19	2.16
1.就业人口数	人	1.72	1.71	1.69	1.60
(1)国有经济单位职工人数	人	1.28	1.35	1.38	1.30
(2)集体经济单位职工人数	人	0.17	0.12	0.09	0.07
(3)其他经济类型职工人数	人	0.07	0.07	0.06	0.08
(4)个体经营者人员数	人	0.08	0.07	0.06	0.06
(5)个体被雇人员数	人	0.05	0.04	0.03	0.01
(6)离退休再就业人员数	人	0.04	0.04	0.06	0.07
(7)其他就业人员数	人	0.03	0.01	0.01	0.01
2.离退休人员	人	0.43	0.46	0.50	0.57
3.其他有收入者人数	人	0.01	0.00	0.00	0.00
(二)无收入者人数	人	0.98	0.80	0.67	0.49
二、期末家庭人口数	人	3.13	2.97	2.86	2.65
非家庭人口经常在家用饭人数	人	0.06	0.08	0.09	0.14

2000 年城镇居民家庭现金收入和支出(一)

(平均每人全年) 单位：元

	总　计	最　低 收入户	其 中: 困难户	低　收 入　户	中　等 偏下户
一、期初手存现金	317.43	187.94	175.64	224.22	271.85
二、可支配收入	6279.98	2653.02	2325.05	3633.51	4623.54
三、现金收入	7870.09	3301.74	2973.66	4341.23	5642.88
(一)实际收入	6316.81	2678.32	2350.75	3658.53	4651.72
1.国有经济单位职工收入	3500.63	1061.16	871.35	1731.58	2378.34
(1)工资性收入	3317.09	1031.51	847.56	1672.43	2292.42
其中:奖金	372.52	50.10	33.28	107.66	167.45
(2)非工资性收入	183.54	29.65	23.79	59.15	85.92
2.集体经济单位职工收入	312.33	294.48	279.35	318.67	353.51
(1)工资性收入	299.27	287.35	273.88	310.01	340.35
其中:奖金	28.81	12.14	9.18	20.85	23.94
(2)非工资性收入	13.06	7.13	5.47	8.66	13.16
3.其他经济单位职工收入	269.82	98.70	91.38	141.50	187.62
其中:奖金	37.68	9.65	8.98	13.07	24.28
4.个体经营者的净收益	246.24	180.00	166.33	234.53	218.94
5.个体被雇者收入	101.95	111.56	102.70	121.27	113.45
6.离退休再就业人员收入	60.74	18.51	15.71	21.82	31.85
7.其他就业者收入	30.96	50.24	48.13	39.51	36.79
8.其他劳动收入	197.74	205.16	198.60	197.29	185.38
9.财产性收入	128.38	52.47	44.32	64.58	82.82
(1)利息	28.79	4.17	2.66	7.88	13.37
(2)红利	14.78	2.58	2.99	3.10	4.61
(3)其他财产租金收入	84.82	45.71	38.67	53.59	64.84

2000年城镇居民家庭现金收入和支出(二)

(平均每人全年) 单位:元

	中等收入户	中等偏上户	高收入户	最高收入户
一、期初手存现金	311.46	365.99	417.09	515.34
二、可支配收入	5897.92	7487.37	9434.21	13311.02
三、现金收入	7203.02	9247.32	12174.42	17700.83
(一)实际收入	5930.82	7524.98	9484.67	13390.49
1.国有经济单位职工收入	3408.24	4529.45	5759.99	7207.95
(1)工资性收入	3261.42	4298.03	5410.41	6628.96
其中:奖金	292.61	456.80	753.12	1199.11
(2)非工资性收入	146.82	231.43	349.58	578.99
2.集体经济单位职工收入	313.28	306.04	273.87	279.35
(1)工资性收入	300.78	289.01	257.74	263.81
其中:奖金	28.29	34.41	41.17	47.15
(2)非工资性收入	12.50	17.03	16.12	15.54
3.其他经济单位职工收入	240.54	308.75	364.76	705.85
其中:奖金	27.94	51.52	62.93	99.42
4.个体经营者的净收益	205.32	234.88	244.74	537.97
5.个体被雇者收入	96.42	96.68	93.03	68.81
6.离退休再就业人员收入	52.45	68.89	111.31	176.09
7.其他就业者收入	32.99	19.42	20.91	11.51
8.其他劳动收入	191.78	166.86	200.44	299.33
9.财产性收入	107.20	143.27	185.50	378.11
(1)利息	19.05	29.27	48.01	126.80
(2)红利	8.80	12.55	27.30	77.11
(3)其他财产租金收入	79.35	101.45	110.19	174.20

2000 年城镇居民家庭现金收入和支出(三)

(平均每人全年) 单位：元

	总 计	最 低 收入户	其中： 困难户	低 收 入 户	中 等 偏下户
10.转移收入	1461.68	601.05	527.45	784.39	1058.85
(1)离退休金	1136.24	459.53	398.35	627.72	873.88
(2)价格补贴	1.63	0.66	0.86	0.68	1.43
(3)赡养收入	60.36	31.98	28.42	33.73	39.22
(4)赠送收入	147.30	52.53	45.70	65.14	80.73
(5)亲友搭伙费	29.43	7.39	5.88	13.55	18.73
(6)记账补贴	24.93	21.08	20.73	21.85	23.27
(7)出售财物收入	20.90	2.27	2.22	3.45	3.98
(8)其他	40.89	25.60	25.29	18.27	17.59
11.家庭副业生产收入	6.33	5.01	5.41	3.39	4.17
(二)借贷收入	1553.28	623.42	622.91	682.71	991.16
1.提取储蓄存款	1172.70	408.57	415.27	491.67	724.23
2.提取储金会款	10.92	6.53	2.83	5.18	4.94
3.借入款	181.74	128.31	130.44	103.62	147.35
4.收回借出款	35.88	10.09	9.31	16.71	17.60
5.收回储蓄性保险本金	3.95	0.96	0.39	1.22	3.03
6.兑售有价证券	18.22	14.40	16.42	2.19	4.83
7.赊购	0.25	0.07	0.03	0.04	0.15
8.为购置房屋从银行贷款	56.45	9.55	3.44	20.26	34.53
9.其他借贷收入	73.17	44.94	44.79	41.82	54.52
四、现金支出	7606.63	3186.05	2879.40	4166.50	5438.16
(一)实际支出	6147.38	2888.10	2641.64	3701.62	4671.97
1.消费性支出	4998.00	2540.13	2320.36	3274.93	3947.91

2000年城镇居民家庭现金收入和支出(四)

(平均每人全年)　　单位：元

	中等收入户	中等偏上户	高收入户	最高收入户
10.转移收入	1277.12	1647.07	2223.14	3700.73
(1)离退休金	1044.90	1338.47	1758.44	2472.10
(2)价格补贴	1.43	2.52	2.33	2.38
(3)赡养收入	49.10	57.27	96.05	181.87
(4)赠送收入	110.64	141.78	215.27	565.39
(5)亲友搭伙费	24.94	40.74	46.22	72.67
(6)记账补贴	24.92	26.81	28.34	30.57
(7)出售财物收入	3.20	3.99	19.99	185.54
(8)其他	17.98	35.49	56.51	190.20
11.家庭副业生产收入	5.47	3.66	6.99	24.79
(二)借贷收入	1272.20	1722.34	2689.75	4310.34
1.提取储蓄存款	968.70	1311.54	2072.11	3326.34
2.提取储金会款	9.67	11.95	13.48	37.69
3.借入款	147.66	201.48	263.95	388.57
4.收回借出款	27.47	46.14	65.56	104.96
5.收回储蓄性保险本金	2.52	3.53	5.07	16.80
6.兑售有价证券	11.96	18.34	50.73	53.37
7.赊购	0.43	0.47	0.07	0.28
8.为购置房屋从银行贷款	40.22	51.07	110.22	212.80
9.其他借贷收入	63.57	77.82	108.55	169.53
四、现金支出	6954.52	8939.12	11801.58	17174.97
(一)实际支出	5752.96	7199.21	9179.32	12523.85
1.消费性支出	4794.56	5894.92	7102.33	9250.63

2000年城镇居民家庭现金收入和支出(五)

(平均每人全年) 单位：元

	总 计	最 低 收入户	其中： 困难户	低 收 入 户	中 等 偏下户
2.非消费性支出	1146.12	344.21	316.39	424.64	721.59
(1)贷款利息	2.33	0.58	0.60	0.74	3.18
(2)个人所得税	8.64	0.47	0.07	1.13	2.43
(3)其他各种税金	4.58	0.90	0.84	2.76	3.26
(4)各种非储蓄性保险支出	16.73	5.19	4.86	6.00	10.61
(5)赡养支出	139.67	36.18	28.25	56.46	84.81
(6)赠送支出	475.86	141.24	116.42	219.23	327.96
(7)购房与建房支出	454.79	149.08	155.71	118.63	259.58
(8)其他非消费性支出	43.52	10.57	9.63	19.70	29.77
3.家庭副业生产支出	3.26	3.75	4.89	2.04	2.48
(二)借贷支出	1459.26	297.96	237.76	464.88	766.19
1.存入储蓄款	1043.32	184.68	148.55	305.93	520.29
2.存入储金会款	8.85	3.15	1.70	2.25	5.18
3.归还借款	84.30	29.60	23.56	43.51	52.14
4.借出款	32.20	6.04	2.88	5.45	17.54
5.储蓄性保险支出	102.53	26.89	21.06	45.90	64.75
6.购置有价证券	42.59	10.03	6.09	4.75	12.63
7.预购	6.61	0.02	0.03	0.61	4.40
8.归还为购置住房的银行款	30.15	1.90	1.02	5.64	16.49
9.其他借贷支出	108.72	35.64	32.86	50.84	72.77
五、期末手存现金	580.89	303.63	269.90	398.96	476.57

2000 年城镇居民家庭现金收入和支出(六)

(平均每人全年)　　单位:元

	中等收入户	中等偏上户	高收入户	最高收入户
2.非消费性支出	954.61	1302.17	2073.50	3266.15
(1)贷款利息	1.78	1.71	3.52	5.98
(2)个人所得税	4.19	8.68	18.70	41.82
(3)其他各种税金	3.98	3.17	6.30	16.76
(4)各种非储蓄性保险支出	16.15	21.46	29.17	37.87
(5)赡养支出	119.08	167.85	242.52	397.69
(6)赠送支出	439.15	605.83	782.71	1086.50
(7)购房与建房支出	330.58	437.62	917.79	1578.48
(8)其他非消费性支出	39.70	55.86	72.77	101.04
3.家庭副业生产支出	3.79	2.12	3.48	7.07
(二)借贷支出	1201.56	1739.90	2622.27	4651.13
1.存入储蓄款	852.09	1254.07	1887.02	3443.01
2.存入储金会款	7.18	9.45	17.61	27.55
3.归还借款	64.03	98.44	159.13	226.41
4.借出款	23.38	42.47	51.15	115.15
5.储蓄性保险支出	100.77	121.85	165.05	256.44
6.购置有价证券	34.99	43.72	87.59	169.63
7.预购	1.40	9.53	18.89	21.67
8.归还为购置住房的银行款	19.73	28.91	63.49	124.64
9.其他借贷支出	97.98	131.47	172.35	266.64
五、期末手存现金	559.96	674.20	789.93	1041.21

2000年城镇居民家庭消费支出(一)

(平均每人全年)　　　　单位:元

	总　计	最　低 收入户	其中: 困难户	低　收 入　户	中　等 偏下户
消费性支出	4998.00	2540.13	2320.36	3274.93	3947.91
一、食品	1958.31	1256.62	1172.77	1524.48	1748.90
(一)粮食	188.66	171.34	167.95	178.29	186.53
(二)淀粉及薯类	19.07	16.39	16.12	17.39	18.55
(三)干豆类及豆制品	29.86	24.19	23.56	26.29	28.58
(四)油脂类	66.48	60.14	58.59	65.17	67.57
(五)肉禽及其制品	411.31	283.41	261.07	340.08	388.58
(六)蛋类	56.59	44.60	42.19	50.68	54.39
(七)水产品类	143.54	88.35	80.01	107.32	128.08
(八)菜类	192.32	146.30	140.07	166.67	182.38
(九)调味品	29.73	22.70	21.85	26.47	28.22
(十)糖类	24.31	14.06	12.92	17.61	21.35
(十一)烟草类	100.85	62.79	57.26	79.09	92.36
(十二)酒和饮料	103.18	54.79	49.20	74.70	92.25
(十三)干鲜瓜果类	127.51	69.07	62.38	91.22	109.15
(十四)坚果及果仁	23.84	13.49	12.53	17.54	20.66
(十五)糕点类	41.81	21.68	19.50	29.55	35.47
(十六)奶及奶制品	68.57	32.37	28.37	43.24	56.69
(十七)其他食品	41.99	20.86	18.88	27.22	35.33
(十八)在外用餐	287.80	109.56	99.77	165.30	201.98
(十九)食品加工服务费	0.87	0.54	0.55	0.65	0.77
二、衣着	500.46	190.07	166.66	279.10	375.07
(一)服装	337.24	115.75	101.14	175.51	242.54
(二)衣着材料	23.46	11.13	9.55	14.48	19.91
(三)鞋、袜、帽及其他衣着	130.75	59.95	53.37	84.32	106.00
(四)衣着加工服务费	9.02	3.24	2.60	4.80	6.62

2000年城镇居民家庭消费支出(二)

(平均每人全年)　　　　单位：元

	中等收入户	中等偏上户	高收入户	最高收入户
消费性支出	4794.56	5894.92	7102.33	9250.63
一、食品	1960.82	2215.56	2458.60	2847.03
(一)粮食	188.18	192.24	201.71	210.87
(二)淀粉及薯类	19.12	20.05	20.50	22.54
(三)干豆类及豆制品	29.73	31.55	33.95	37.71
(四)油脂类	66.94	67.64	67.37	69.84
(五)肉禽及其制品	422.22	453.29	485.99	534.10
(六)蛋类	57.53	61.02	63.11	67.36
(七)水产品类	144.42	167.68	178.59	205.34
(八)菜类	193.16	207.32	222.63	245.11
(九)调味品	29.77	31.75	33.77	38.25
(十)糖类	24.16	27.92	32.19	37.60
(十一)烟草类	99.54	116.89	122.84	144.46
(十二)酒和饮料	105.92	118.79	136.04	155.06
(十三)干鲜瓜果类	129.12	150.85	168.66	197.32
(十四)坚果及果仁	24.31	27.25	30.91	37.22
(十五)糕点类	43.37	49.27	56.66	63.58
(十六)奶及奶制品	69.34	82.13	95.54	117.29
(十七)其他食品	40.43	51.47	55.21	73.69
(十八)在外用餐	272.68	357.47	451.80	588.36
(十九)食品加工服务费	0.87	0.99	1.12	1.32
二、衣着	504.70	627.81	760.39	933.52
(一)服装	338.28	428.23	531.01	658.57
(二)衣着材料	24.30	28.29	32.32	38.34
(三)鞋、袜、帽及其他衣着	132.99	159.74	183.99	218.53
(四)衣着加工服务费	9.13	11.56	13.07	18.08

2000年城镇居民家庭消费支出(三)

(平均每人全年)　　单位：元

	总　计	最　低 收入户	其中： 困难户	低　收 入　户	中　等 偏下户
三、家庭设备、用品及服务	439.29	118.49	106.15	184.27	256.85
(一)耐用消费品	259.10	48.97	41.10	88.03	132.12
(二)室内装饰品	15.66	3.02	2.43	3.95	7.65
(三)床上用品	20.47	6.76	6.17	10.49	13.89
(四)家庭日用杂品	91.61	45.90	42.24	61.82	73.32
(五)家具材料	6.60	1.63	2.21	1.18	2.42
(六)家庭服务	45.85	12.21	12.00	18.78	27.45
四、医疗保健	318.07	162.71	140.69	198.92	247.84
五、交通和通讯	395.01	142.73	124.55	212.52	281.32
(一)交通	162.22	52.37	44.60	87.33	118.90
(二)通讯	232.79	90.36	79.95	125.19	162.42
六、娱乐、教育、文化服务	627.82	286.83	258.18	390.21	469.16
(一)文娱用耐用消费品	146.92	29.34	20.51	51.23	78.47
(二)教育	363.75	213.57	199.33	278.37	308.16
(三)文化娱乐	117.15	43.92	38.35	60.61	82.53
七、居住	500.49	301.40	280.56	368.20	407.82
(一)住房	201.59	90.61	79.23	122.64	139.90
(二)水、电、燃料及其他	298.89	210.79	201.32	245.56	267.92
八、杂项商品	258.54	81.28	70.79	117.22	160.95
(一)个人消费	210.49	61.77	52.55	90.51	128.63
(二)其他商品	20.65	8.08	7.74	13.85	14.50
(三)其他服务	27.40	11.43	10.50	12.86	17.82

2000年城镇居民家庭消费支出(四)

(平均每人全年)　　单位：元

	中等收入户	中等偏上户	高收入户	最高收入户
三、家庭设备、用品及服务	376.25	526.42	780.47	1219.75
(一)耐用消费品	210.19	317.59	487.83	801.84
(二)室内装饰品	13.71	18.74	29.49	49.55
(三)床上用品	19.10	24.88	34.22	45.84
(四)家庭日用杂品	90.33	105.30	129.04	168.40
(五)家具材料	4.16	8.27	13.11	25.10
(六)家庭服务	38.75	51.63	86.78	129.03
四、医疗保健	300.29	373.83	442.70	638.30
五、交通和通讯	353.19	487.11	628.15	876.61
(一)交通	137.97	198.46	260.39	376.63
(二)通讯	215.22	288.64	367.76	499.97
六、娱乐、教育、文化服务	597.55	758.84	925.35	1223.97
(一)文娱用耐用消费品	130.04	188.72	270.22	401.49
(二)教育	358.67	422.57	468.26	575.08
(三)文化娱乐	108.84	147.55	186.87	247.40
七、居住	470.95	578.89	681.61	864.71
(一)住房	176.93	249.45	310.16	435.79
(二)水、电、燃料及其他	294.02	329.44	371.45	428.92
八、杂项商品	230.82	326.46	425.06	646.73
(一)个人消费	185.03	269.04	350.82	538.81
(二)其他商品	21.56	23.73	30.29	42.20
(三)其他服务	24.23	33.69	43.96	65.73

2000年城镇居民家庭消费支出构成(一)

单位：%

	总 计	最 低 收入户	其中： 困难户	低 收 入 户	中 等 偏下户
消费性支出	100.00	100.00	100.00	100.00	100.00
一、食品	39.18	49.47	50.54	46.55	44.30
(一)粮食	3.77	6.75	7.24	5.44	4.72
(二)淀粉及薯类	0.38	0.65	0.69	0.53	0.47
(三)干豆类及豆制品	0.60	0.95	1.02	0.80	0.72
(四)油脂类	1.33	2.37	2.53	1.99	1.71
(五)肉禽及其制品	8.23	11.16	11.25	10.38	9.84
(六)蛋类	1.13	1.76	1.82	1.55	1.38
(七)水产品类	2.87	3.48	3.45	3.28	3.24
(八)菜类	3.85	5.76	6.04	5.09	4.62
(九)调味品	0.59	0.89	0.94	0.81	0.71
(十)糖类	0.49	0.55	0.56	0.54	0.54
(十一)烟草类	2.02	2.47	2.47	2.41	2.34
(十二)酒和饮料	2.06	2.16	2.12	2.28	2.34
(十三)干鲜瓜果类	2.55	2.72	2.69	2.79	2.76
(十四)坚果及果仁	0.48	0.53	0.54	0.54	0.52
(十五)糕点类	0.84	0.85	0.84	0.90	0.90
(十六)奶及奶制品	1.37	1.27	1.22	1.32	1.44
(十七)其他食品	0.84	0.82	0.81	0.83	0.89
(十八)在外用餐	5.76	4.31	4.30	5.05	5.12
(十九)食品加工服务费	0.02	0.02	0.02	0.02	0.02
二、衣着	10.01	7.48	7.18	8.52	9.50
(一)服装	6.75	4.56	4.36	5.36	6.14
(二)衣着材料	0.47	0.44	0.41	0.44	0.50
(三)鞋、袜、帽及其他衣着	2.62	2.36	2.30	2.57	2.68
(四)衣着加工服务费	0.18	0.13	0.11	0.15	0.17

2000年城镇居民家庭消费支出构成(二)

单位：%

	中等收入户	中等偏上户	高收入户	最高收入户
消费性支出	100.00	100.00	100.00	100.00
一、食品	40.90	37.58	34.62	30.78
(一)粮食	3.92	3.26	2.84	2.28
(二)淀粉及薯类	0.40	0.34	0.29	0.24
(三)干豆类及豆制品	0.62	0.54	0.48	0.41
(四)油脂类	1.40	1.15	0.95	0.75
(五)肉禽及其制品	8.81	7.69	6.84	5.77
(六)蛋类	1.20	1.04	0.89	0.73
(七)水产品类	3.01	2.84	2.51	2.22
(八)菜类	4.03	3.52	3.13	2.65
(九)调味品	0.62	0.54	0.48	0.41
(十)糖类	0.50	0.47	0.45	0.41
(十一)烟草类	2.08	1.98	1.73	1.56
(十二)酒和饮料	2.21	2.02	1.92	1.68
(十三)干鲜瓜果类	2.69	2.56	2.37	2.13
(十四)坚果及果仁	0.51	0.46	0.44	0.40
(十五)糕点类	0.90	0.84	0.80	0.69
(十六)奶及奶制品	1.45	1.39	1.35	1.27
(十七)其他食品	0.84	0.87	0.78	0.80
(十八)在外用餐	5.69	6.06	6.36	6.36
(十九)食品加工服务费	0.02	0.02	0.02	0.01
二、衣着	10.53	10.65	10.71	10.09
(一)服装	7.06	7.26	7.48	7.12
(二)衣着材料	0.51	0.48	0.45	0.41
(三)鞋、袜、帽及其他衣着	2.77	2.71	2.59	2.36
(四)衣着加工服务费	0.19	0.20	0.18	0.20

2000年城镇居民家庭消费支出构成(三)

单位：%

	总 计	最 低 收入户	其中： 困难户	低 收 入 户	中 等 偏下户
三、家庭设备、用品及服务	8.79	4.66	4.57	5.63	6.51
(一)耐用消费品	5.18	1.93	1.77	2.69	3.35
(二)室内装饰品	0.31	0.12	0.10	0.12	0.19
(三)床上用品	0.41	0.27	0.27	0.32	0.35
(四)家庭日用杂品	1.83	1.81	1.82	1.89	1.86
(五)家具材料	0.13	0.06	0.10	0.04	0.06
(六)家庭服务	0.92	0.48	0.52	0.57	0.70
四、医疗保健	6.36	6.41	6.06	6.07	6.28
五、交通和通讯	7.90	5.62	5.37	6.49	7.13
(一)交通	3.25	2.06	1.92	2.67	3.01
(二)通讯	4.66	3.56	3.45	3.82	4.11
六、娱乐、教育、文化服务	12.56	11.29	11.13	11.92	11.88
(一)文娱用耐用消费品	2.94	1.16	0.88	1.56	1.99
(二)教育	7.28	8.41	8.59	8.50	7.81
(三)文化娱乐	2.34	1.73	1.65	1.85	2.09
七、居住	10.01	11.87	12.09	11.24	10.33
(一)住房	4.03	3.57	3.41	3.74	3.54
(二)水、电、燃料及其他	5.98	8.30	8.68	7.50	6.79
八、杂项商品	5.17	3.20	3.05	3.58	4.08
(一)个人消费	4.21	2.43	2.26	2.76	3.26
(二)其他商品	0.41	0.32	0.33	0.42	0.37
(三)其他服务	0.55	0.45	0.45	0.39	0.45

2000年城镇居民家庭消费支出构成(四)

单位：%

	中等收入户	中等偏上户	高收入户	最高收入户
三、家庭设备、用品及服务	7.85	8.93	10.99	13.19
(一)耐用消费品	4.38	5.39	6.87	8.67
(二)室内装饰品	0.29	0.32	0.42	0.54
(三)床上用品	0.40	0.42	0.48	0.50
(四)家庭日用杂品	1.88	1.79	1.82	1.82
(五)家具材料	0.09	0.14	0.18	0.27
(六)家庭服务	0.81	0.88	1.22	1.39
四、医疗保健	6.26	6.34	6.23	6.90
五、交通和通讯	7.37	8.26	8.84	9.48
(一)交通	2.88	3.37	3.67	4.07
(二)通讯	4.49	4.90	5.18	5.40
六、娱乐、教育、文化服务	12.46	12.87	13.03	13.23
(一)文娱用耐用消费品	2.71	3.20	3.80	4.34
(二)教育	7.48	7.17	6.59	6.22
(三)文化娱乐	2.27	2.50	2.63	2.67
七、居住	9.82	9.82	9.60	9.35
(一)住房	3.69	4.23	4.37	4.71
(二)水、电、燃料及其他	6.13	5.59	5.23	4.64
八、杂项商品	4.81	5.54	5.98	6.99
(一)个人消费	3.86	4.56	4.94	5.82
(二)其他商品	0.45	0.40	0.43	0.46
(三)其他服务	0.51	0.57	0.62	0.71

2000年城镇居民家庭购买主要商品数量(一)

(平均每人全年)

	单 位	总 计	最低收入户	其中:困难户	低收入户	中等偏下户
粮 食	千克	82.31	82.94	82.22	82.94	84.08
细 粮	千克	79.45	80.61	80.01	80.35	81.22
大 米	千克	45.91	47.40	47.25	47.42	47.59
糯 米	千克	0.71	0.58	0.55	0.60	0.71
普通或标准粉	千克	10.73	13.38	13.50	12.19	11.27
富强粉	千克	5.79	5.95	5.83	5.88	5.93
面 包	千克	1.03	0.53	0.50	0.72	0.87
馒 头	千克	6.54	4.88	4.64	5.30	6.30
其他细粮及制品	千克	8.75	7.89	7.74	8.23	8.54
粗粮合计	千克	2.85	2.33	2.21	2.59	2.86
粗 粮	千克	1.86	1.47	1.43	1.73	1.89
粗粮制品	千克	0.99	0.87	0.78	0.86	0.96
淀粉及薯类	千克	13.43	12.42	12.42	12.90	13.43
马铃薯	千克	8.44	8.46	8.55	8.46	8.52
红 薯	千克	2.39	1.80	1.76	2.10	2.36
其他薯类	千克	0.71	0.53	0.53	0.60	0.70
各类淀粉及制品	千克	1.90	1.63	1.58	1.74	1.84
大 豆	千克	0.33	0.29	0.26	0.32	0.30
杂 豆	千克	0.71	0.57	0.54	0.63	0.67
豆 腐	千克	5.19	4.57	4.48	4.75	4.99
油脂类	千克	8.61	8.29	8.16	8.80	8.92
花生油	千克	1.29	1.08	1.01	1.28	1.28
菜籽油	千克	2.02	2.18	2.20	2.21	2.15
芝麻油	千克	0.21	0.13	0.12	0.16	0.20
豆 油	千克	2.66	2.80	2.77	2.78	2.82
卫生油	千克	0.15	0.18	0.16	0.20	0.13
其他植物油	千克	1.82	1.44	1.43	1.67	1.81
动物油	千克	0.45	0.49	0.46	0.49	0.52
猪 肉	千克	16.73	13.28	12.63	15.07	16.40
牛 肉	千克	1.98	1.45	1.26	1.67	1.94

2000 年城镇居民家庭购买主要商品数量(二)

(平均每人全年)

	单位	中等收入户	中等偏上户	高收入户	最高收入户
粮食	千克	81.93	80.20	81.64	83.44
细粮	千克	79.06	77.35	78.46	79.83
大米	千克	45.82	44.27	44.04	44.28
糯米	千克	0.69	0.72	0.84	0.91
普通或标准粉	千克	10.19	9.53	9.19	9.49
富强粉	千克	5.82	5.59	5.59	5.77
面包	千克	1.04	1.23	1.37	1.59
馒头	千克	6.66	7.18	7.49	8.29
其他细粮及制品	千克	8.84	8.83	9.94	9.50
粗粮合计	千克	2.86	2.85	3.18	3.61
粗粮	千克	1.79	1.88	2.09	2.33
粗粮制品	千克	1.08	0.97	1.08	1.28
淀粉及薯类	千克	13.30	13.73	13.89	14.81
马铃薯	千克	8.34	8.44	8.22	8.72
红薯	千克	2.36	2.50	2.86	2.95
其他薯类	千克	0.70	0.77	0.85	0.86
各类淀粉及制品	千克	1.90	2.02	1.95	2.29
大豆	千克	0.35	0.33	0.38	0.43
杂豆	千克	0.69	0.78	0.83	0.91
豆腐	千克	5.16	5.36	5.67	6.32
油脂类	千克	8.64	8.53	8.30	8.54
花生油	千克	1.30	1.37	1.36	1.34
菜籽油	千克	1.99	1.89	1.76	1.87
芝麻油	千克	0.23	0.23	0.24	0.30
豆油	千克	2.72	2.53	2.36	2.42
卫生油	千克	0.14	0.14	0.12	0.17
其他植物油	千克	1.80	1.98	2.05	2.05
动物油	千克	0.45	0.40	0.41	0.39
猪肉	千克	17.01	17.60	18.71	19.78
牛肉	千克	2.08	2.14	2.21	2.39

2000 年城镇居民家庭购买主要商品数量(三)

(平均每人全年)

	单　位	总　计	最　低 收入户	其中: 困难户	低　收 入　户	中　等 偏下户
羊　肉	千克	1.35	0.81	0.73	1.05	1.23
其他肉及肉制品	千克	2.41	1.38	1.26	1.76	2.10
白条鸡	千克	1.96	1.49	1.42	1.78	1.87
活　鸡	千克	2.61	1.65	1.48	2.08	2.45
活　鸭	千克	0.87	0.60	0.55	0.74	0.89
其他禽类及禽制品	千克	1.94	1.22	1.08	1.52	1.83
蛋　类	千克	11.89	9.68	9.20	10.85	11.56
鸡　蛋	千克	10.66	8.85	8.44	9.81	10.43
鸭　蛋	千克	0.55	0.41	0.38	0.49	0.52
其他蛋类及蛋制品	千克	0.69	0.42	0.39	0.55	0.62
黄花鱼	千克	0.19	0.12	0.12	0.14	0.18
带　鱼	千克	0.99	0.79	0.73	0.88	0.95
草　鱼	千克	0.86	0.63	0.58	0.80	0.85
鲤　鱼	千克	0.98	0.64	0.55	0.76	0.92
鲢　鱼	千克	0.42	0.42	0.42	0.43	0.40
鲫　鱼	千克	0.86	0.59	0.55	0.70	0.78
虾　类	千克	0.96	0.57	0.52	0.70	0.84
菜　类	千克	116.82	100.01	97.95	106.84	114.39
鲜　菜	千克	114.74	98.43	96.42	105.04	112.39
白　菜	千克	18.13	17.49	17.80	17.50	18.17
洋白菜	千克	2.59	2.69	2.46	2.47	2.57
菠　菜	千克	1.90	1.71	1.64	1.73	1.87
油　菜	千克	4.93	4.33	4.28	4.55	4.79
芹　菜	千克	2.98	2.53	2.55	2.72	2.89
韭　菜	千克	1.94	1.69	1.68	1.81	1.86
空心菜	千克	0.96	0.86	0.85	0.94	0.95
大　葱	千克	5.00	4.05	4.03	4.49	4.80
菜　花	千克	1.42	1.24	1.19	1.31	1.41
萝　卜	千克	4.64	4.09	4.08	4.13	4.51
胡萝卜	千克	1.72	1.45	1.34	1.48	1.63

2000年城镇居民家庭购买主要商品数量(四)

(平均每人全年)

	单位	中等收入户	中等偏上户	高收入户	最高收入户
羊肉	千克	1.35	1.59	1.59	1.98
其他肉及肉制品	千克	2.52	2.77	3.10	3.60
白条鸡	千克	2.05	2.07	2.14	2.36
活鸡	千克	2.70	2.91	3.17	3.49
活鸭	千克	0.88	0.96	1.00	1.03
其他禽类及禽制品	千克	1.99	2.18	2.36	2.65
蛋类	千克	12.10	12.70	12.94	13.81
鸡蛋	千克	10.83	11.31	11.47	12.17
鸭蛋	千克	0.55	0.60	0.60	0.72
其他蛋类及蛋制品	千克	0.72	0.78	0.86	0.93
黄花鱼	千克	0.20	0.21	0.22	0.26
带鱼	千克	1.02	1.07	1.05	1.17
草鱼	千克	0.86	0.95	0.98	0.97
鲤鱼	千克	1.02	1.10	1.15	1.34
鲢鱼	千克	0.43	0.40	0.42	0.50
鲫鱼	千克	0.88	0.99	1.01	1.17
虾类	千克	0.99	1.13	1.23	1.35
菜类	千克	116.65	121.00	127.38	139.40
鲜菜	千克	114.58	118.78	124.95	136.72
白菜	千克	17.76	18.04	18.56	20.55
洋白菜	千克	2.60	2.49	2.71	2.75
菠菜	千克	1.86	1.94	2.08	2.31
油菜	千克	4.90	5.14	5.41	5.69
芹菜	千克	3.01	3.11	3.18	3.64
韭菜	千克	1.98	2.01	2.06	2.24
空心菜	千克	0.95	0.95	1.00	1.12
大葱	千克	5.12	5.21	5.43	6.30
菜花	千克	1.42	1.45	1.51	1.59
萝卜	千克	4.64	4.80	5.06	5.67
胡萝卜	千克	1.67	1.81	1.86	2.38

2000年城镇居民家庭购买主要商品数量(五)

(平均每人全年)

	单 位	总 计	最 低 收入户	其中: 困难户	低 收 入 户	中 等 偏下户
葱 头	千克	0.87	0.66	0.62	0.72	0.84
生 姜	千克	0.74	0.55	0.53	0.64	0.70
莴 笋	千克	1.16	0.98	0.94	1.09	1.14
蒜 苔	千克	1.08	0.79	0.74	0.94	1.02
蒜 头	千克	1.18	0.94	0.91	1.06	1.12
黄 瓜	千克	6.70	5.33	5.19	5.92	6.37
冬 瓜	千克	2.45	2.05	1.97	2.24	2.36
丝 瓜	千克	0.85	0.70	0.69	0.77	0.81
西红柿	千克	7.55	6.01	5.78	6.66	7.75
茄 子	千克	4.57	3.90	3.80	4.08	4.37
青 椒	千克	3.81	3.22	3.19	3.63	3.72
豆 角	千克	5.88	4.90	4.68	5.17	5.61
莲 藕	千克	1.15	0.93	0.88	1.07	1.11
豆芽菜	千克	1.96	1.92	1.91	1.99	1.98
其他鲜菜	千克	28.59	23.41	22.68	25.95	28.05
干 菜	千克	0.43	0.31	0.30	0.36	0.42
菜制品	千克	1.65	1.26	1.23	1.44	1.58
食 糖	千克	1.70	1.50	1.45	1.69	1.76
糖 果	千克	0.62	0.34	0.32	0.45	0.53
卷 烟	盒	27.50	22.32	20.60	25.85	28.14
烟 叶	千克	0.02	0.02	0.02	0.02	0.03
白 酒	千克	2.66	2.18	2.00	2.54	2.82
果 酒	千克	0.18	0.07	0.07	0.12	0.15
啤 酒	千克	6.51	3.68	3.39	5.23	6.50
其他酒	千克	0.66	0.60	0.61	0.67	0.65
汽水、可乐	千克	1.76	1.02	0.99	1.46	1.62

2000 年城镇居民家庭购买主要商品数量(六)

(平均每人全年)

	单 位	中 等 收入户	中 等 偏上户	高 收 入 户	最 高 收入户
葱 头	千克	0.86	0.93	1.02	1.12
生 姜	千克	0.74	0.79	0.89	0.96
莴 笋	千克	1.15	1.21	1.26	1.37
蒜 苔	千克	1.11	1.18	1.25	1.32
蒜 头	千克	1.17	1.25	1.32	1.52
黄 瓜	千克	6.73	7.11	7.60	8.46
冬 瓜	千克	2.44	2.56	2.76	2.94
丝 瓜	千克	0.84	0.91	0.98	1.01
西红柿	千克	7.56	7.84	8.22	8.96
茄 子	千克	4.64	4.78	5.02	5.60
青 椒	千克	3.83	3.92	4.04	4.55
豆 角	千克	5.93	6.28	6.57	7.08
莲 藕	千克	1.17	1.25	1.23	1.34
豆芽菜	千克	1.95	1.92	1.92	2.13
其他鲜菜	千克	28.53	29.89	32.02	34.16
干 菜	千克	0.43	0.46	0.48	0.57
菜制品	千克	1.64	1.76	1.94	2.11
食 糖	千克	1.71	1.69	1.67	1.90
糖 果	千克	0.62	0.74	0.85	0.99
卷 烟	盒	27.68	28.79	28.42	30.88
烟 叶	千克	0.02	0.02	0.01	0.01
白 酒	千克	2.77	2.66	2.77	2.73
果 酒	千克	0.16	0.23	0.27	0.34
啤 酒	千克	7.23	7.05	7.51	7.99
其他酒	千克	0.69	0.64	0.71	0.68
汽水、可乐	千克	1.81	2.06	2.18	2.22

2000年城镇居民家庭购买主要商品数量(七)

(平均每人全年)

	单位	总计	最低收入户	其中:困难户	低收入户	中等偏下户
茶叶	千克	0.24	0.19	0.18	0.21	0.25
咖啡、可可粉	千克	0.01	0.01	0.01	0.01	0.01
干鲜瓜果类	千克	58.05	36.28	33.30	45.55	52.73
苹果	千克	10.46	7.43	7.08	9.02	9.80
桔子	千克	3.81	2.45	2.30	2.97	3.53
柑橙	千克	1.68	0.89	0.81	1.24	1.51
桃子	千克	3.61	2.26	2.10	2.82	3.23
梨	千克	4.39	2.74	2.51	3.48	3.95
香蕉	千克	2.75	1.39	1.26	1.95	2.33
葡萄	千克	1.85	0.96	0.87	1.28	1.58
西瓜	千克	20.57	13.43	12.10	16.32	18.98
其他鲜瓜果及制品	千克	8.35	4.42	3.97	6.08	7.31
各种干果	千克	0.57	0.31	0.29	0.40	0.50
坚果及果仁	千克	3.30	2.17	2.04	2.68	3.00
坚果和果仁	千克	2.97	1.93	1.80	2.43	2.72
坚果和果仁制品	千克	0.33	0.24	0.24	0.25	0.28
糕点类	千克	3.25	1.87	1.71	2.47	2.89
鲜乳品	千克	9.94	4.59	3.95	6.04	8.27
奶粉	千克	0.49	0.26	0.24	0.36	0.43
酸奶	千克	1.12	0.51	0.41	0.62	0.88
购自单位食堂主食品	千克	3.04	1.62	1.30	2.32	2.50
购自饮食业主食品	千克	8.53	4.84	4.58	6.09	7.40
服装	件	6.24	3.19	2.87	4.36	5.30
男士服装	件	2.16	1.09	0.96	1.48	1.84
毛皮大衣	件	0.01	0	0	0	0
呢大衣	件	0.01	0	0	0	0
风雨衣	件	0.01	0	0	0.01	0.01
西服	件	0.07	0.03	0.03	0.04	0.06
中山装	件	0	0	0	0	0
茄克衫	件	0.08	0.04	0.03	0.05	0.07

2000 年城镇居民家庭购买主要商品数量(八)

(平均每人全年)

	单位	中等收入户	中等偏上户	高收入户	最高收入户
茶叶	千克	0.23	0.25	0.25	0.27
咖啡、可可粉	千克	0.01	0.01	0.02	0.02
干鲜瓜果类	千克	59.38	66.17	71.39	81.09
苹果	千克	10.76	11.70	12.03	13.01
桔子	千克	3.92	4.26	4.67	5.27
柑橙	千克	1.68	2.07	2.14	2.45
桃子	千克	3.65	4.14	4.47	5.16
梨	千克	4.52	5.06	5.32	6.08
香蕉	千克	2.82	3.28	3.68	4.29
葡萄	千克	1.93	2.16	2.46	2.90
西瓜	千克	21.11	23.17	24.69	28.02
其他鲜瓜果及制品	千克	8.43	9.67	11.16	13.02
各种干果	千克	0.57	0.66	0.76	0.90
坚果及果仁	千克	3.38	3.65	4.01	4.62
坚果和果仁	千克	3.05	3.30	3.61	4.13
坚果和果仁制品	千克	0.33	0.35	0.41	0.48
糕点类	千克	3.42	3.69	4.18	4.60
鲜乳品	千克	9.83	11.95	14.07	17.52
奶粉	千克	0.52	0.56	0.67	0.70
酸奶	千克	1.09	1.42	1.52	2.06
购自单位食堂主食品	千克	3.28	3.75	4.00	3.97
购自饮食业主食品	千克	8.87	10	11.33	12.27
服装	件	6.50	7.44	8.29	9.54
男士服装	件	2.27	2.57	2.90	3.28
毛皮大衣	件	0.01	0.01	0.01	0.01
呢大衣	件	0.01	0.01	0.01	0.01
风雨衣	件	0.01	0.01	0.01	0.01
西服	件	0.08	0.09	0.11	0.12
中山装	件	0	0	0	0
茄克衫	件	0.08	0.09	0.10	0.11

2000年城镇居民家庭购买主要商品数量(九)

(平均每人全年)

	单 位	总 计	最 低 收入户	其中: 困难户	低 收 入 户	中 等 偏下户
羽绒衣	件	0.02	0.01	0.01	0.01	0.02
毛线衣	件	0.11	0.04	0.04	0.06	0.08
衬 衫	件	0.31	0.15	0.13	0.19	0.26
裤 子	件	0.42	0.22	0.19	0.30	0.36
其他男士服装	件	1.13	0.59	0.52	0.80	0.98
女士服装	件	3.05	1.50	1.33	2.01	2.56
毛皮大衣	件	0.01	0	0	0	0
呢大衣	件	0.03	0.01	0.01	0.01	0.02
风雨衣	件	0.02	0.01	0	0.01	0.01
西 服	件	0.05	0.02	0.02	0.03	0.04
茄克衫	件	0.03	0.02	0.01	0.02	0.03
羽绒衣	件	0.03	0.01	0.01	0.02	0.03
毛线衣	件	0.22	0.09	0.08	0.13	0.17
衬 衫	件	0.24	0.11	0.09	0.14	0.20
连衣裙	件	0.12	0.04	0.03	0.07	0.09
单 裙	件	0.14	0.05	0.04	0.08	0.11
裤 子	件	0.45	0.23	0.20	0.32	0.40
其他女士服装	件	1.72	0.92	0.83	1.17	1.46
各式童装	件	1.03	0.61	0.58	0.87	0.91
棉 布	米	0.32	0.16	0.14	0.19	0.26
棉花化纤混纺布	米	0.09	0.05	0.04	0.05	0.08
化纤布	米	0.37	0.18	0.16	0.23	0.33
呢 绒	米	0.05	0.01	0.01	0.02	0.04
绸 缎	米	0.03	0.02	0.01	0.01	0.03
毛 线	千克	0.18	0.11	0.09	0.15	0.17
鞋 类	双	2.50	1.71	1.58	2.06	2.32
皮 鞋	双	0.78	0.42	0.37	0.58	0.69
旅游鞋	双	0.10	0.06	0.06	0.09	0.09
布 鞋	双	0.21	0.21	0.21	0.20	0.21
雨 鞋	双	0.01	0.01	0.01	0.01	0.01

2000年城镇居民家庭购买主要商品数量(十)

(平均每人全年)

	单位	中等收入户	中等偏上户	高收入户	最高收入户
羽绒衣	件	0.02	0.02	0.03	0.04
毛线衣	件	0.11	0.14	0.16	0.20
衬衫	件	0.33	0.38	0.42	0.50
裤子	件	0.46	0.50	0.56	0.61
其他男士服装	件	1.17	1.32	1.49	1.68
女士服装	件	3.18	3.68	4.12	4.82
毛皮大衣	件	0.01	0.01	0.01	0.02
呢大衣	件	0.03	0.03	0.04	0.05
风雨衣	件	0.02	0.02	0.03	0.03
西服	件	0.05	0.06	0.07	0.09
茄克衫	件	0.03	0.04	0.04	0.04
羽绒衣	件	0.04	0.05	0.05	0.05
毛线衣	件	0.23	0.28	0.33	0.41
衬衫	件	0.25	0.28	0.33	0.43
连衣裙	件	0.12	0.15	0.18	0.20
单裙	件	0.15	0.17	0.21	0.25
裤子	件	0.47	0.52	0.58	0.64
其他女士服装	件	1.79	2.05	2.25	2.60
各式童装	件	1.05	1.19	1.26	1.44
棉布	米	0.31	0.36	0.44	0.59
棉花化纤混纺布	米	0.09	0.11	0.12	0.16
化纤布	米	0.37	0.47	0.50	0.56
呢绒	米	0.05	0.06	0.08	0.09
绸缎	米	0.04	0.04	0.05	0.07
毛线	千克	0.20	0.20	0.21	0.22
鞋类	双	2.61	2.77	2.96	3.26
皮鞋	双	0.82	0.91	1.00	1.11
旅游鞋	双	0.11	0.11	0.11	0.12
布鞋	双	0.21	0.21	0.20	0.23
雨鞋	双	0.02	0.01	0.02	0.02

2000 年城镇居民家庭购买主要商品数量(十一)

(平均每人全年)

	单位	总 计	最 低 收入户	其中： 困难户	低 收 入 户	中 等 偏下户
凉 鞋	双	0.30	0.20	0.19	0.25	0.27
拖 鞋	双	0.59	0.37	0.34	0.45	0.52
其他鞋	双	0.52	0.43	0.40	0.48	0.52
各种袜子	双	2.60	1.64	1.54	2.04	2.35
各种帽子	顶	0.11	0.06	0.06	0.08	0.10
肥 皂	块	3.56	3.23	3.15	3.33	3.64
洗衣粉	千克	1.26	1.07	1.01	1.21	1.26
水	吨	31.83	23.24	22.02	27.08	29.15
电	度	274.17	180.32	170.32	216.15	240.38
煤 炭	千克	128.07	155.34	157.19	145.49	132.53
液化石油气	千克	16.62	12.64	11.70	15.20	16.08
管道煤气	立方米	30.48	20.35	19.39	23.69	27.13
手 表	只	0.03	0.01	0.01	0.02	0.02

2000 年城镇居民家庭购买主要商品数量(十二)

(平均每人全年)

	单位	中 等 收入户	中 等 偏上户	高 收 入 户	最 高 收入户
凉 鞋	双	0.32	0.33	0.35	0.36
拖 鞋	双	0.60	0.65	0.74	0.85
其他鞋	双	0.54	0.55	0.55	0.57
各种袜子	双	2.69	2.98	3.23	3.48
各种帽子	顶	0.11	0.13	0.15	0.16
肥 皂	块	3.56	3.54	3.65	4.03
洗衣粉	千克	1.25	1.32	1.35	1.43
水	吨	31.36	34.86	38.69	42.92
电	度	271.16	310.38	345.91	407.40
煤 炭	千克	127.63	111.52	109.93	116.94
液化石油气	千克	16.98	17.96	18.56	19.56
管道煤气	立方米	30.44	34.79	38.83	42.23
手 表	只	0.03	0.03	0.04	0.05

2000年城镇居民家庭购买主要商品数量(十三)

(平均每百户全年)

	单位	总 计	最 低 收入户	其中： 困难户	低 收 入 户	中 等 偏下户
组合家具	套	0.99	0.20	0.18	0.46	0.44
沙发床	个	2.13	0.46	0.55	1.20	1.41
沙 发	个	6.53	1.74	1.69	3.19	3.46
大衣柜	个	0.75	0.33	0.38	0.30	0.67
写字台	张	0.90	0.38	0.25	0.29	0.78
地 毯	平方米	3.28	0.50	0.77	0.52	1.69
地板革	平方米	6.97	1.92	1.35	5.09	6.08
缝纫机	台	0.09	0	0	0.16	0.16
洗衣机	台	3.39	1.29	1.38	2.13	2.38
电风扇	台	7.51	4.00	3.31	5.33	6.59
电冰箱	台	2.66	1.03	0.80	1.51	1.89
冰 柜	台	0.29	0.16	0.22	0.10	0.24
微波炉	台	3.41	0.98	0.80	1.37	2.28
空调器	台	4.02	0.57	0.33	1.41	2.13
电炊具	台	6.53	3.27	2.70	3.87	5.74
淋浴热水器	台	3.75	1.19	1.23	1.90	2.79
排油烟机	台	2.65	0.84	0.78	1.46	1.92
排风扇	台	2.49	1.12	1.12	1.72	2.00
吸尘器	台	0.39	0.07	0.12	0.17	0.16

2000 年城镇居民家庭购买主要商品数量(十四)

(平均每百户全年)

	单位	中等收入户	中等偏上户	高收入户	最高收入户
组合家具	套	0.77	1.29	1.78	2.48
沙发床	个	1.51	2.44	3.69	5.25
沙　发	个	5.11	7.68	11.37	16.50
大衣柜	个	0.62	0.71	1.00	1.87
写字台	张	0.76	0.96	1.41	1.93
地　毯	平方米	2.03	3.72	8.70	8.23
地板革	平方米	8.04	8.15	9.06	9.09
缝纫机	台	0.05	0.08	0.08	0.06
洗衣机	台	3.08	4.32	5.10	5.79
电风扇	台	8.16	8.52	9.22	10.03
电冰箱	台	2.68	3.31	3.60	4.68
冰　柜	台	0.32	0.18	0.56	0.65
微波炉	台	3.41	4.53	5.17	6.13
空调器	台	3.55	5.05	7.01	9.80
电炊具	台	6.49	7.61	7.84	10.66
淋浴热水器	台	3.16	4.80	5.39	7.45
排油烟机	台	2.55	2.96	4.14	5.22
排风扇	台	2.73	2.60	3.07	4.33
吸尘器	台	0.38	0.43	0.68	1.03

2000 年城镇居民家庭购买主要商品数量(十五)

(平均每百户全年)

	单位	总 计	最 低 收入户	其中: 困难户	低 收 入 户	中 等 偏下户
摩托车	辆	1.36	0.34	0.14	0.96	0.84
自行车	辆	10.98	6.03	5.05	8.85	10.43
家用汽车	辆	0.04	0	0	0	0.01
电 话	部	8.91	5.70	4.86	8.82	8.75
BP 机	部	2.51	0.73	0.45	1.56	2.15
彩色电视机	台	5.64	2.15	1.68	3.58	4.01
影碟机	台	3.33	1.07	0.86	2.11	2.88
录放像机	台	0.06	0.04	0	0.03	0.03
家用电脑	台	2.47	0.37	0.15	0.56	1.14
组合音响	台	0.84	0.17	0.09	0.30	0.60
录音机	台	2.30	1.03	1.05	1.57	2.04
摄像机	台	0.05	0	0	0	0.03
收音机	台	2.22	1.28	1.37	1.75	1.57
照相机	架	1.01	0.24	0.07	0.48	0.76
钢 琴	架	0.08	0	0	0	0.03
其他中高档乐器	件	0	0	0	0	0

2000年城镇居民家庭购买主要商品数量(十六)

(平均每百户全年)

	单位	中等收入户	中等偏上户	高收入户	最高收入户
摩托车	辆	1.34	1.80	2.11	2.20
自行车	辆	11.59	12.91	11.60	13.44
家用汽车	辆	0	0.04	0.07	0.25
电　话	部	8.51	9.13	10.46	11.32
BP机	部	2.67	3.22	3.38	3.37
彩色电视机	台	5.23	6.56	8.02	11.03
影碟机	台	3.74	3.44	4.13	5.88
录放像机	台	0.05	0.10	0.06	0.13
家用电脑	台	2.27	3.33	4.41	5.92
组合音响	台	0.81	0.93	1.31	1.90
录音机	台	2.11	2.94	2.64	3.57
摄像机	台	0.02	0.05	0.21	0.10
收音机	台	2.31	2.48	3.42	3.00
照相机	架	0.98	1.33	1.27	2.00
钢　琴	架	0.11	0.07	0.29	0.08
其他中高档乐器	件	0	0	0	0

2000年城镇居民家庭年末主要消费品拥有量(一)

(平均每百户)

	单位	总 计	最 低 收入户	其中： 困难户	低 收 入 户	中 等 偏下户
毛皮大衣	件	61.88	35.06	32.58	40.42	51.22
呢大衣	件	169.63	124.01	116.77	137.97	152.40
毛 毯	条	143.27	101.20	93.44	116.68	130.25
地 毯	平方米	92.79	53.41	52.86	63.86	75.97
组合家具	套	57.82	46.16	45.02	51.57	55.54
沙发床	个	52.22	34.91	32.68	38.95	45.08
沙 发	个	198.82	143.75	147.69	169.64	174.13
大衣柜	个	83.45	75.16	73.84	77.17	79.41
写字台	张	83.44	69.59	68.60	73.77	77.55
摩托车	辆	18.83	12.34	11.16	15.14	15.74
自行车	辆	162.72	155.80	150.80	161.86	165.06
家用汽车	辆	0.51	0.24	0.29	0.34	0.36
缝纫机	台	51.46	49.73	49.59	51.56	51.85
洗衣机	台	90.52	77.14	74.37	84.33	87.66
电风扇	台	167.91	146.47	141.07	156.02	164.32
电冰箱	台	80.13	61.95	58.68	68.52	75.43
冰 柜	台	6.52	5.87	6.33	5.55	6.02
彩色电视机	台	116.56	98.79	95.97	105.55	112.29
影碟机	台	37.53	21.30	19.04	26.72	32.73
录放像机	台	20.13	13.68	13.27	15.02	16.86
家用电脑	台	9.72	2.99	2.88	4.17	6.01
组合音响	套	22.20	11.76	11.60	14.50	18.50
录音机	台	47.93	37.85	36.24	45.05	46.04
摄像机	台	1.34	0.60	0.63	0.63	0.67
照相机	架	38.44	19.04	16.28	25.19	31.03
钢 琴	架	1.26	0.21	0.21	0.67	0.85
其他中高档乐器	件	5.34	1.51	1.24	2.75	3.81
微波炉	台	17.61	6.70	5.99	9.81	12.36
空调器	台	30.76	12.23	11.33	17.59	22.44
电炊具	台	101.94	75.69	72.44	81.10	92.35
淋浴热水器	台	49.11	29.00	26.34	35.75	42.17
排油烟机	台	54.07	32.37	30.10	38.65	52.13
吸尘器	台	11.17	4.74	4.28	5.87	7.50
健身器材	件	3.48	0.87	0.78	1.42	2.03
移动电话	台	19.49	6.26	5.69	8.56	11.40

2000年城镇居民家庭年末主要消费品拥有量(二)

(平均每百户)

	单位	中等收入户	中等偏上户	高收入户	最高收入户
毛皮大衣	件	63.51	70.90	81.45	90.60
呢大衣	件	174.44	186.62	198.54	208.89
毛　毯	条	146.58	157.83	167.70	177.75
地　毯	平方米	86.61	110.93	122.12	141.51
组合家具	套	59.59	62.03	61.80	64.32
沙发床	个	53.09	58.66	63.56	71.17
沙　发	个	202.63	215.67	234.14	255.81
大衣柜	个	83.05	85.55	90.16	95.98
写字台	张	83.14	88.84	93.52	98.44
摩托车	辆	19.37	22.05	24.18	22.27
自行车	辆	166.33	163.41	162.13	157.78
家用汽车	辆	0.36	0.61	0.75	1.13
缝纫机	台	49.67	51.50	52.72	54.50
洗衣机	台	90.90	95.26	97.76	98.35
电风扇	台	169.91	175.85	176.11	180.34
电冰箱	台	82.45	86.26	89.71	92.80
冰　柜	台	6.13	6.20	8.16	8.96
彩色电视机	台	116.59	121.11	127.38	133.91
影碟机	台	38.71	42.54	48.72	50.65
录放像机	台	20.17	21.93	26.17	28.51
家用电脑	台	9.01	12.12	15.25	20.50
组合音响	套	22.49	25.96	29.64	32.18
录音机	台	48.90	50.37	52.81	52.97
摄像机	台	1.13	1.45	2.02	3.66
照相机	架	38.30	44.41	52.61	60.11
钢　琴	架	0.88	1.68	2.41	2.52
其他中高档乐器	件	5.22	6.71	8.06	9.65
微波炉	台	16.85	21.52	26.42	31.69
空调器	台	29.18	36.53	45.62	55.92
电炊具	台	103.49	111.07	119.53	129.25
淋浴热水器	台	50.25	55.96	62.05	67.58
排油烟机	台	54.32	60.37	65.86	70.16
吸尘器	台	10.49	13.81	16.81	20.71
健身器材	件	2.80	4.34	6.21	7.98
移动电话	台	17.79	24.60	32.83	39.68

2.1999～2000 年主要指标对比资料

城镇居民家庭生活基本情况变化表

（平均每户）

	单位	2000 年	1999 年	2000 年比上年增减
调查户数	户	42220.04	40044.01	2176.03
家庭人口数	人	3.13	3.14	−0.01
有收入者人数	人	2.12	2.17	−0.05
就业人口数	人	1.68	1.77	−0.09
国有经济单位职工人数	人	1.21	1.33	−0.12
集体经济单位职工人数	人	0.18	0.21	−0.04
其他经济单位职工人数	人	0.07	0.06	0.01
个体经营者数	人	0.10	0.07	0.03
个体被雇人员数	人	0.05	0.03	0.02
离退休再就业人员数	人	0.04	0.04	−0.01
其他就业人员数	人	0.03	0.02	0.01
离退休人数	人	0.44	0.40	0.04
其他有收入者人数	人	0.01	0.01	0
无收入者人数	人	1.00	0.97	0.04
期末家庭人口数	人	3.12	3.13	−0.01
非家庭人口经常在家用饭人数	人	0.06	0.07	−0.01

城镇居民家庭现金收入和支出变化表(一)

(平均每人全年)　　　　单位:元

	2000年	1999年	2000年比上年增减	2000年比上年增幅(%)
期初手存现金	317.43	376.43	-59.00	-15.67
可支配收入	6279.98	5854.02	425.97	7.28
现金收入	7870.09	7232.80	637.29	8.81
实际收入	6316.81	5888.77	428.04	7.27
全民经济单位职工收入	3500.63	3448.40	52.23	1.51
工资性收入	3317.09	3240.45	76.64	2.37
其中:奖金	372.52	383.57	-11.04	-2.88
非工资性收入	183.54	207.95	-24.41	-11.74
集体经济单位职工收入	312.33	345.24	-32.91	-9.53
工资性收入	299.27	330.01	-30.75	-9.32
其中:奖金	28.81	32.45	-3.64	-11.23
非工资性收入	13.06	15.23	-2.17	-14.22
其他经济单位职工收入	269.82	214.76	55.05	25.63
其中:奖金	37.68	31.08	6.60	21.22
个体经营者的净收益	246.24	160.49	85.76	53.44
个体被雇者收入	101.95	61.43	40.52	65.96
离退休再就业人员收入	60.74	60.39	0.34	0.57
其他就业者收入	30.96	15.58	15.38	98.66
其他劳动收入	197.74	190.87	6.87	3.60
财产性收入	128.38	128.65	-0.27	-0.21
利　息	28.79	43.33	-14.54	-33.56
红　利	14.78	14.13	0.65	4.59
其他财产租金收入	84.82	71.19	13.63	19.14

城镇居民家庭现金收入和支出变化表(二)

(平均每人全年)　　单位:元

	2000年	1999年	2000年比上年增减	2000年比上年增幅(%)
转移收入	1461.68	1257.17	204.52	16.27
离退休金	1136.24	949.59	186.66	19.66
价格补贴	1.63	1.84	-0.21	-11.62
赡养收入	60.36	52.99	7.37	13.91
赠送收入	147.30	141.16	6.14	4.35
亲友搭伙费	29.43	30.67	-1.25	-4.07
记账补贴	24.93	26.12	-1.19	-4.57
出售财物收入	20.90	24.05	-3.15	-13.08
其　他	40.89	30.74	10.15	33.01
家庭副业生产收入	6.33	5.79	0.55	9.46
借贷收入	1553.28	1344.02	209.26	15.57
提取储蓄存款	1172.70	1012.26	160.44	15.85
提取储金会款	10.92	11.87	-0.95	-7.98
借入款	181.74	174.19	7.55	4.34
收回借出款	35.88	33.66	2.21	6.57
收回储蓄性保险本金	3.95	3.47	0.48	13.92
兑售有价证券	18.22	17.71	0.51	2.90
赊　购	0.25	1.14	-0.90	-78.45
为购置房屋从银行贷款	56.45	39.32	17.13	43.55
其他借贷收入	73.17	50.40	22.78	45.19
现金支出	7606.63	7042.19	564.44	8.02
实际支出	6147.38	5686.13	461.25	8.11
消费性支出	4998.00	4615.91	382.08	8.28

城镇居民家庭现金收入和支出变化表(三)

(平均每人全年)　　单位:元

	2000年	1999年	2000年比上年增减	2000年比上年增幅(%)
非消费性支出	1146.12	1067.06	79.06	7.41
贷款利息	2.33	1.61	0.72	44.36
个人所得税	8.64	5.47	3.17	57.82
其他各种税金	4.58	3.81	0.77	20.13
各种非储蓄性保险支出	16.73	13.16	3.57	27.16
赡养支出	139.67	131.01	8.66	6.61
赠送支出	475.86	444.10	31.75	7.15
购房与建房支出	454.79	422.84	31.95	7.55
其他非消费性支出	43.52	45.04	-1.52	-3.37
家庭副业生产支出	3.26	3.16	0.10	3.27
借贷支出	1459.26	1356.06	103.19	7.61
存入储蓄款	1043.32	1008.67	34.64	3.43
存入储金会款	8.85	10.88	-2.03	-18.66
归还借款	84.30	81.47	2.84	3.48
借出款	32.20	30.72	1.48	4.80
储蓄性保险支出	102.53	86.53	16.00	18.49
购置有价证券	42.59	28.27	14.31	50.62
预　购	6.61	2.93	3.68	125.85
归还为购置住房的银行款	30.15	16.28	13.87	85.21
其他借贷支出	108.72	90.32	18.40	20.38
期末手存现金	580.89	567.04	13.86	2.44

城镇居民家庭消费支出变化表(一)

(平均每人全年)　　单位:元

	2000年	1999年	2000年比上年增减	2000年比上年增幅(%)
消费性支出	4998.00	4615.91	382.08	8.28
食品	1958.31	1932.10	26.22	1.36
粮　食	188.66	215.37	-26.71	-12.40
淀粉及薯类	19.07	20.03	-0.96	-4.77
干豆类及豆制品	29.86	31.11	-1.25	-4.01
油脂类	66.48	73.71	-7.23	-9.81
肉禽及其制品	411.31	408.51	2.80	0.68
蛋　类	56.59	65.53	-8.94	-13.64
水产品类	143.54	143.96	-0.42	-0.29
菜　类	192.32	194.63	-2.31	-1.19
调味品	29.73	29.18	0.55	1.89
糖　类	24.31	23.12	1.19	5.16
烟草类	100.85	94.84	6.01	6.34
酒和饮料	103.18	95.34	7.83	8.21
干鲜瓜果类	127.51	130.02	-2.50	-1.93
坚果及果仁	23.84	23.27	0.57	2.45
糕点类	41.81	40.40	1.42	3.51
奶及奶制品	68.57	56.15	12.43	22.13
其他食品	41.99	36.55	5.44	14.88
在外用餐	287.80	249.59	38.21	15.31
食品加工服务费	0.87	0.79	0.08	9.90
衣着	500.46	482.37	18.09	3.75
服装	337.24	320.19	17.04	5.32
衣着材料	23.46	28.17	-4.71	-16.72
鞋、袜、帽及其他衣着	130.75	123.06	7.69	6.25
衣着加工服务费	9.02	10.95	-1.93	-17.64

城镇居民家庭消费支出变化表(二)

(平均每人全年)　　单位:元

	2000年	1999年	2000年比上年增减	2000年比上年增幅(%)
家庭设备、用品及服务	439.29	395.48	43.81	11.08
耐用消费品	259.10	231.25	27.86	12.05
室内装饰品	15.66	14.30	1.35	9.46
床上用品	20.47	20.43	0.04	0.20
家庭日用杂品	91.61	84.78	6.84	8.06
家具材料	6.60	6.93	-0.33	-4.73
家庭服务	45.85	37.80	8.05	21.29
医疗保健	318.07	245.59	72.47	29.51
交通和通讯	395.01	310.55	84.46	27.20
交通	162.22	136.86	25.36	18.53
通讯	232.79	173.69	59.10	34.03
娱乐、教育、文化服务	627.82	567.05	60.77	10.72
文娱用耐用消费品	146.92	135.33	11.60	8.57
教育	363.75	323.33	40.42	12.50
文化娱乐	117.15	108.39	8.76	8.09
居住	500.49	453.99	46.50	10.24
住房	201.59	195.90	5.70	2.91
水、电、燃料及其他	298.89	258.09	40.80	15.81
杂项商品	258.54	228.79	29.75	13.00
个人消费	210.49	185.20	25.29	13.66
其他商品	20.65	19.84	0.81	4.08
其他服务	27.40	23.75	3.65	15.35

城镇居民家庭购买主要商品数量变化表(一)

(平均每人全年)

	单位	2000年	1999年	2000年比上年增减	2000年比上年增幅(%)
粮　食	千克	82.31	84.91	-2.60	-3.06
细　粮	千克	79.45	82.12	-2.67	-3.25
大　米	千克	45.91	47.30	-1.38	-2.92
糯　米	千克	0.71	0.71	-0.00	-0.11
普通或标准粉	千克	10.73	11.11	-0.38	-3.43
富强粉	千克	5.79	6.81	-1.02	-15.01
面　包	千克	1.03	0.98	0.04	4.40
馒　头	千克	6.54	6.40	0.13	2.10
其他细粮及制品	千克	8.75	8.81	-0.06	-0.68
粗粮合计	千克	2.85	2.79	0.07	2.40
粗　粮	千克	1.86	1.86	-0.00	-0.15
粗粮制品	千克	0.99	0.92	0.07	7.54
淀粉及薯类	千克	13.43	13.69	-0.26	-1.90
马铃薯	千克	8.44	8.50	-0.06	-0.76
红　薯	千克	2.39	2.44	-0.05	-2.10
其他薯类	千克	0.71	0.83	-0.12	-14.90
各类淀粉及制品	千克	1.90	1.92	-0.02	-1.08
大　豆	千克	0.33	0.33	0.01	2.92
杂　豆	千克	0.71	0.79	-0.08	-9.60
豆　腐	千克	5.19	5.50	-0.31	-5.64
油脂类	千克	8.61	8.24	0.37	4.52
花生油	千克	1.29	1.36	-0.07	-4.83
菜籽油	千克	2.02	1.99	0.03	1.53
芝麻油	千克	0.21	0.21	0	0.95
豆　油	千克	2.66	2.49	0.17	6.92
卫生油	千克	0.15	0.13	0.02	15.60
其他植物油	千克	1.82	1.60	0.22	13.67
动物油	千克	0.45	0.46	-0.01	-1.38
猪　肉	千克	16.73	16.91	-0.18	-1.06
牛　肉	千克	1.98	1.86	0.12	6.32

城镇居民家庭购买主要商品数量变化表(二)

(平均每人全年)

	单位	2000年	1999年	2000年比上年增减	2000年比上年增幅(%)
羊　肉	千克	1.35	1.23	0.12	9.61
其他肉及肉制品	千克	2.41	2.29	0.12	5.21
白条鸡	千克	1.96	1.87	0.08	4.36
活　鸡	千克	2.61	2.34	0.27	11.40
活　鸭	千克	0.87	0.71	0.16	23.08
其他禽类及禽制品	千克	1.94	1.77	0.17	9.80
蛋　类	千克	11.89	11.53	0.36	3.15
鸡　蛋	千克	10.66	10.42	0.24	2.27
鸭　蛋	千克	0.55	0.49	0.06	11.20
其他蛋类及蛋制品	千克	0.69	0.62	0.07	11.53
黄花鱼	千克	0.19	0.15	0.04	30.15
带　鱼	千克	0.99	1.01	-0.02	-1.79
草　鱼	千克	0.86	0.87	-0.01	-1.37
鲤　鱼	千克	0.98	1.02	-0.04	-4.09
鲢　鱼	千克	0.42	0.49	-0.07	-13.87
鲫　鱼	千克	0.86	0.89	-0.03	-3.16
虾　类	千克	0.96	1.04	-0.08	-7.59
菜　类	千克	116.82	116.94	-0.12	-0.10
鲜　菜	千克	114.74	114.94	-0.20	-0.17
白　菜	千克	18.13	18.21	-0.08	-0.43
洋白菜	千克	2.59	3.07	-0.48	-15.65
菠　菜	千克	1.90	1.93	-0.02	-1.27
油　菜	千克	4.93	5.14	-0.21	-4.16
芹　菜	千克	2.98	3.10	-0.12	-3.84
韭　菜	千克	1.94	2.17	-0.23	-10.64
空心菜	千克	0.96	1.18	-0.23	-19.15
大　葱	千克	5.00	4.93	0.07	1.49
菜　花	千克	1.42	1.51	-0.10	-6.39
萝　卜	千克	4.64	4.89	-0.25	-5.08
胡萝卜	千克	1.72	1.70	0.02	1.05

城镇居民家庭购买主要商品数量变化表(三)

(平均每人全年)

	单位	2000年	1999年	2000年比上年增减	2000年比上年增幅(%)
葱　头	千克	0.87	0.86	0.01	0.73
生　姜	千克	0.74	0.78	-0.04	-5.19
莴　笋	千克	1.16	1.64	-0.48	-29.13
蒜　苔	千克	1.08	1.43	-0.35	-24.45
蒜　头	千克	1.18	1.27	-0.09	-7.26
黄　瓜	千克	6.70	6.90	-0.20	-2.93
冬　瓜	千克	2.45	2.66	-0.21	-7.80
丝　瓜	千克	0.85	0.80	0.05	6.80
西红柿	千克	7.55	8.21	-0.66	-8.06
茄　子	千克	4.57	4.56	0.02	0.38
青　椒	千克	3.81	4.13	-0.32	-7.86
豆　角	千克	5.88	5.85	0.02	0.37
莲　藕	千克	1.15	1.27	-0.12	-9.41
豆芽菜	千克	1.96	2.25	-0.29	-12.73
其他鲜菜	千克	28.59	24.51	4.09	16.68
干　菜	千克	0.43	0.39	0.04	10.17
菜制品	千克	1.65	1.61	0.04	2.36
食　糖	千克	1.70	1.81	-0.11	-6.20
糖　果	千克	0.62	0.62	0	0.67
卷　烟	盒	27.50	26.81	0.68	2.55
烟　叶	千克	0.02	0.02	0	19.51
白　酒	千克	2.66	2.64	0.02	0.84
果　酒	千克	0.18	0.17	0.02	10.03
啤　酒	千克	6.51	6.16	0.35	5.62
其他酒	千克	0.66	0.65	0.01	1.45
汽水、可乐	千克	1.76	1.64	0.11	6.96

城镇居民家庭购买主要商品数量变化表(四)

(平均每人全年)

	单位	2000年	1999年	2000年比上年增减	2000年比上年增幅(%)
茶　叶	千克	0.24	0.24	-0.01	-2.54
咖啡、可可粉	千克	0.01	0.01	0	28.06
干鲜瓜果类	千克	58.05	54.78	3.27	5.98
苹　果	千克	10.46	9.42	1.04	11.09
桔　子	千克	3.81	4.59	-0.78	-16.97
柑　橙	千克	1.68	1.82	-0.14	-7.45
桃　子	千克	3.61	3.39	0.21	6.32
梨	千克	4.39	3.62	0.77	21.25
香　蕉	千克	2.75	3.09	-0.34	-11.14
葡　萄	千克	1.85	1.49	0.36	24.45
西　瓜	千克	20.57	18.65	1.92	10.30
其他鲜瓜果及制品	千克	8.35	8.14	0.21	2.63
各种干果	千克	0.57	0.56	0.01	0.99
坚果及果仁	千克	3.30	3.26	0.04	1.30
坚果和果仁	千克	2.97	2.91	0.06	2.18
坚果和果仁制品	千克	0.33	0.35	-0.02	-6.09
糕点类	千克	3.25	3.14	0.11	3.35
鲜乳品	千克	9.94	7.88	2.06	26.13
奶　粉	千克	0.49	0.44	0.04	9.64
酸　奶	千克	1.12	0.87	0.25	28.82
购自单位食堂主食品	千克	3.04	3.05	-0.01	-0.16
购自饮食业主食品	千克	8.53	8.25	0.29	3.47
服　装	件	6.24	6.24	0	-0.02
男士服装	件	2.16	2.20	-0.04	-1.81
毛皮大衣	件	0.01	0.01	0	-24.80
呢大衣	件	0.01	0.01	0	-19.03
风雨衣	件	0.01	0.01	0	3.80
西　服	件	0.07	0.08	-0.01	-8.25
中山装	件	0	0	0	-9.65
茄克衫	件	0.08	0.08	0	-2.99

城镇居民家庭购买主要商品数量变化表(五)

(平均每人全年)

	单位	2000 年	1999 年	2000 年比上年增减	1999 年比上年增幅(%)
羽绒衣	件	0.02	0.02	0.01	36.15
毛线衣	件	0.11	0.12	-0.01	-9.15
衬　衫	件	0.31	0.33	-0.02	-4.76
裤　子	件	0.42	0.41	0.01	2.39
其他男士服装	件	1.13	1.14	-0.02	-1.46
女士服装	件	3.05	3.02	0.03	0.88
毛皮大衣	件	0.01	0.01	0	-9.42
呢大衣	件	0.03	0.03	0	-12.41
风雨衣	件	0.02	0.02	0	-4.40
西　服	件	0.05	0.07	-0.02	-22.86
茄克衫	件	0.03	0.03	0	12.51
羽绒衣	件	0.03	0.02	0.01	70.63
毛线衣	件	0.22	0.24	-0.01	-5.11
衬　衫	件	0.24	0.26	-0.02	-7.62
连衣裙	件	0.12	0.12	-0.01	-4.96
单　裙	件	0.14	0.14	0	2.26
裤　子	件	0.45	0.43	0.02	3.62
其他女士服装	件	1.72	1.67	0.05	2.89
各式童装	件	1.03	1.02	0.01	1.19
棉　布	米	0.32	0.34	-0.02	-6.54
棉花化纤混纺布	米	0.09	0.12	-0.03	-23.89
化纤布	米	0.37	0.55	-0.18	-32.45
呢　绒	米	0.05	0.07	-0.02	-29.83
绸　缎	米	0.03	0.04	-0.01	-20.45
毛　线	千克	0.18	0.18	-0.01	-3.32
鞋　类	双	2.50	2.44	0.07	2.69
皮　鞋	双	0.78	0.79	-0.01	-1.26
旅游鞋	双	0.10	0.09	0.01	7.92
布　鞋	双	0.21	0.22	0	-2.09
雨　鞋	双	0.01	0.01	0	-0.90

城镇居民家庭购买主要商品数量变化表(六)

(平均每人全年)

	单位	2000年	1999年	2000年比上年增减	2000年比上年增幅(%)
凉鞋	双	0.30	0.27	0.02	9.12
拖鞋	双	0.59	0.56	0.03	5.45
其他鞋	双	0.52	0.50	0.02	3.57
各种袜子	双	2.60	2.61	-0.01	-0.41
各种帽子	顶	0.11	0.08	0.03	34.70
肥皂	块	3.56	3.61	-0.05	-1.49
洗衣粉	千克	1.26	1.21	0.05	4.38
水	吨	31.83	31.86	-0.04	-0.12
电	度	274.17	250.56	23.61	9.42
煤炭	千克	128.07	115.46	12.60	10.92
液化石油气	千克	16.62	16.86	-0.24	-1.41
管道煤气	立方米	30.48	30.10	0.38	1.27
手表	只	0.03	0.03	0	-9.86

城镇居民家庭购买主要商品数量变化表(七)

(平均每百户全年)

	单位	2000年	1999年	2000年比上年增减	2000年比上年增幅(%)
组合家具	套	0.99	1.10	-0.11	-9.81
沙发床	个	2.13	1.94	0.19	9.93
沙发	个	6.53	7.50	-0.97	-12.96
大衣柜	个	0.75	0.77	-0.02	-2.73
写字台	张	0.90	0.78	0.12	14.74
地毯	平方米	3.28	3.07	0.22	7.06
地板革	平方米	6.97	5.67	1.30	22.93
缝纫机	台	0.09	0.09	0	-2.41
床单	条	13.53	12.20	1.33	10.93
肥皂	块	3.56	3.61	-0.05	-1.49
洗衣粉	千克	1.26	1.21	0.05	4.38

城镇居民家庭购买主要商品数量变化表(八)

(平均每百户全年)

	单位	2000年	1999年	2000年比上年增减	2000年比上年增幅(%)
摩托车	辆	1.36	1.27	0.09	6.71
自行车	辆	10.98	10.90	0.08	0.70
家用汽车	辆	0.04	0.03	0.01	38.91
电　话	部	8.91	7.66	1.24	16.24
BP机	部	2.51	2.24	0.27	11.91
彩色电视机	台	5.64	6.40	-0.76	-11.89
影碟机	台	3.33	4.54	-1.21	-26.70
录放像机	台	0.06	0.13	-0.07	-53.75
家用电脑	台	2.47	1.22	1.25	102.41
组合音响	台	0.84	1.15	-0.31	-27.08
录音机	台	2.30	2.54	-0.24	-9.45
摄像机	台	0.05	0.03	0.02	50.55
收音机	台	2.22	2.18	0.03	1.57
照相机	架	1.01	1.04	-0.03	-2.88
钢　琴	架	0.08	0.07	0.01	16.77
其他中高档乐器	件	0	0	0	46.46

城镇居民家庭年末主要消费品拥有量变化表

(平均每百户)

	单位	2000年	1999年	2000年比上年增减	2000年比上年增幅(%)
毛皮大衣	件	61.88	61.55	0.33	0.54
呢大衣	件	169.63	195.23	-25.60	-13.11
毛　毯	条	143.27	145.72	-2.45	-1.68
地　毯	平方米	92.79	122.38	-29.59	-24.18
组合家具	套	57.82	57.36	0.46	0.79
沙发床	个	52.22	47.91	4.31	9.00
沙　发	个	198.82	210.11	-11.29	-5.37
大衣柜	个	83.45	85.06	-1.61	-1.89
写字台	张	83.44	86.63	-3.20	-3.69
摩托车	辆	18.83	15.12	3.70	24.50
自行车	辆	162.72	183.03	-20.31	-11.10
家用汽车	辆	0.51	0.34	0.17	50.09
缝纫机	台	51.46	55.43	-3.98	-7.17
洗衣机	台	90.52	91.44	-0.92	-1.01
电风扇	台	167.91	171.73	-3.82	-2.22
电冰箱	台	80.13	77.74	2.39	3.07
冰　柜	台	6.52	5.37	1.15	21.46
彩色电视机	台	116.56	111.57	4.99	4.47
影碟机	台	37.53	24.71	12.82	51.88
录放像机	台	20.13	21.73	-1.60	-7.37
家用电脑	台	9.72	5.91	3.80	64.34
组合音响	套	22.20	19.66	2.54	12.92
录音机	台	47.93	57.18	-9.25	-16.18
摄像机	台	1.34	1.06	0.28	26.83
照相机	架	38.44	38.11	0.34	0.89
钢　琴	架	1.26	1.24	0.02	1.93
其他中高档乐器	件	5.34	5.94	-0.59	-10.00
微波炉	台	17.61	12.15	5.46	44.97
空调器	台	30.76	24.48	6.29	25.69
电炊具	台	101.94	101.82	0.12	0.12
淋浴热水器	台	49.11	45.49	3.62	7.96
排油烟机	台	54.07	48.62	5.45	11.21
吸尘器	台	11.17	11.74	-0.57	-4.83
健身器材	件	3.48	3.83	-0.35	-9.18
移动电话	台	19.49	7.14	12.35	173.06

（二）分省、自治区、直辖市调查资料

2000年全国城镇居民家庭人口就业情况(一)

(平均每百户)　　　　单位：人

	调查户数	家庭人口数	(一)有收入者人数	1.就业人口数	(1)国有经济单位职工人数
全国合计	**42220.04**	**312.72**	**212.30**	**167.63**	**121.13**
北京	1000.00	304.69	234.64	174.37	128.54
天津	500.00	307.60	230.51	162.52	123.30
河北	1800.05	306.49	210.34	167.61	131.58
山西	1570.00	315.58	210.24	161.87	128.62
内蒙古	2300.00	308.11	198.75	160.68	122.66
辽宁	3250.00	309.97	224.64	168.12	107.21
吉林	1350.01	311.67	205.11	163.10	119.82
黑龙江	2000.02	307.33	200.14	146.12	100.92
上海	500.00	304.12	241.82	164.26	103.97
江苏	2600.00	306.76	219.66	164.59	99.79
浙江	1840.00	290.85	209.02	161.56	81.55
安徽	1750.00	307.86	211.63	166.33	102.57
福建	1500.00	322.54	219.83	179.64	120.33
江西	1280.00	308.07	211.65	172.34	140.23
山东	2500.00	309.68	210.55	186.98	149.90
河南	2820.00	322.86	213.84	166.33	126.68
湖北	1540.00	314.24	216.81	181.22	147.22
湖南	1000.00	309.23	207.66	181.14	150.67
广东	1600.02	356.61	232.63	196.73	120.33
广西	1150.00	318.61	208.51	177.28	141.29
海南	300.00	374.68	212.71	178.30	143.82
重庆	300.00	304.52	218.96	171.49	130.47
四川	1450.00	296.14	196.18	150.15	107.44
贵州	850.01	310.60	205.35	162.25	132.42
云南	1250.00	311.91	207.68	176.99	133.57
西藏	100.00	341.00	188.00	180.00	160.00
陕西	1400.00	307.77	202.80	153.64	126.22
甘肃	880.00	307.62	200.11	170.84	139.70
青海	550.00	323.68	198.38	151.39	119.26
宁夏	600.00	308.44	189.45	150.42	107.02
新疆	790.00	314.96	196.85	154.58	134.46

2000年全国城镇居民家庭人口就业情况(二)

(平均每百户)　　单位：人

	(2)集体经济单位职工人数	(3)其它经济类型职工人数	(4)个体经营者人员数	(5)个体被雇人员数	(6)离退休再就业人员数
全国合计	**17.62**	**7.00**	**9.88**	**5.40**	**3.80**
北　京	9.67	16.12	1.61	1.59	16.07
天　津	10.61	11.26	5.17	3.25	7.88
河　北	16.25	2.42	8.30	3.66	2.49
山　西	13.88	8.78	4.61	2.52	2.87
内蒙古	9.96	3.44	16.58	4.90	1.14
辽　宁	35.26	5.17	5.93	6.73	5.22
吉　林	16.08	1.29	10.64	8.11	2.65
黑龙江	13.01	2.10	12.01	10.23	1.14
上　海	10.07	17.03	2.00	3.69	26.60
江　苏	38.08	6.86	10.59	4.73	3.59
浙　江	19.39	32.09	10.79	9.10	6.12
安　徽	27.39	13.66	15.85	4.36	1.06
福　建	16.57	8.14	14.48	13.16	2.11
江　西	11.20	1.81	11.57	3.38	0.73
山　东	24.66	7.73	2.71	1.01	0.84
河　南	15.94	1.60	14.47	3.92	2.73
湖　北	17.35	4.50	4.74	2.40	3.01
湖　南	13.58	5.47	7.66	1.73	0.41
广　东	23.57	19.89	14.02	13.08	1.51
广　西	9.28	0.84	14.30	6.55	1.69
海　南	9.19	2.25	10.01	4.72	1.01
重　庆	21.25	4.55	2.41	5.09	6.33
四　川	14.22	4.50	13.11	6.27	2.41
贵　州	12.74	1.10	10.15	2.49	2.14
云　南	22.34	2.86	11.27	3.38	1.32
西　藏	16.00	1.00	0	1.00	0
陕　西	9.91	1.76	4.70	4.82	4.59
甘　肃	11.43	2.24	12.15	2.43	1.15
青　海	6.94	0.14	8.57	7.07	2.39
宁　夏	10.79	4.48	16.40	7.37	3.02
新　疆	4.10	0.89	11.76	2.27	0.51

2000年全国城镇居民家庭人口就业情况(三)

(平均每百户)　　单位：人

	(7)其它就业人员数	2.离退休人员数	其它有收入者人数	(二)无收入者人数
全国合计	**2.80**	**43.82**	**0.86**	**100.43**
北京	0.78	59.66	0.61	70.05
天津	1.05	65.64	2.36	77.09
河北	2.91	42.42	0.31	96.15
山西	0.58	48.03	0.33	105.34
内蒙古	1.99	37.35	0.73	109.37
辽宁	2.60	55.82	0.70	85.33
吉林	4.53	41.57	0.44	106.56
黑龙江	6.72	52.92	1.10	107.19
上海	0.88	77.57	0	62.30
江苏	0.95	54.21	0.86	87.10
浙江	2.52	45.69	1.78	81.83
安徽	1.43	44.39	0.91	96.23
福建	4.85	39.01	1.18	102.71
江西	3.42	39.31	0	96.42
山东	0.14	23.06	0.51	99.13
河南	0.98	46.94	0.58	109.02
湖北	2.00	34.61	0.98	97.43
湖南	1.63	26.02	0.50	101.57
广东	4.33	34.60	1.29	123.98
广西	3.35	30.90	0.32	110.11
海南	7.29	29.74	4.67	161.97
重庆	1.39	47.14	0.33	85.56
四川	2.21	44.02	2.01	99.96
贵州	1.20	41.94	1.16	105.26
云南	2.25	28.60	2.09	104.23
西藏	2.00	8.00	0	153.00
陕西	1.64	48.75	0.42	104.97
甘肃	1.74	28.77	0.50	107.50
青海	7.02	45.04	1.94	125.30
宁夏	1.34	38.08	0.95	118.99
新疆	0.60	41.82	0.44	118.11

2000年全国城镇居民家庭人口就业情况(四)

(平均每百户)　　单位：人

	期末家庭人口数	附：非家庭人口经常在家用饭人数
全国合计	**312.10**	**6.41**
北　京	303.70	6.28
天　津	306.00	6.85
河　北	305.50	4.75
山　西	314.90	1.13
内蒙古	307.02	2.26
辽　宁	309.69	4.45
吉　林	311.21	0.36
黑龙江	307.52	1.09
上　海	303.20	2.88
江　苏	304.97	16.41
浙　江	290.30	11.17
安　徽	307.11	14.47
福　建	323.07	11.54
江　西	307.27	9.27
山　东	309.66	1.22
河　南	322.06	7.11
湖　北	313.59	5.23
湖　南	309.33	3.23
广　东	356.00	7.07
广　西	317.12	12.51
海　南	373.67	14.13
重　庆	304.33	13.02
四　川	295.08	14.82
贵　州	309.34	9.17
云　南	311.50	10.10
西　藏	341.00	0
陕　西	306.64	5.96
甘　肃	306.93	1.35
青　海	320.73	1.29
宁　夏	310.23	9.28
新　疆	314.44	0.89

2000年全国城镇居民家庭现金收入和支出(一)

(平均每人全年)　　单位：元

	一、期初手存现金	二、可支配收入	三、现金收入	(一)实际收入
全国合计	**317.43**	**6279.98**	**7870.09**	**6316.81**
北京	791.93	10349.69	12560.32	10416.39
天津	497.05	8140.50	11141.13	8165.12
河北	270.06	5661.16	7485.78	5686.24
山西	402.49	4724.11	6160.29	4745.27
内蒙古	322.17	5129.05	6573.47	5150.84
辽宁	280.53	5357.79	6575.50	5389.03
吉林	222.24	4810.00	5839.79	4829.17
黑龙江	175.11	4912.88	5825.99	4945.45
上海	993.00	11718.01	14746.79	11802.40
江苏	262.74	6800.23	8493.06	6841.45
浙江	576.76	9279.16	11874.14	9334.18
安徽	163.07	5293.55	6476.66	5331.58
福建	355.99	7432.26	9167.94	7486.39
江西	244.21	5103.58	5967.15	5129.51
山东	332.71	6489.97	8167.08	6521.60
河南	206.77	4766.26	5717.67	4784.04
湖北	169.17	5524.54	6968.75	5542.60
湖南	323.28	6218.73	7732.09	6261.15
广东	537.86	9761.57	12520.00	9853.65
广西	185.63	5834.43	7834.04	5881.65
海南	276.04	5358.32	6479.56	5416.17
重庆	188.59	6275.98	7434.93	6296.74
四川	200.24	5894.27	7134.56	5925.59
贵州	176.81	5122.21	6186.50	5137.19
云南	253.75	6324.64	8474.31	6369.58
西藏	236.78	7426.32	11772.24	7477.49
陕西	270.59	5124.24	6751.87	5149.30
甘肃	155.28	4916.25	6175.75	4944.32
青海	250.02	5169.96	6376.60	5196.69
宁夏	142.68	4912.40	7434.82	4948.04
新疆	216.59	5644.86	6956.72	5686.52

2000年全国城镇居民家庭现金收入和支出(二)

(平均每人全年)　　单位：元

	1.国有经济单位职工工资	(1)工资性收入	其中：奖金	(2)非工资性收入
全国合计	**3500.63**	**3317.09**	**372.52**	**183.54**
北京	5678.55	5450.98	850.76	227.57
天津	3920.84	3736.09	540.14	184.75
河北	3378.50	3249.88	249.24	128.62
山西	2728.86	2653.48	162.43	75.38
内蒙古	2989.50	2908.79	90.67	80.70
辽宁	2541.51	2396.02	196.70	145.50
吉林	2755.48	2719.63	41.94	35.85
黑龙江	2540.50	2425.89	93.94	114.61
上海	5119.50	4817.48	955.82	302.02
江苏	3307.85	3139.24	421.38	168.61
浙江	4010.90	3698.23	982.66	312.66
安徽	2672.86	2529.40	215.06	143.46
福建	4225.45	4065.16	579.19	160.29
江西	3362.29	3127.45	187.58	234.84
山东	4631.85	4389.33	332.47	242.51
河南	2641.47	2584.44	147.86	57.03
湖北	3620.05	3413.89	309.04	206.16
湖南	4379.49	4039.98	503.97	339.52
广东	5045.97	4590.95	989.23	455.02
广西	3813.90	3593.03	552.30	220.87
海南	3314.25	3155.40	373.86	158.85
重庆	3897.32	3690.27	577.77	207.05
四川	3298.69	3143.56	492.51	155.13
贵州	3243.42	3041.34	188.12	202.08
云南	4181.53	3886.95	337.51	294.58
西藏	6667.54	6120.02	25.34	547.53
陕西	2944.74	2776.71	218.98	168.04
甘肃	3427.04	3288.57	150.32	138.47
青海	3099.13	3007.63	52.74	91.50
宁夏	2925.15	2597.99	212.45	327.16
新疆	3846.07	3612.22	180.80	233.85

2000年全国城镇居民家庭现金收入和支出(三)

(平均每人全年)　　单位：元

	2.集体经济单位职工工资	(1)工资性收入	其中：奖金	(2)非工资性收入	3.其他经济类型职工收入
全国合计	**312.33**	**299.27**	**28.81**	**13.06**	**269.82**
北京	295.29	287.71	33.73	7.58	842.50
天津	145.70	144.57	14.35	1.13	502.27
河北	245.36	239.25	8.05	6.11	71.42
山西	148.96	146.43	3.61	2.53	191.19
内蒙古	132.77	129.97	1.20	2.80	60.74
辽宁	417.26	399.95	19.47	17.32	160.45
吉林	207.53	203.18	1.27	4.36	24.74
黑龙江	184.41	178.49	5.45	5.92	56.20
上海	313.67	297.71	53.85	15.96	1284.44
江苏	726.89	700.47	52.04	26.41	209.80
浙江	599.80	572.25	117.69	27.55	1126.37
安徽	399.90	385.91	26.58	13.99	285.03
福建	325.24	315.06	38.23	10.18	304.31
江西	176.17	169.55	7.47	6.62	28.94
山东	526.31	507.79	36.82	18.52	240.85
河南	182.86	181.14	5.24	1.71	45.85
湖北	227.86	215.31	10.67	12.55	100.03
湖南	218.27	207.29	12.40	10.98	123.80
广东	755.68	696.21	152.00	59.47	999.32
广西	132.75	128.68	10.23	4.07	26.36
海南	103.87	103.18	3.59	0.69	52.05
重庆	433.54	413.75	75.75	19.79	132.85
四川	236.45	230.26	12.86	6.19	144.19
贵州	183.18	174.21	9.31	8.97	25.32
云南	447.71	418.65	24.05	29.07	63.71
西藏	309.71	300.03	0	9.68	45.65
陕西	133.68	129.48	4.22	4.20	34.97
甘肃	162.63	157.78	1.80	4.85	33.66
青海	97.98	95.12	0.51	2.86	6.18
宁夏	134.38	126.48	4.56	7.90	119.52
新疆	94.82	92.47	5.11	2.36	36.57

2000年全国城镇居民家庭现金收入和支出(四)

(平均每人全年)　　　　单位：元

	其中：奖金	4.个体经营者的净收益	5.个体被雇者收入	6.离退休再就业人员收入
全国合计	**37.68**	**246.24**	**101.95**	**60.74**
北京	79.03	65.50	53.90	252.74
天津	28.39	187.54	65.37	133.91
河北	11.63	195.35	51.74	34.96
山西	19.83	108.69	23.57	22.59
内蒙古	1.55	495.04	73.69	19.73
辽宁	13.56	131.99	97.62	48.97
吉林	1.86	276.35	149.80	30.28
黑龙江	11.36	293.51	169.81	13.19
上海	145.08	120.42	153.81	530.93
江苏	30.08	320.52	95.67	49.04
浙江	239.64	478.08	259.25	111.91
安徽	30.84	336.16	78.25	16.03
福建	27.46	457.54	317.20	38.28
江西	2.35	237.78	49.83	9.13
山东	22.10	74.05	19.72	13.13
河南	5.11	230.89	50.83	28.76
湖北	14.18	93.61	28.01	30.65
湖南	23.16	140.13	26.44	7.46
广东	162.01	545.59	315.55	48.51
广西	7.25	260.14	89.84	26.17
海南	5.74	179.73	46.42	29.81
重庆	8.06	65.35	108.58	122.47
四川	29.35	264.98	88.37	33.61
贵州	1.92	224.13	38.59	25.83
云南	2.68	236.91	61.98	15.37
西藏	3.02	0	28.15	0
陕西	0.42	109.14	91.15	65.80
甘肃	19.51	253.54	35.35	15.37
青海	1.81	160.90	94.45	28.30
宁夏	14.92	305.24	90.00	49.13
新疆	0.35	230.09	41.11	7.91

2000年全国城镇居民家庭现金收入和支出(五)

(平均每人全年) 单位：元

	7.其它就业者收入	8.其它劳动收入	9.财产性收入	(1)利息	(2)红利
全国合计	**30.96**	**197.74**	**128.38**	**28.79**	**14.78**
北京	9.14	244.28	112.25	69.39	16.72
天津	11.79	516.95	112.04	45.11	2.28
河北	65.51	204.23	146.13	62.37	30.94
山西	5.47	172.84	50.94	24.52	6.94
内蒙古	12.89	186.97	58.82	13.96	9.99
辽宁	23.97	401.57	49.99	18.20	11.79
吉林	39.88	146.09	28.38	4.89	2.16
黑龙江	57.87	200.07	32.90	9.43	3.83
上海	15.72	458.96	64.68	33.49	2.78
江苏	20.29	179.68	87.45	48.18	12.41
浙江	56.61	278.84	156.44	69.60	37.40
安徽	14.14	171.15	73.21	24.27	5.29
福建	72.53	186.28	155.55	37.79	44.77
江西	32.20	69.05	134.50	10.30	4.68
山东	3.00	123.92	112.52	25.39	27.96
河南	8.45	77.90	299.93	26.41	6.21
湖北	21.58	212.73	136.26	28.36	9.57
湖南	14.11	171.59	158.79	23.29	28.08
广东	85.65	157.44	429.94	55.31	46.29
广西	31.35	129.09	305.85	23.22	32.18
海南	35.54	441.24	100.81	11.96	9.73
重庆	35.28	108.88	122.47	10.58	2.23
四川	31.37	180.10	183.38	43.19	20.93
贵州	4.90	157.46	40.04	6.32	4.73
云南	18.41	151.43	178.46	25.64	21.64
西藏	40.62	25.18	4.69	4.69	0
陕西	21.01	98.29	152.62	16.67	12.73
甘肃	6.11	112.63	17.46	7.78	5.15
青海	43.67	237.22	29.29	12.43	4.21
宁夏	11.04	124.99	41.20	8.68	10.01
新疆	0.88	100.93	38.03	13.57	1.40

2000年全国城镇居民家庭现金收入和支出(六)

(平均每人全年)　　单位：元

	(3)其它财产租金收入	10. 转移收入	(1)离退休金	(2)价格补贴	(3)赡养收入
全国合计	**84.82**	**1461.68**	**1136.24**	**1.63**	**60.36**
北　京	26.14	2862.24	2429.74	2.58	100.05
天　津	64.65	2568.71	1980.68	0.41	111.71
河　北	52.82	1292.32	1100.38	0	45.04
山　西	19.48	1285.18	1108.37	0.26	46.62
内蒙古	34.87	1110.14	866.15	13.63	36.76
辽　宁	20.00	1512.60	1238.13	4.21	34.54
吉　林	21.33	1167.12	959.29	0.14	22.76
黑龙江	19.64	1388.87	1177.28	0	61.49
上　海	28.41	3740.27	3047.31	1.86	148.77
江　苏	26.87	1844.14	1501.23	2.75	21.10
浙　江	49.44	2253.26	1594.11	0.07	57.11
安　徽	43.64	1284.06	1013.19	1.08	44.85
福　建	73.00	1393.42	918.42	1.00	97.49
江　西	119.52	1027.32	768.23	0.18	47.88
山　东	59.18	774.00	610.54	0.91	28.34
河　南	267.31	1216.13	1029.84	0	54.74
湖　北	98.34	1062.36	734.11	0.49	54.95
湖　南	107.43	1008.11	568.57	0	50.93
广　东	328.34	1459.81	901.35	0.34	113.87
广　西	250.45	1027.72	693.31	0	47.38
海　南	79.13	1031.83	541.13	0.04	118.98
重　庆	109.66	1263.18	1023.69	0	9.19
四　川	119.25	1462.27	1072.83	0	88.99
贵　州	28.99	1192.66	985.36	1.30	43.82
云　南	131.18	1012.51	752.20	3.05	35.74
西　藏	0	355.95	225.01	0	0
陕　西	123.22	1495.59	1109.22	0.28	141.06
甘　肃	4.53	877.80	729.93	8.37	44.16
青　海	12.65	1394.00	1192.88	0.36	101.21
宁　夏	22.51	1143.00	936.41	0	74.52
新　疆	23.06	1285.16	1105.39	0	40.08

2000年全国城镇居民家庭现金收入和支出(七)

(平均每人全年)　　　　单位：元

	(4)赠送收入	(5)亲友搭伙费	(6)记帐补贴	(7)出售财物收入	(8)其它
全国合计	**147.30**	**29.43**	**24.93**	**20.90**	**40.89**
北京	123.68	41.87	53.83	3.89	106.61
天津	237.24	39.72	13.08	52.25	133.62
河北	86.48	13.44	16.95	18.22	11.81
山西	82.56	4.90	16.57	18.12	7.79
内蒙古	99.21	3.14	14.18	45.70	31.38
辽宁	178.37	12.22	21.59	6.17	17.37
吉林	126.95	1.41	17.45	1.66	37.45
黑龙江	94.11	3.14	20.54	23.13	9.18
上海	206.09	24.84	39.03	140.14	132.23
江苏	172.02	63.14	34.89	14.20	34.80
浙江	205.88	74.22	34.25	63.49	224.13
安徽	126.10	48.61	25.44	10.14	14.64
福建	206.38	71.44	43.77	5.07	49.85
江西	121.66	51.57	20.08	6.42	11.31
山东	91.20	2.25	21.05	4.61	15.09
河南	94.61	8.80	15.28	2.38	10.48
湖北	200.45	24.39	14.95	15.62	17.40
湖南	313.15	20.37	30.40	9.12	15.59
广东	273.84	50.89	46.55	6.91	66.08
广西	159.67	60.78	23.03	15.45	28.10
海南	191.63	53.73	23.28	6.21	96.82
重庆	109.90	80.41	17.79	1.54	20.65
四川	155.82	74.52	27.17	5.27	37.67
贵州	90.82	35.01	11.98	1.32	23.06
云南	112.73	31.34	35.89	14.14	27.42
西藏	63.34	1.11	38.71	4.69	23.07
陕西	122.35	14.48	22.07	54.28	31.86
甘肃	46.98	10.25	27.39	5.56	5.16
青海	57.38	0	22.16	1.80	18.22
宁夏	71.31	10.60	27.91	2.90	19.34
新疆	73.43	0	21.04	41.61	3.61

2000年全国城镇居民家庭现金收入和支出(八)

(平均每人全年)　　　　单位：元

	11.家庭副业生产收入	(二)借贷收入	1.提取储蓄存款	2.提取储金会款	3.借入款
全国合计	**6.33**	**1553.28**	**1172.70**	**10.92**	**181.74**
北京	0	2143.94	1733.90	9.03	224.06
天津	0	2976.01	2260.35	3.99	220.78
河北	0.72	1799.54	1212.44	11.69	248.67
山西	6.98	1415.02	924.07	18.73	343.73
内蒙古	10.55	1422.62	1038.59	2.69	211.03
辽宁	3.11	1186.46	898.79	5.55	137.04
吉林	3.52	1010.63	831.62	2.02	104.58
黑龙江	8.11	880.54	702.83	0.63	140.52
上海	0	2944.39	2566.58	7.75	1.78
江苏	0.12	1651.61	1298.60	3.14	162.97
浙江	2.73	2539.96	1661.57	26.36	299.73
安徽	0.78	1145.09	775.88	10.28	207.41
福建	10.59	1681.55	1103.36	70.16	215.17
江西	2.30	837.64	706.21	1.61	67.34
山东	2.24	1645.48	1216.51	3.77	226.06
河南	0.97	933.63	731.13	3.47	150.02
湖北	9.45	1426.15	1064.03	17.16	203.51
湖南	12.95	1470.94	1066.20	16.95	251.11
广东	10.18	2666.35	2258.12	5.32	87.88
广西	38.49	1952.39	1295.14	9.25	269.19
海南	80.61	1063.39	786.42	13.97	224.50
重庆	6.83	1138.19	879.85	11.08	180.99
四川	2.17	1208.97	834.44	32.85	171.78
贵州	1.66	1049.30	913.45	8.52	81.73
云南	1.55	2104.73	1472.40	41.64	299.70
西藏	0	4294.75	716.42	5.87	125.78
陕西	2.31	1602.57	1021.37	2.64	305.75
甘肃	2.72	1231.43	916.94	1.67	191.75
青海	5.55	1179.90	823.92	0	282.65
宁夏	4.40	2486.78	1695.94	2.01	405.65
新疆	4.95	1270.20	930.13	2.05	156.77

2000年全国城镇居民家庭现金收入和支出(九)

(平均每人全年)　　　　　　　　　　单位:元

	4.收回借出款	5.收回储蓄性保险本金	6.兑售有价证券	7.赊购	8.为购置房屋从银行贷款
全国合计	**35.88**	**3.95**	**18.22**	**0.25**	**56.45**
北　京	10.20	1.69	25.58	0	37.74
天　津	16.07	0	9.43	1.52	234.32
河　北	110.90	8.35	18.17	0.01	124.29
山　西	44.78	5.83	14.31	0.06	28.25
内蒙古	33.40	0.82	0.66	0.48	90.83
辽　宁	48.05	5.74	14.58	0.02	42.61
吉　林	11.63	3.23	7.88	0	30.11
黑龙江	7.94	1.54	0.43	0	18.33
上　海	1.92	4.40	90.55	0	0
江　苏	18.64	2.37	30.87	0.02	110.56
浙　江	57.25	5.84	33.73	0	133.98
安　徽	56.96	0.74	40.29	0.02	44.56
福　建	65.62	3.97	37.42	0	126.50
江　西	16.98	4.76	12.88	0.12	6.18
山　东	44.23	4.64	31.03	0	20.66
河　南	12.20	0.83	14.03	0	13.67
湖　北	65.06	3.94	10.02	1.10	48.54
湖　南	50.08	3.82	16.25	0.03	25.99
广　东	23.42	8.20	23.41	1.16	10.50
广　西	70.58	2.21	20.25	0	235.21
海　南	8.98	1.87	5.78	0	13.34
重　庆	7.18	2.19	1.09	0	0
四　川	70.25	7.60	16.50	0	27.22
贵　州	17.40	2.47	3.00	0	10.30
云　南	50.63	9.22	17.90	1.91	168.62
西　藏	16.72	0	0.75	5.87	3214.27
陕　西	47.35	1.75	0.38	0	96.30
甘　肃	30.99	0.97	0.15	2.75	81.99
青　海	2.95	0	0	0	60.83
宁　夏	62.13	4.04	9.54	1.48	118.89
新　疆	41.65	11.25	9.66	0	73.91

2000年全国城镇居民家庭现金收入和支出(十)

(平均每人全年) 单位：元

	9.其它借贷收入	四、现金支出	(一)实际支出	1.消费性支出	2.非消费性支出
全国合计	**73.17**	**7606.63**	**6147.38**	**4998.00**	**1146.12**
北京	101.74	11690.41	10083.62	8493.49	1590.13
天津	229.54	10559.75	8146.87	6121.04	2025.83
河北	65.02	7179.17	5503.78	4348.47	1154.12
山西	35.25	6121.91	5045.57	3941.87	1101.73
内蒙古	44.13	6533.76	4955.59	3927.75	1021.44
辽宁	34.08	6398.45	5515.93	4356.06	1157.66
吉林	19.56	5760.49	4792.97	4020.87	770.84
黑龙江	8.32	5527.12	4771.44	3824.44	939.57
上海	271.40	14236.84	11324.33	8868.19	2456.14
江苏	24.43	7992.79	6645.40	5323.18	1320.43
浙江	321.50	11241.01	8786.11	7020.22	1759.47
安徽	8.96	6243.38	5258.45	4232.98	1021.26
福建	59.35	8714.69	7108.68	5638.74	1466.49
江西	21.56	5662.41	4344.45	3623.56	717.08
山东	98.58	7964.34	6060.42	5022.00	1037.04
河南	8.29	5516.68	4486.47	3830.71	654.72
湖北	12.80	6887.38	5643.63	4644.50	997.91
湖南	40.50	7574.67	6433.30	5218.79	1211.14
广东	248.34	12262.46	9325.43	8016.91	1306.53
广西	50.58	7589.88	6097.68	4852.31	1228.37
海南	8.53	6303.19	5049.05	4082.56	932.95
重庆	55.80	7296.33	6175.57	5569.84	603.90
四川	48.32	6897.69	5713.75	4855.78	856.59
贵州	12.41	5988.20	5075.81	4278.28	794.84
云南	42.72	8361.96	6520.18	5185.31	1330.43
西藏	209.09	11754.57	9827.52	5554.42	4263.69
陕西	127.02	6674.02	5304.10	4276.67	1026.86
甘肃	4.22	5888.95	4862.53	4126.47	735.79
青海	9.55	6312.18	5078.17	4185.73	888.06
宁夏	187.12	7362.54	5873.16	4200.50	1669.67
新疆	44.77	6726.56	5276.72	4422.93	844.73

2000年全国城镇居民家庭现金收入和支出(十一)

(平均每人全年)　　单位：元

	(1)借款利息	(2)个人所得税	(3)其它各种税金	(4)各种非储蓄性保险支出	(5)赡养支出
全国合计	**2.33**	**8.64**	**4.58**	**16.73**	**139.67**
北　京	0	12.87	4.02	37.40	145.35
天　津	2.74	11.54	9.10	2.78	140.68
河　北	3.46	7.07	5.37	15.25	152.21
山　西	0.89	2.63	1.08	36.50	133.73
内蒙古	2.08	1.21	2.82	34.72	78.24
辽　宁	0.15	7.44	1.12	29.14	144.82
吉　林	0.13	0.45	2.50	3.56	95.05
黑龙江	0.02	4.61	6.68	13.52	112.47
上　海	0	45.37	17.43	10.70	107.90
江　苏	0.71	4.55	4.21	23.73	103.37
浙　江	6.14	14.35	6.16	18.33	185.33
安　徽	0.04	8.39	0.73	8.81	150.10
福　建	11.76	6.90	13.83	16.47	210.48
江　西	0.68	2.04	1.08	6.91	110.27
山　东	1.11	9.20	3.55	65.74	118.21
河　南	1.45	1.46	0.71	5.57	96.41
湖　北	0.32	1.89	1.04	6.85	115.79
湖　南	0.33	8.65	2.50	7.56	155.46
广　东	12.65	43.55	6.50	19.92	265.41
广　西	3.50	7.19	4.65	10.14	218.38
海　南	1.28	1.03	6.63	22.05	192.33
重　庆	0.37	1.13	0.84	7.38	101.35
四　川	2.23	2.76	7.62	25.19	175.88
贵　州	1.82	0.32	2.35	2.73	136.20
云　南	3.74	4.61	3.65	12.35	224.42
西　藏	4.76	3.04	1.01	10.67	278.48
陕　西	2.51	2.42	1.23	6.94	200.23
甘　肃	0.66	0.42	0.57	7.11	103.11
青　海	1.59	0.20	6.95	23.67	134.30
宁　夏	9.69	4.74	1.01	8.96	212.39
新　疆	0.39	11.56	9.74	11.49	145.29

2000年全国城镇居民家庭现金收入和支出(十二)

(平均每人全年)　　单位：元

	(6)赠送支出	(7)购房与建房支出	(8)其它非消费支出	3.家庭副业生产支出	(二)借贷支出
全国合计	**475.86**	**454.79**	**43.52**	**3.26**	**1459.26**
北　京	379.05	973.92	37.52	0	1606.78
天　津	473.30	1363.70	21.99	0	2412.89
河　北	347.21	597.73	25.81	1.18	1675.39
山　西	396.60	507.09	23.20	1.97	1076.34
内蒙古	443.00	438.69	20.67	6.40	1578.17
辽　宁	523.14	403.97	47.88	2.21	882.52
吉　林	410.72	233.98	24.45	1.26	967.52
黑龙江	481.16	290.24	30.88	7.42	755.68
上　海	596.21	1564.71	113.82	0	2912.50
江　苏	612.14	530.20	41.52	1.79	1347.39
浙　江	636.09	832.81	60.25	6.42	2454.90
安　徽	429.37	405.62	18.21	4.21	984.94
福　建	678.14	503.37	25.52	3.46	1606.01
江　西	410.77	134.15	51.16	3.81	1317.96
山　东	428.89	352.13	58.21	1.37	1903.92
河　南	358.78	162.99	27.36	1.04	1030.21
湖　北	548.42	276.29	47.30	1.22	1243.75
湖　南	797.26	187.64	51.75	3.38	1141.36
广　东	455.50	438.36	64.64	1.99	2937.04
广　西	411.37	517.21	55.92	16.99	1492.21
海　南	251.19	310.67	147.77	33.54	1254.13
重　庆	326.35	134.49	31.98	1.83	1120.76
四　川	429.31	178.62	34.97	1.38	1183.93
贵　州	547.26	69.38	34.79	2.69	912.39
云　南	510.12	542.94	28.60	4.45	1841.77
西　藏	393.00	3530.06	42.66	9.42	1927.05
陕　西	294.81	488.54	30.17	0.57	1369.92
甘　肃	261.67	330.63	31.62	0.27	1026.42
青　海	298.11	359.17	64.06	4.38	1234.00
宁　夏	318.29	1073.34	41.25	2.99	1489.38
新　疆	365.72	247.92	52.63	9.06	1449.84

2000年全国城镇居民家庭现金收入和支出(十三)

(平均每人全年) 单位：元

	1.存入储蓄款	2.存入储金会款	3.归还借款	4.借出款	5.储蓄性保险支出
全国合计	**1043.32**	**8.85**	**84.30**	**32.20**	**102.53**
北京	1185.18	2.48	46.71	9.70	160.66
天津	1603.37	1.07	71.68	59.07	153.22
河北	1355.10	5.67	101.92	52.03	25.65
山西	672.20	3.87	121.78	59.59	21.29
内蒙古	1218.98	2.13	90.11	34.03	34.39
辽宁	631.20	5.68	45.27	33.85	56.37
吉林	819.61	0.58	38.44	12.72	32.69
黑龙江	558.28	1.03	52.52	21.66	48.02
上海	1759.39	0.19	4.00	0.89	502.59
江苏	1020.84	5.60	80.09	22.01	99.08
浙江	1734.80	41.99	127.83	53.78	147.99
安徽	586.94	6.59	100.16	39.79	89.29
福建	892.30	84.71	108.40	36.88	156.91
江西	1101.62	5.90	52.32	20.47	49.26
山东	1362.36	5.70	89.77	60.07	97.40
河南	810.95	1.65	78.03	47.22	46.14
湖北	888.28	7.16	135.76	33.47	69.50
湖南	693.55	8.75	126.56	25.45	114.26
广东	2317.44	0.83	58.51	22.26	258.53
广西	1015.89	2.07	167.46	44.77	62.12
海南	1047.67	14.60	56.79	2.26	41.17
重庆	832.25	0.42	70.25	8.17	70.91
四川	796.89	15.98	52.13	56.23	101.75
贵州	647.26	7.99	61.19	6.47	66.06
云南	1226.57	41.63	223.34	63.97	108.40
西藏	1306.88	11.43	180.56	33.66	7.82
陕西	852.71	1.74	144.96	21.74	110.86
甘肃	746.41	4.07	96.85	34.40	68.46
青海	901.88	10.26	168.02	13.61	48.63
宁夏	897.74	1.85	163.59	38.96	97.11
新疆	909.31	18.09	108.64	30.30	130.19

2000年全国城镇居民家庭现金收入和支出(十四)

(平均每人全年)　　单位：元

	6.购置有价证券	7.预购	8.归还为购房的银行贷款	9.其它借贷支出	五、期末手存现金
全国合计	**42.59**	**6.61**	**30.15**	**108.72**	**580.89**
北京	69.65	1.06	5.03	126.32	1661.85
天津	27.15	0.20	45.84	451.29	1078.42
河北	54.06	0.29	12.73	67.95	576.67
山西	31.42	1.31	7.34	157.54	440.87
内蒙古	24.39	7.22	23.40	143.53	361.88
辽宁	17.38	13.21	9.06	70.49	457.57
吉林	14.87	0	6.65	41.97	301.54
黑龙江	9.99	0	24.40	39.78	473.98
上海	123.96	2.89	76.47	442.12	1502.95
江苏	31.86	0.94	24.02	62.95	763.00
浙江	170.26	0	35.60	142.63	1209.90
安徽	90.72	0.26	19.47	51.72	396.37
福建	71.44	0	95.09	160.29	809.24
江西	41.56	2.73	2.80	41.31	548.95
山东	86.24	8.44	5.54	188.40	535.45
河南	16.62	0.08	6.41	23.09	407.76
湖北	16.21	32.68	23.13	37.56	250.54
湖南	64.81	0.05	11.00	96.93	480.71
广东	24.02	16.71	68.08	170.67	795.40
广西	42.24	0.08	52.50	105.10	429.78
海南	2.94	13.34	35.39	39.97	452.41
重庆	12.26	0	8.43	118.07	327.19
四川	43.74	11.68	27.25	78.28	437.11
贵州	4.30	1.08	69.97	48.06	375.11
云南	63.73	0	51.48	62.64	366.11
西藏	9.78	0.63	369.09	7.20	254.44
陕西	41.30	0.09	16.33	180.18	348.44
甘肃	9.51	14.04	10.79	41.89	442.09
青海	11.57	0.03	36.82	43.19	314.44
宁夏	32.67	0	61.83	195.62	214.96
新疆	17.13	0	136.30	99.89	446.75

2000年全国城镇居民家庭消费支出(一)

(平均每人全年)　　单位：元

	消费性支出	一、食品	(一)粮食	1.细粮	2.粗粮
全国合计	**4998.00**	**1958.31**	**188.66**	**182.08**	**6.58**
北京	8493.49	3083.37	224.38	211.48	12.90
天津	6121.04	2454.79	215.86	208.40	7.47
河北	4348.47	1517.94	199.05	188.28	10.77
山西	3941.87	1375.97	239.85	219.26	20.59
内蒙古	3927.75	1353.45	179.82	169.69	10.13
辽宁	4356.06	1772.14	196.85	186.12	10.73
吉林	4020.87	1582.70	194.77	185.44	9.33
黑龙江	3824.44	1469.52	194.42	184.00	10.41
上海	8868.19	3915.59	234.23	228.98	5.25
江苏	5323.18	2189.80	156.87	153.01	3.86
浙江	7020.22	2752.25	183.80	177.58	6.22
安徽	4232.98	1934.83	168.26	166.33	1.92
福建	5638.74	2518.02	235.12	233.43	1.69
江西	3623.56	1559.45	168.17	166.52	1.65
山东	5022.00	1744.09	152.05	145.34	6.71
河南	3830.71	1386.76	219.78	214.95	4.83
湖北	4644.50	1779.39	147.21	145.77	1.44
湖南	5218.79	1943.68	173.10	171.07	2.03
广东	8016.91	3096.33	225.84	219.45	6.38
广西	4852.31	1936.07	159.31	152.17	7.14
海南	4082.56	2013.22	158.63	156.92	1.71
重庆	5569.84	2308.70	180.46	171.71	8.75
四川	4855.78	2014.30	168.91	164.26	4.66
贵州	4278.28	1837.49	185.68	182.20	3.48
云南	5185.31	2091.70	195.34	192.93	2.42
西藏	5554.42	2570.04	279.89	269.59	10.29
陕西	4276.67	1532.09	188.85	184.29	4.56
甘肃	4126.47	1552.77	185.62	182.11	3.51
青海	4185.73	1711.03	241.08	239.03	2.05
宁夏	4200.50	1500.85	186.86	183.85	3.01
新疆	4422.93	1609.17	196.02	192.83	3.19

2000年全国城镇居民家庭消费支出(二)

(平均每人全年)　　单位：元

	(二)淀粉及薯类	(三)干豆类及豆制品	(四)油脂类	(五)肉禽及其制品	1.猪肉
全国合计	**19.07**	**29.86**	**66.48**	**411.31**	**179.64**
北京	23.65	44.20	70.35	553.55	184.73
天津	26.92	45.19	67.39	438.56	186.70
河北	19.38	24.74	84.83	287.98	128.82
山西	30.02	26.96	65.04	223.94	106.62
内蒙古	21.94	16.03	42.53	270.61	107.48
辽宁	25.37	29.57	56.98	358.65	173.43
吉林	29.27	31.90	62.58	311.53	139.32
黑龙江	25.41	26.60	66.19	287.83	132.96
上海	23.26	58.85	80.14	653.95	223.99
江苏	18.27	41.01	65.75	486.98	223.57
浙江	14.52	48.08	55.91	448.15	184.64
安徽	13.22	43.03	83.62	420.55	232.95
福建	12.84	26.18	92.60	547.62	232.33
江西	11.33	33.85	85.91	392.54	229.95
山东	17.60	21.94	43.91	326.32	130.10
河南	23.45	26.43	55.61	264.88	124.55
湖北	15.46	30.57	70.03	343.41	196.57
湖南	11.17	31.38	81.31	442.12	213.64
广东	11.65	26.20	79.32	836.39	305.29
广西	10.55	27.16	72.94	656.57	238.85
海南	7.70	10.99	64.72	603.67	279.56
重庆	22.64	31.46	87.76	526.39	229.05
四川	15.27	22.77	83.33	505.94	260.36
贵州	13.46	26.94	59.61	424.62	243.37
云南	17.34	26.53	51.62	448.29	236.03
西藏	34.54	11.01	71.87	531.66	165.80
陕西	21.50	28.52	61.21	245.58	119.12
甘肃	20.40	18.61	63.59	250.18	114.30
青海	25.78	9.89	63.84	354.45	115.21
宁夏	21.83	19.40	66.24	282.42	75.96
新疆	14.50	14.81	65.50	394.03	50.33

2000年全国城镇居民家庭消费支出(三)

(平均每人全年)　　单位：元

	2.牛　肉	3.羊　肉	(六)蛋　类	(七)水产品类	(八)菜　类
全国合计	**25.14**	**18.95**	**56.59**	**143.54**	**192.32**
北　京	48.52	54.80	66.69	132.00	235.72
天　津	36.78	42.52	89.50	224.83	197.82
河　北	30.93	22.49	72.55	75.27	176.09
山　西	10.03	19.86	58.42	30.22	146.53
内蒙古	33.46	45.70	41.32	36.63	117.51
辽　宁	41.34	25.64	65.42	130.94	241.85
吉　林	39.52	15.44	55.65	84.17	198.78
黑龙江	31.89	18.01	56.50	75.24	159.12
上　海	27.04	8.59	65.86	604.07	305.43
江　苏	19.75	7.66	61.00	220.60	197.49
浙　江	13.12	2.73	47.90	403.76	236.88
安　徽	27.47	9.55	73.13	115.57	190.97
福　建	24.99	11.02	58.52	415.73	250.70
江　西	11.60	1.04	46.19	95.31	180.53
山　东	8.85	13.47	72.16	121.93	143.26
河　南	10.28	22.56	67.48	34.76	138.55
湖　北	21.99	5.49	50.68	90.71	198.35
湖　南	20.25	4.86	45.37	98.73	190.65
广　东	28.65	6.44	42.73	326.90	269.52
广　西	29.82	4.79	39.45	119.39	168.13
海　南	19.10	16.57	25.02	267.27	204.79
重　庆	19.94	4.52	72.05	85.29	225.41
四　川	23.14	3.36	55.73	53.58	205.55
贵　州	15.47	1.15	54.96	38.58	198.18
云　南	26.97	3.38	51.25	71.05	220.96
西　藏	218.58	22.50	49.63	96.58	307.47
陕　西	11.04	14.28	44.63	33.09	146.02
甘　肃	14.50	19.44	44.52	35.06	155.01
青　海	39.91	90.17	41.46	40.17	156.45
宁　夏	36.47	67.82	37.45	41.00	158.59
新　疆	43.88	179.13	37.22	46.04	157.92

2000年全国城镇居民家庭消费支出(四)

（平均每人全年）　　　　单位：元

	1.鲜　菜	2.干　菜	3.菜制品	(九)调味品	(十)糖　类
全国合计	**176.02**	**9.95**	**6.35**	**29.73**	**24.31**
北　京	213.68	9.55	12.50	54.85	40.76
天　津	181.10	10.86	5.86	46.76	23.66
河　北	162.79	7.94	5.36	22.63	29.21
山　西	139.81	4.11	2.61	26.24	16.90
内蒙古	109.96	4.15	3.40	21.73	17.80
辽　宁	225.30	11.81	4.74	31.44	26.45
吉　林	187.05	6.90	4.82	30.09	23.03
黑龙江	148.92	6.68	3.52	24.06	21.16
上　海	266.80	24.07	14.56	47.49	49.55
江　苏	179.24	8.96	9.29	35.22	23.73
浙　江	206.00	15.80	15.08	32.48	28.15
安　徽	175.72	9.96	5.29	31.45	16.97
福　建	210.20	32.76	7.73	30.97	18.20
江　西	159.29	14.25	6.99	23.12	16.94
山　东	134.97	3.85	4.44	22.05	20.12
河　南	126.65	7.68	4.22	26.50	16.42
湖　北	185.83	5.95	6.57	27.27	20.56
湖　南	176.89	8.11	5.65	20.38	22.69
广　东	235.32	22.78	11.43	31.80	32.81
广　西	144.63	11.79	11.71	20.25	25.63
海　南	194.01	6.36	4.42	32.84	14.74
重　庆	205.43	14.69	5.30	49.19	35.16
四　川	194.19	8.17	3.19	39.46	31.76
贵　州	183.66	9.48	5.04	31.63	35.28
云　南	209.76	5.59	5.61	26.88	27.55
西　藏	288.26	17.75	1.46	20.34	69.28
陕　西	137.51	5.03	3.48	27.35	16.28
甘　肃	149.29	3.39	2.33	27.78	20.89
青　海	150.54	2.52	3.39	24.29	23.35
宁　夏	152.83	3.22	2.53	23.50	20.05
新　疆	149.81	4.92	3.18	20.14	27.27

2000年全国城镇居民家庭消费支出(五)

(平均每人全年)　　单位：元

	(十一) 烟草类	(十二)酒和饮料	(十三)干鲜瓜果类	(十四) 坚果及果仁	(十五)糕点类
全国合计	**100.85**	**103.18**	**127.51**	**23.84**	**41.81**
北　京	97.51	214.92	216.47	56.01	107.27
天　津	102.16	131.51	164.77	42.95	67.88
河　北	74.37	114.23	110.65	27.54	30.09
山　西	111.71	78.53	87.95	15.19	32.16
内蒙古	77.75	84.43	94.78	17.92	24.12
辽　宁	96.93	107.44	151.38	29.32	33.36
吉　林	58.57	87.69	141.43	21.79	25.02
黑龙江	64.56	85.81	127.50	19.47	24.27
上　海	192.38	189.63	245.10	47.53	113.93
江　苏	126.64	108.61	111.15	25.16	45.12
浙　江	196.04	138.10	187.25	36.55	56.42
安　徽	164.95	145.89	96.23	16.97	41.13
福　建	128.18	142.89	183.11	17.80	36.35
江　西	61.27	55.46	88.98	19.50	27.84
山　东	56.27	120.87	120.26	24.24	55.04
河　南	87.18	110.75	74.92	23.12	31.07
湖　北	108.42	85.81	80.68	16.40	36.17
湖　南	96.77	75.62	146.36	18.27	31.84
广　东	72.64	76.07	168.82	21.48	63.23
广　西	57.74	63.00	122.90	18.29	31.27
海　南	63.28	35.97	86.75	4.72	32.28
重　庆	132.91	101.31	141.14	19.01	44.68
四　川	136.40	103.99	99.60	19.51	32.56
贵　州	159.93	105.46	110.43	26.26	41.72
云　南	215.65	74.27	141.42	17.56	44.99
西　藏	274.91	157.02	174.63	21.48	35.12
陕　西	91.06	76.96	92.23	21.64	41.76
甘　肃	128.95	122.79	112.38	19.86	24.45
青　海	108.37	123.32	94.17	18.73	22.79
宁　夏	94.97	69.13	112.80	22.49	29.32
新　疆	50.75	69.81	120.10	28.03	36.73

2000年全国城镇居民家庭消费支出(六)

(平均每人全年)　　单位：元

	(十六)奶及奶制品	(十七)其它食品	(十八)在外用餐	(十九)食品加工服务费	二、衣着
全国合计	**68.57**	**41.99**	**287.80**	**0.87**	**500.46**
北京	178.33	99.69	666.75	0.27	755.03
天津	98.59	58.51	410.36	1.58	544.35
河北	63.33	19.64	85.00	1.35	534.35
山西	63.02	29.98	92.70	0.61	511.19
内蒙古	54.87	37.89	194.65	1.12	560.57
辽宁	64.42	19.31	105.71	0.75	568.25
吉林	47.16	37.69	140.70	0.88	506.85
黑龙江	57.61	19.22	133.76	0.78	508.85
上海	200.90	124.68	678.61	0	567.37
江苏	79.74	58.41	326.04	2.01	492.10
浙江	81.86	51.89	503.94	0.57	569.95
安徽	51.99	20.20	240.22	0.48	437.55
福建	104.48	16.72	199.86	0.16	491.75
江西	43.43	33.34	175.34	0.39	321.69
山东	84.25	47.58	292.87	1.35	665.62
河南	43.28	14.04	127.27	1.29	460.99
湖北	43.35	30.42	383.00	0.88	530.28
湖南	40.32	41.57	375.74	0.29	495.16
广东	65.18	86.68	658.52	0.55	369.99
广西	46.11	24.59	272.32	0.46	313.42
海南	27.87	21.79	349.97	0.22	187.25
重庆	111.42	31.62	409.97	0.82	551.14
四川	70.66	20.77	346.74	1.78	463.81
贵州	47.79	23.77	251.92	1.24	453.10
云南	45.76	45.02	370.03	0.18	521.92
西藏	282.74	36.08	102.83	12.96	876.01
陕西	50.91	59.20	284.05	1.25	403.24
甘肃	58.60	61.09	202.01	0.97	517.16
青海	56.73	60.63	244.95	0.58	458.57
宁夏	58.53	33.67	222.12	0.49	561.93
新疆	59.95	28.98	240.63	0.76	577.40

2000年全国城镇居民家庭消费支出(七)

(平均每人全年)　　　　单位：元

	(一)服　装	1.男士服装	2.女士服装	3.各式童装	(二)衣着材料
全国合计	**337.24**	**134.57**	**174.65**	**28.01**	**23.46**
北　京	497.23	202.54	264.23	30.45	36.60
天　津	369.84	157.37	188.24	24.23	31.38
河　北	339.69	137.53	175.17	26.98	36.45
山　西	335.18	138.63	169.60	26.95	36.43
内蒙古	361.73	137.23	198.39	26.11	33.71
辽　宁	377.11	155.11	201.49	20.51	21.60
吉　林	335.67	135.46	177.14	23.07	25.00
黑龙江	339.97	130.26	186.33	23.37	15.60
上　海	387.20	149.77	219.41	18.02	24.07
江　苏	329.79	147.50	156.51	25.78	23.15
浙　江	388.62	158.86	195.21	34.55	27.53
安　徽	294.40	121.24	139.00	34.15	22.20
福　建	365.05	140.44	180.19	44.42	12.86
江　西	206.20	79.76	106.15	20.28	17.62
山　东	434.02	183.71	216.72	33.59	46.23
河　南	314.99	132.15	153.59	29.24	28.10
湖　北	368.37	150.80	181.23	36.34	19.19
湖　南	337.68	129.59	181.21	26.88	18.95
广　东	271.62	101.01	137.87	32.75	4.05
广　西	219.26	78.34	115.92	25.00	14.13
海　南	133.44	51.41	58.69	23.34	3.19
重　庆	394.90	133.07	229.48	32.34	8.58
四　川	330.61	129.42	174.06	27.13	12.95
贵　州	297.93	98.02	173.31	26.60	18.43
云　南	383.41	132.38	199.04	51.99	14.73
西　藏	656.99	266.74	295.69	94.56	22.13
陕　西	257.38	103.88	128.65	24.84	26.11
甘　肃	329.23	128.36	175.85	25.01	35.59
青　海	317.22	126.32	159.17	31.73	20.09
宁　夏	377.03	127.20	201.96	47.87	34.02
新　疆	369.73	134.35	200.52	34.86	37.64

2000年全国城镇居民家庭消费支出(八)

(平均每人全年)　　单位：元

	(三)鞋袜帽及其它衣着	(四)衣着加工服务费	三、家庭设备用品及服务	(一)耐用消费品	1.家具
全国合计	**130.75**	**9.02**	**439.29**	**259.10**	**59.93**
北京	202.73	18.48	1097.82	725.95	168.79
天津	131.74	11.39	722.24	513.37	67.56
河北	147.06	11.16	444.60	326.68	73.53
山西	133.04	6.54	356.05	204.95	49.45
内蒙古	151.28	13.84	288.77	156.86	47.30
辽宁	160.13	9.41	298.66	177.93	41.60
吉林	137.73	8.44	232.07	113.61	22.35
黑龙江	146.39	6.88	227.52	109.09	27.28
上海	147.36	8.74	735.75	393.25	91.36
江苏	125.97	13.18	570.37	346.88	54.40
浙江	140.53	13.27	662.31	413.68	50.31
安徽	112.90	8.06	301.43	173.05	23.36
福建	103.23	10.61	484.67	261.74	50.73
江西	90.27	7.60	264.29	144.44	27.74
山东	168.59	16.78	561.15	379.73	97.23
河南	108.48	9.42	312.97	187.41	44.11
湖北	136.34	6.38	377.27	198.65	56.34
湖南	131.48	7.06	544.53	335.59	69.54
广东	91.67	2.65	603.19	324.01	102.66
广西	74.79	5.25	436.88	259.50	96.50
海南	49.48	1.14	201.76	67.01	29.98
重庆	145.16	2.50	476.45	299.63	55.27
四川	117.87	2.38	418.81	213.58	58.24
贵州	130.88	5.87	408.93	239.24	58.35
云南	122.29	1.49	384.15	221.11	73.55
西藏	195.34	1.56	274.84	150.89	59.26
陕西	110.83	8.93	472.63	282.71	65.52
甘肃	137.18	15.16	402.03	227.10	74.63
青海	112.37	8.89	334.91	204.85	69.19
宁夏	138.68	12.20	389.45	228.34	68.27
新疆	152.84	17.19	410.88	229.10	48.15

2000 年全国城镇居民家庭消费支出(九)

(平均每人全年)　　　　单位：元

	2.住房装饰	3.家庭设备	(二)室内装饰品	(三)床上用品	(四)家庭日用杂品
全国合计	**64.80**	**134.37**	**15.66**	**20.47**	**91.61**
北　京	147.22	409.94	27.20	29.65	190.45
天　津	149.41	296.40	18.02	20.97	91.80
河　北	56.74	196.41	13.72	15.29	67.54
山　西	88.00	67.50	17.19	21.14	65.19
内蒙古	26.69	82.87	15.71	15.84	67.34
辽　宁	54.14	82.19	9.67	18.37	63.55
吉　林	30.99	60.27	5.21	14.76	74.78
黑龙江	31.41	50.40	6.29	14.00	55.14
上　海	53.10	248.80	21.54	33.38	145.89
江　苏	125.02	167.46	11.55	22.97	112.16
浙　江	141.37	222.01	16.99	30.44	103.49
安　徽	42.12	107.58	10.55	10.72	63.24
福　建	69.79	141.22	13.68	33.35	93.23
江　西	27.84	88.86	8.98	16.40	77.34
山　东	86.91	195.60	29.76	18.16	100.53
河　南	39.06	104.25	11.15	20.37	59.40
湖　北	36.39	105.92	19.83	13.35	111.78
湖　南	80.27	185.78	17.79	25.02	114.60
广　东	64.16	157.19	15.69	29.72	144.49
广　西	38.40	124.60	18.35	21.01	95.82
海　南	2.65	34.38	6.93	22.32	93.15
重　庆	96.09	148.27	12.51	22.53	91.19
四　川	40.27	115.07	20.42	19.28	96.15
贵　州	92.24	88.64	13.69	22.78	97.03
云　南	49.51	98.05	29.80	33.56	61.55
西　藏	48.89	42.74	16.53	28.45	73.03
陕　西	100.47	116.71	25.36	19.43	94.06
甘　肃	64.37	88.10	24.44	20.05	104.00
青　海	49.02	86.63	19.27	18.07	67.84
宁　夏	65.24	94.83	20.92	19.29	74.21
新　疆	75.41	105.54	20.54	12.46	88.67

2000年全国城镇居民家庭消费支出(十)

(平均每人全年)　　　　单位：元

	(五)家具材料	(六)家庭服务	四、医疗保健	(一)医疗器具	(二)保健用品
全国合计	**6.60**	**45.85**	**318.07**	**2.12**	**4.25**
北　京	14.48	110.08	588.80	8.69	14.77
天　津	5.11	72.96	407.75	1.68	13.75
河　北	1.34	20.03	376.71	5.77	7.11
山　西	20.52	27.06	300.81	1.90	3.73
内蒙古	7.27	25.75	287.03	1.01	2.36
辽　宁	13.37	15.77	352.20	2.41	7.03
吉　林	1.36	22.35	336.00	1.07	3.74
黑龙江	1.97	41.03	341.85	1.31	2.05
上　海	1.98	139.71	500.86	10.12	6.30
江　苏	7.32	69.50	294.39	0.97	5.17
浙　江	7.43	90.27	541.06	3.15	7.24
安　徽	2.64	41.22	181.23	1.43	1.73
福　建	9.90	72.76	266.00	1.33	3.17
江　西	3.82	13.32	148.80	0.74	1.32
山　东	3.55	29.42	322.60	1.55	4.21
河　南	3.75	30.88	280.78	1.16	3.89
湖　北	9.28	24.38	208.96	0.54	2.52
湖　南	18.02	33.53	270.24	0.76	2.03
广　东	7.80	81.49	346.56	1.75	6.10
广　西	5.44	36.77	228.01	1.24	2.16
海　南	1.47	10.88	247.31	0.42	1.26
重　庆	0.13	50.44	293.23	3.03	2.34
四　川	11.51	57.86	266.07	1.56	2.59
贵　州	2.67	33.52	233.28	0.75	1.46
云　南	3.17	34.96	291.76	1.92	2.63
西　藏	0.20	5.75	264.80	0	7.51
陕　西	2.10	48.97	336.24	2.24	2.30
甘　肃	6.89	19.56	272.44	0.71	1.08
青　海	10.02	14.86	307.24	1.58	2.77
宁　夏	6.55	40.15	327.05	1.89	1.05
新　疆	6.77	53.34	330.54	2.29	3.60

2000年全国城镇居民家庭消费支出(十一)

(平均每人全年)　　单位：元

	(三)医药费	(四)滋补药品	(五)医疗保健服务	(六)其　它	五、交通和通讯
全国合计	**243.26**	**24.41**	**41.65**	**2.38**	**395.01**
北　京	392.93	69.60	89.91	12.90	604.69
天　津	328.21	18.18	37.00	8.92	348.92
河　北	331.67	10.98	17.79	3.38	337.15
山　西	264.72	6.46	23.08	0.91	285.25
内蒙古	225.58	2.83	54.30	0.96	358.51
辽　宁	299.50	13.78	27.23	2.24	307.21
吉　林	290.63	8.35	31.13	1.07	294.99
黑龙江	278.55	10.30	47.82	1.82	288.88
上　海	243.65	168.59	68.68	3.53	691.61
江　苏	213.64	34.45	38.85	1.32	392.38
浙　江	359.80	102.31	65.78	2.77	623.05
安　徽	148.82	11.17	13.78	4.30	307.87
福　建	198.06	17.50	40.72	5.22	487.04
江　西	120.53	9.43	15.97	0.81	255.26
山　东	236.10	15.95	61.64	3.15	353.61
河　南	213.39	2.69	58.51	1.14	246.24
湖　北	178.60	6.95	18.81	1.54	280.74
湖　南	214.69	14.76	36.00	2.00	395.65
广　东	245.59	41.42	50.44	1.27	1076.80
广　西	172.87	10.14	40.48	1.13	372.78
海　南	168.34	3.72	66.93	6.64	350.38
重　庆	209.31	30.20	47.42	0.93	406.44
四　川	211.58	16.00	33.64	0.70	304.52
贵　州	193.83	3.73	31.82	1.70	335.28
云　南	259.95	5.03	20.08	2.15	421.76
西　藏	246.39	7.83	2.79	0.29	442.69
陕　西	261.40	6.09	63.03	1.17	297.66
甘　肃	236.28	5.47	28.33	0.57	265.29
青　海	274.35	7.36	18.14	3.04	297.72
宁　夏	258.79	8.29	55.95	1.07	371.83
新　疆	234.50	25.41	62.41	2.34	331.03

2000年全国城镇居民家庭消费支出(十二)

(平均每人全年)　　　　单位：元

	(一)交　通	1.家庭交通工具	2.燃料充电费	3.交通费	4.交通工具维修服务费
全国合计	**162.22**	**48.61**	**8.27**	**88.72**	**16.62**
北　京	230.39	26.84	5.11	171.51	26.92
天　津	133.75	19.87	1.93	99.74	12.21
河　北	134.05	60.55	12.21	48.01	13.27
山　西	108.80	31.86	3.71	67.48	5.74
内蒙古	172.41	81.56	9.39	66.27	15.18
辽　宁	97.29	15.21	1.76	74.24	6.08
吉　林	118.22	10.69	1.91	99.02	6.60
黑龙江	94.94	10.46	0.93	78.70	4.85
上　海	307.47	26.10	4.00	267.85	9.52
江　苏	154.67	54.33	13.26	65.94	21.14
浙　江	274.38	117.38	16.47	114.66	25.86
安　徽	113.52	22.31	4.39	74.60	12.22
福　建	155.87	51.55	16.13	72.95	15.25
江　西	77.51	19.19	2.14	48.71	7.47
山　东	157.53	52.52	9.68	82.43	12.90
河　南	94.36	29.87	5.08	50.05	9.36
湖　北	129.35	23.26	2.22	97.79	6.07
湖　南	151.73	22.65	4.48	114.65	9.96
广　东	524.22	259.15	45.19	111.51	108.36
广　西	195.56	74.59	18.07	63.50	39.39
海　南	176.71	55.14	34.74	69.29	17.54
重　庆	157.91	2.43	1.29	153.60	0.60
四　川	115.48	15.64	3.73	88.19	7.92
贵　州	135.62	19.77	3.37	110.73	1.75
云　南	170.04	85.32	11.01	61.40	12.31
西　藏	134.08	11.09	0.91	118.73	3.36
陕　西	117.87	27.12	2.55	81.76	6.44
甘　肃	102.05	14.81	0.69	80.61	5.95
青　海	124.05	16.46	0.27	102.34	4.97
宁　夏	143.47	51.07	5.89	75.68	10.83
新　疆	133.70	16.94	1.13	107.99	7.64

2000年全国城镇居民家庭消费支出(十三)

(平均每人全年)　　单位：元

	(二)通　讯	1.通讯工具	2.电 讯 费	3.邮　费	4.其　它
全国合计	**232.79**	**42.25**	**183.33**	**2.61**	**4.60**
北　京	374.31	90.05	274.20	4.46	5.59
天　津	215.17	22.16	186.00	4.15	2.85
河　北	203.10	36.73	155.69	2.75	7.93
山　西	176.45	22.27	149.54	1.46	3.18
内蒙古	186.10	38.31	143.24	2.28	2.28
辽　宁	209.92	39.97	163.76	1.96	4.22
吉　林	176.77	19.50	151.53	1.49	4.24
黑龙江	193.94	21.56	163.65	3.32	5.41
上　海	384.14	100.07	271.51	4.35	8.20
江　苏	237.71	57.43	170.83	3.05	6.40
浙　江	348.67	102.27	235.76	2.37	8.28
安　徽	194.35	27.58	160.87	1.22	4.68
福　建	331.17	47.79	278.21	2.50	2.67
江　西	177.75	25.35	147.85	2.41	2.14
山　东	196.07	45.38	145.10	2.36	3.24
河　南	151.89	16.67	131.32	2.03	1.87
湖　北	151.40	23.41	122.49	4.07	1.42
湖　南	243.92	57.43	181.60	2.38	2.51
广　东	552.58	83.20	458.39	2.54	8.46
广　西	177.22	31.64	129.61	2.71	13.26
海　南	173.67	15.66	148.75	1.88	7.38
重　庆	248.53	14.74	227.34	1.83	4.62
四　川	189.04	39.92	144.96	2.35	1.80
贵　州	199.66	35.74	156.87	2.47	4.58
云　南	251.72	57.03	189.25	2.76	2.69
西　藏	308.61	70.70	223.26	3.62	11.04
陕　西	179.79	29.98	141.48	1.79	6.54
甘　肃	163.24	26.75	127.82	4.77	3.90
青　海	173.67	35.10	131.16	5.65	1.77
宁　夏	228.36	34.90	186.69	2.45	4.32
新　疆	197.33	27.36	162.52	3.81	3.64

2000年全国城镇居民家庭消费支出(十四)

(平均每人全年) 单位：元

	六、娱乐教育文化服务费	(一)文娱用耐用消费品	(二)教育	1.教材及参考书	2.学杂费
全国合计	**627.82**	**146.92**	**363.75**	**27.49**	**257.46**
北京	1283.85	367.05	616.27	42.93	390.76
天津	787.65	227.49	393.82	54.03	235.40
河北	529.35	143.89	319.15	18.73	203.90
山西	501.78	113.50	309.53	21.78	240.88
内蒙古	488.61	86.15	302.16	14.68	238.18
辽宁	490.83	96.50	321.29	23.26	193.94
吉林	458.92	76.23	295.30	25.61	231.22
黑龙江	457.55	60.23	314.39	23.26	249.02
上海	1227.70	407.99	585.45	77.21	364.91
江苏	670.56	161.53	378.43	24.46	290.77
浙江	917.23	263.87	489.63	52.29	319.51
安徽	508.62	103.34	316.58	16.17	231.62
福建	584.76	153.32	324.58	28.61	241.65
江西	411.72	73.75	265.30	14.54	211.41
山东	712.42	172.76	405.76	25.00	310.24
河南	407.26	100.19	234.20	25.92	172.23
湖北	607.00	86.27	417.24	27.99	289.90
湖南	753.83	151.40	473.47	23.88	355.12
广东	921.44	203.24	525.44	35.56	354.77
广西	585.67	133.43	348.93	28.15	273.24
海南	472.95	64.84	328.01	11.46	237.66
重庆	785.74	136.36	496.94	33.95	344.60
四川	627.18	134.18	367.92	32.94	267.65
贵州	460.44	110.57	252.51	12.31	161.70
云南	649.33	208.53	332.13	17.98	224.51
西藏	418.92	105.01	256.36	13.58	169.23
陕西	549.25	128.20	317.97	39.94	231.16
甘肃	563.10	182.79	264.44	9.77	189.88
青海	495.34	92.44	313.71	11.29	228.32
宁夏	536.29	168.17	255.99	28.95	167.40
新疆	600.34	138.14	332.21	13.34	224.25

2000年全国城镇居民家庭消费支出(十五)

(平均每人全年)　　单位：元

	3.托幼费	4.成人教育	5.其它	(三)文化娱乐	1.文娱用品
全国合计	**20.36**	**24.86**	**33.57**	**117.15**	**34.84**
北京	24.17	46.84	111.58	300.53	93.40
天津	11.01	32.35	61.03	166.34	61.31
河北	16.54	39.92	40.05	66.32	15.64
山西	9.34	8.90	28.62	78.75	21.52
内蒙古	14.36	20.43	14.51	100.30	31.33
辽宁	20.74	22.65	60.71	73.05	18.21
吉林	17.95	9.81	10.72	87.39	30.47
黑龙江	19.82	7.51	14.79	82.93	25.53
上海	9.07	77.82	56.45	234.26	60.17
江苏	14.27	15.88	33.04	130.59	41.00
浙江	31.16	41.71	44.96	163.73	52.67
安徽	15.53	23.35	29.91	88.69	18.67
福建	16.63	12.40	25.29	106.87	28.52
江西	10.47	9.01	19.87	72.67	20.52
山东	27.41	18.62	24.48	133.90	43.96
河南	12.74	10.05	13.26	72.87	18.87
湖北	16.91	40.37	42.07	103.50	25.51
湖南	22.48	17.82	54.17	128.96	33.46
广东	77.97	32.78	24.35	192.76	66.28
广西	15.13	25.01	7.39	103.31	31.71
海南	13.88	10.20	54.82	80.10	24.31
重庆	20.25	21.09	77.05	152.45	42.90
四川	9.31	29.29	28.73	125.08	38.91
贵州	22.46	24.12	31.92	97.36	20.09
云南	17.94	46.12	25.59	108.67	43.67
西藏	39.99	21.43	12.14	57.55	6.25
陕西	14.43	21.75	10.68	103.08	27.50
甘肃	10.27	14.92	39.60	115.87	26.73
青海	15.50	35.72	22.89	89.18	19.72
宁夏	14.31	24.50	20.83	112.14	37.02
新疆	31.91	47.13	15.58	129.98	50.38

2000年全国城镇居民家庭消费支出(十六)

(平均每人全年)　　　　单位：元

	2.书报杂志	3.文娱费	七、居住	(一)住房	1.建筑材料
全国合计	**31.07**	**51.25**	**500.49**	**201.59**	**76.46**
北京	80.11	127.02	587.42	265.38	107.95
天津	42.35	62.68	560.74	217.95	30.11
河北	25.03	25.64	416.66	101.58	52.07
山西	33.76	23.47	343.03	120.63	66.44
内蒙古	22.16	46.80	338.53	109.96	70.47
辽宁	23.27	31.57	364.28	97.58	38.85
吉林	19.23	37.69	419.31	108.36	48.93
黑龙江	20.91	36.49	360.58	74.87	37.44
上海	72.96	101.14	741.19	234.41	78.27
江苏	34.07	55.51	436.26	123.51	70.75
浙江	41.76	69.31	599.98	274.03	50.54
安徽	29.17	40.85	370.90	109.01	53.27
福建	27.59	50.75	530.19	164.82	94.35
江西	19.89	32.27	459.00	228.09	59.72
山东	40.45	49.50	395.26	146.44	64.58
河南	24.25	29.76	547.19	341.08	72.11
湖北	25.82	52.17	654.10	358.03	194.31
湖南	29.95	65.54	576.65	331.80	170.80
广东	40.13	86.35	1099.99	485.86	125.02
广西	32.56	39.03	752.52	419.07	153.67
海南	19.53	36.26	355.76	96.01	52.40
重庆	37.51	72.03	494.04	180.93	16.51
四川	30.10	56.07	531.80	249.13	101.60
贵州	21.99	55.28	331.41	110.83	69.58
云南	23.74	41.25	480.04	240.78	74.44
西藏	24.26	27.04	340.27	99.98	18.62
陕西	24.57	51.01	469.51	245.76	77.18
甘肃	36.87	52.27	302.27	100.14	61.47
青海	19.99	49.47	274.48	97.66	45.08
宁夏	20.12	54.99	282.42	72.66	36.70
新疆	26.10	53.50	343.25	113.71	59.29

2000年全国城镇居民家庭消费支出(十七)

(平均每人全年)　　　　单位:元

	2.房　租	3.维　修 服务费	(二)水电燃料 及其它	1.水	2.电
全国合计	**96.92**	**28.22**	**298.89**	**34.36**	**127.97**
北　京	88.58	68.85	322.04	48.67	149.59
天　津	146.88	40.97	342.80	34.45	114.93
河　北	26.73	22.77	315.08	26.77	101.85
山　西	24.30	29.88	222.40	26.00	75.31
内蒙古	13.74	25.75	228.57	17.90	80.77
辽　宁	42.86	15.87	266.69	28.75	107.17
吉　林	47.03	12.40	310.95	28.87	96.25
黑龙江	27.97	9.47	285.71	22.80	112.67
上　海	142.13	14.01	506.79	72.04	257.80
江　苏	25.34	27.41	312.75	35.06	151.66
浙　江	199.79	23.70	325.94	43.70	171.30
安　徽	34.35	21.38	261.89	30.60	118.85
福　建	27.41	43.05	365.37	56.06	180.94
江　西	143.80	24.57	230.90	29.98	90.36
山　东	63.10	18.76	248.82	22.23	90.59
河　南	251.43	17.54	206.11	30.39	91.78
湖　北	94.50	69.22	296.07	34.88	128.42
湖　南	105.97	55.03	244.84	36.73	99.57
广　东	301.97	58.87	614.13	69.73	314.68
广　西	242.24	23.17	333.45	43.57	131.83
海　南	18.82	24.79	259.75	38.40	90.43
重　庆	161.51	2.90	313.11	45.09	154.98
四　川	125.29	22.25	282.66	38.65	136.47
贵　州	15.76	25.50	220.58	30.90	115.89
云　南	138.48	27.86	239.26	33.46	112.18
西　藏	73.67	7.68	240.29	13.93	79.52
陕　西	146.82	21.76	223.76	23.68	85.12
甘　肃	25.44	13.22	202.14	14.51	53.68
青　海	13.85	38.73	176.81	13.45	53.54
宁　夏	15.48	20.47	209.76	19.87	74.77
新　疆	12.73	41.69	229.54	19.18	67.31

2000年全国城镇居民家庭消费支出(十八)

(平均每人全年)　　单位：元

	3.燃料	(1)煤炭	(2)液化石油气	八、杂项商品和服务	(一)个人消费
全国合计	**111.39**	**23.53**	**52.79**	**258.54**	**210.49**
北京	109.65	28.62	21.95	492.51	433.76
天津	112.01	5.68	8.01	294.59	226.45
河北	109.74	38.34	43.77	191.71	155.70
山西	91.21	17.28	19.23	267.79	234.30
内蒙古	76.56	37.01	20.40	252.28	208.49
辽宁	110.51	15.51	33.22	202.50	174.13
吉林	115.55	37.85	41.49	190.04	157.27
黑龙江	103.90	37.08	31.39	169.70	139.10
上海	157.21	0.24	9.71	488.11	386.15
江苏	113.81	14.96	66.77	277.32	213.27
浙江	106.99	4.96	87.80	354.39	283.51
安徽	109.52	30.95	54.93	190.55	156.54
福建	125.36	9.08	104.00	276.30	234.04
江西	109.63	17.04	75.84	203.35	150.84
山东	81.65	20.75	33.61	267.24	213.05
河南	76.73	34.54	24.38	188.52	144.07
湖北	130.40	26.66	84.74	206.75	162.44
湖南	107.98	23.07	72.66	239.05	180.59
广东	214.34	5.80	187.44	502.60	411.57
广西	155.87	4.78	144.38	226.96	169.63
海南	130.11	1.10	125.63	253.93	135.98
重庆	106.24	0.71	1.51	254.10	216.76
四川	101.60	24.00	17.45	229.30	182.81
贵州	72.10	28.21	30.67	218.35	178.38
云南	78.70	10.24	44.87	344.65	295.12
西藏	146.84	2.13	142.41	366.84	333.79
陕西	83.99	28.46	40.28	216.05	183.46
甘肃	90.93	18.80	35.87	251.41	216.13
青海	81.06	28.81	41.73	306.45	257.67
宁夏	57.95	21.07	34.08	230.67	191.12
新疆	85.37	19.97	52.71	220.31	195.81

2000 年全国城镇居民家庭消费支出(十九)

(平均每人全年)　　　　单位：元

	1.个人用品	2.理发美容用品	3.旅　游	4.服务费
全国合计	**60.92**	**33.18**	**87.81**	**28.58**
北　京	133.30	68.22	199.84	32.41
天　津	102.33	44.58	57.01	22.54
河　北	39.05	30.96	47.62	38.07
山　西	38.44	29.27	133.55	33.03
内蒙古	56.54	38.84	80.34	32.77
辽　宁	49.71	28.16	48.67	47.60
吉　林	51.50	25.78	37.07	42.92
黑龙江	48.37	20.84	38.90	30.99
上　海	145.33	45.76	165.93	29.13
江　苏	71.13	30.50	76.59	35.05
浙　江	85.68	33.50	130.61	33.72
安　徽	32.04	26.40	51.43	46.68
福　建	62.36	40.65	90.88	40.15
江　西	34.53	17.15	83.00	16.16
山　东	78.78	42.43	71.76	20.08
河　南	34.04	30.57	60.14	19.32
湖　北	46.41	23.64	70.15	22.24
湖　南	63.06	32.45	70.09	14.99
广　东	88.95	48.83	241.25	32.54
广　西	48.62	35.86	73.24	11.92
海　南	54.56	13.76	52.91	14.75
重　庆	66.05	35.02	106.09	9.60
四　川	53.87	28.14	84.08	16.72
贵　州	43.63	21.58	73.90	39.27
云　南	58.91	49.00	153.32	33.88
西　藏	54.38	76.87	119.58	82.97
陕　西	52.40	29.71	82.20	19.16
甘　肃	60.88	40.75	89.97	24.53
青　海	46.24	22.00	149.30	40.13
宁　夏	55.05	42.66	76.38	17.03
新　疆	55.41	47.88	69.97	22.55

2000年全国城镇居民家庭消费支出(二十)

(平均每人全年)　　　　单位：元

	(二)其它商品	(三)其它服务
全国合计	**20.65**	**27.40**
北　京	14.30	44.45
天　津	17.28	50.86
河　北	12.69	23.31
山　西	19.35	14.15
内蒙古	15.09	28.70
辽　宁	15.70	12.68
吉　林	19.79	12.99
黑龙江	8.15	22.45
上　海	57.55	44.41
江　苏	25.42	38.63
浙　江	25.71	45.17
安　徽	8.10	25.91
福　建	20.18	22.09
江　西	33.52	18.99
山　东	26.04	28.16
河　南	11.65	32.80
湖　北	21.91	22.40
湖　南	18.34	40.12
广　东	45.14	45.89
广　西	19.82	37.51
海　南	94.81	23.13
重　庆	26.91	10.43
四　川	15.57	30.91
贵　州	20.98	18.99
云　南	14.03	35.50
西　藏	26.98	6.07
陕　西	11.75	20.84
甘　肃	19.08	16.20
青　海	28.67	20.11
宁　夏	17.54	22.00
新　疆	8.80	15.70

2000年全国城镇居民家庭消费支出构成(一)

单位：%

	消费性支出	一、食品	(一)粮食	1.细粮	2.粗粮
全国合计	**100.00**	**39.18**	**3.77**	**3.64**	**0.13**
北京	100.00	36.30	2.64	2.49	0.15
天津	100.00	40.10	3.53	3.40	0.12
河北	100.00	34.91	4.58	4.33	0.25
山西	100.00	34.91	6.08	5.56	0.52
内蒙古	100.00	34.46	4.58	4.32	0.26
辽宁	100.00	40.68	4.52	4.27	0.25
吉林	100.00	39.36	4.84	4.61	0.23
黑龙江	100.00	38.42	5.08	4.81	0.27
上海	100.00	44.15	2.64	2.58	0.06
江苏	100.00	41.14	2.95	2.87	0.07
浙江	100.00	39.20	2.62	2.53	0.09
安徽	100.00	45.71	3.97	3.93	0.05
福建	100.00	44.66	4.17	4.14	0.03
江西	100.00	43.04	4.64	4.60	0.05
山东	100.00	34.73	3.03	2.89	0.13
河南	100.00	36.20	5.74	5.61	0.13
湖北	100.00	38.31	3.17	3.14	0.03
湖南	100.00	37.24	3.32	3.28	0.04
广东	100.00	38.62	2.82	2.74	0.08
广西	100.00	39.90	3.28	3.14	0.15
海南	100.00	49.31	3.89	3.84	0.04
重庆	100.00	41.45	3.24	3.08	0.16
四川	100.00	41.48	3.48	3.38	0.10
贵州	100.00	42.95	4.34	4.26	0.08
云南	100.00	40.34	3.77	3.72	0.05
西藏	100.00	46.27	5.04	4.85	0.19
陕西	100.00	35.82	4.42	4.31	0.11
甘肃	100.00	37.63	4.50	4.41	0.09
青海	100.00	40.88	5.76	5.71	0.05
宁夏	100.00	35.73	4.45	4.38	0.07
新疆	100.00	36.38	4.43	4.36	0.07

2000 年全国城镇居民家庭消费支出构成(二)

单位：%

	(二)淀粉及薯类	(三)干豆类及豆制品	(四)油脂类	(五)肉禽及其制品	1.猪肉
全国合计	0.38	0.60	1.33	8.23	3.59
北京	0.28	0.52	0.83	6.52	2.17
天津	0.44	0.74	1.10	7.16	3.05
河北	0.45	0.57	1.95	6.62	2.96
山西	0.76	0.68	1.65	5.68	2.70
内蒙古	0.56	0.41	1.08	6.89	2.74
辽宁	0.58	0.68	1.31	8.23	3.98
吉林	0.73	0.79	1.56	7.75	3.46
黑龙江	0.66	0.70	1.73	7.53	3.48
上海	0.26	0.66	0.90	7.37	2.53
江苏	0.34	0.77	1.24	9.15	4.20
浙江	0.21	0.68	0.80	6.38	2.63
安徽	0.31	1.02	1.98	9.94	5.50
福建	0.23	0.46	1.64	9.71	4.12
江西	0.31	0.93	2.37	10.83	6.35
山东	0.35	0.44	0.87	6.50	2.59
河南	0.61	0.69	1.45	6.91	3.25
湖北	0.33	0.66	1.51	7.39	4.23
湖南	0.21	0.60	1.56	8.47	4.09
广东	0.15	0.33	0.99	10.43	3.81
广西	0.22	0.56	1.50	13.53	4.92
海南	0.19	0.27	1.59	14.79	6.85
重庆	0.41	0.56	1.58	9.45	4.11
四川	0.31	0.47	1.72	10.42	5.36
贵州	0.31	0.63	1.39	9.93	5.69
云南	0.33	0.51	1.00	8.65	4.55
西藏	0.62	0.20	1.29	9.57	2.98
陕西	0.50	0.67	1.43	5.74	2.79
甘肃	0.49	0.45	1.54	6.06	2.77
青海	0.62	0.24	1.53	8.47	2.75
宁夏	0.52	0.46	1.58	6.72	1.81
新疆	0.33	0.33	1.48	8.91	1.14

2000年全国城镇居民家庭消费支出构成(三)

单位：%

	2.牛　肉	3.羊　肉	(六)蛋　类	(七)水产品类	(八)菜　类
全国合计	**0.50**	**0.38**	**1.13**	**2.87**	**3.85**
北　京	0.57	0.65	0.79	1.55	2.78
天　津	0.60	0.69	1.46	3.67	3.23
河　北	0.71	0.52	1.67	1.73	4.05
山　西	0.25	0.50	1.48	0.77	3.72
内蒙古	0.85	1.16	1.05	0.93	2.99
辽　宁	0.95	0.59	1.50	3.01	5.55
吉　林	0.98	0.38	1.38	2.09	4.94
黑龙江	0.83	0.47	1.48	1.97	4.16
上　海	0.30	0.10	0.74	6.81	3.44
江　苏	0.37	0.14	1.15	4.14	3.71
浙　江	0.19	0.04	0.68	5.75	3.37
安　徽	0.65	0.23	1.73	2.73	4.51
福　建	0.44	0.20	1.04	7.37	4.45
江　西	0.32	0.03	1.27	2.63	4.98
山　东	0.18	0.27	1.44	2.43	2.85
河　南	0.27	0.59	1.76	0.91	3.62
湖　北	0.47	0.12	1.09	1.95	4.27
湖　南	0.39	0.09	0.87	1.89	3.65
广　东	0.36	0.08	0.53	4.08	3.36
广　西	0.61	0.10	0.81	2.46	3.46
海　南	0.47	0.41	0.61	6.55	5.02
重　庆	0.36	0.08	1.29	1.53	4.05
四　川	0.48	0.07	1.15	1.10	4.23
贵　州	0.36	0.03	1.28	0.90	4.63
云　南	0.52	0.07	0.99	1.37	4.26
西　藏	3.94	0.40	0.89	1.74	5.54
陕　西	0.26	0.33	1.04	0.77	3.41
甘　肃	0.35	0.47	1.08	0.85	3.76
青　海	0.95	2.15	0.99	0.96	3.74
宁　夏	0.87	1.61	0.89	0.98	3.78
新　疆	0.99	4.05	0.84	1.04	3.57

2000年全国城镇居民家庭消费支出构成(四)

单位：%

	1.鲜　菜	2.干　菜	3.菜制品	(九)调味品	(十)糖　类
全国合计	**3.52**	**0.20**	**0.13**	**0.59**	**0.49**
北　　京	2.52	0.11	0.15	0.65	0.48
天　　津	2.96	0.18	0.10	0.76	0.39
河　　北	3.74	0.18	0.12	0.52	0.67
山　　西	3.55	0.10	0.07	0.67	0.43
内 蒙 古	2.80	0.11	0.09	0.55	0.45
辽　　宁	5.17	0.27	0.11	0.72	0.61
吉　　林	4.65	0.17	0.12	0.75	0.57
黑 龙 江	3.89	0.17	0.09	0.63	0.55
上　　海	3.01	0.27	0.16	0.54	0.56
江　　苏	3.37	0.17	0.17	0.66	0.45
浙　　江	2.93	0.23	0.21	0.46	0.40
安　　徽	4.15	0.24	0.12	0.74	0.40
福　　建	3.73	0.58	0.14	0.55	0.32
江　　西	4.40	0.39	0.19	0.64	0.47
山　　东	2.69	0.08	0.09	0.44	0.40
河　　南	3.31	0.20	0.11	0.69	0.43
湖　　北	4.00	0.13	0.14	0.59	0.44
湖　　南	3.39	0.16	0.11	0.39	0.43
广　　东	2.94	0.28	0.14	0.40	0.41
广　　西	2.98	0.24	0.24	0.42	0.53
海　　南	4.75	0.16	0.11	0.80	0.36
重　　庆	3.69	0.26	0.10	0.88	0.63
四　　川	4.00	0.17	0.07	0.81	0.65
贵　　州	4.29	0.22	0.12	0.74	0.82
云　　南	4.05	0.11	0.11	0.52	0.53
西　　藏	5.19	0.32	0.03	0.37	1.25
陕　　西	3.22	0.12	0.08	0.64	0.38
甘　　肃	3.62	0.08	0.06	0.67	0.51
青　　海	3.60	0.06	0.08	0.58	0.56
宁　　夏	3.64	0.08	0.06	0.56	0.48
新　　疆	3.39	0.11	0.07	0.46	0.62

2000年全国城镇居民家庭消费支出构成(五)

单位：%

	(十一)烟草类	(十二)酒和饮料	(十三)干鲜瓜果类	(十四)坚果及果仁	(十五)糕点类
全国合计	**2.02**	**2.06**	**2.55**	**0.48**	**0.84**
北京	1.15	2.53	2.55	0.66	1.26
天津	1.67	2.15	2.69	0.70	1.11
河北	1.71	2.63	2.54	0.63	0.69
山西	2.83	1.99	2.23	0.39	0.82
内蒙古	1.98	2.15	2.41	0.46	0.61
辽宁	2.23	2.47	3.48	0.67	0.77
吉林	1.46	2.18	3.52	0.54	0.62
黑龙江	1.69	2.24	3.33	0.51	0.63
上海	2.17	2.14	2.76	0.54	1.28
江苏	2.38	2.04	2.09	0.47	0.85
浙江	2.79	1.97	2.67	0.52	0.80
安徽	3.90	3.45	2.27	0.40	0.97
福建	2.27	2.53	3.25	0.32	0.64
江西	1.69	1.53	2.46	0.54	0.77
山东	1.12	2.41	2.39	0.48	1.10
河南	2.28	2.89	1.96	0.60	0.81
湖北	2.33	1.85	1.74	0.35	0.78
湖南	1.85	1.45	2.80	0.35	0.61
广东	0.91	0.95	2.11	0.27	0.79
广西	1.19	1.30	2.53	0.38	0.64
海南	1.55	0.88	2.12	0.12	0.79
重庆	2.39	1.82	2.53	0.34	0.80
四川	2.81	2.14	2.05	0.40	0.67
贵州	3.74	2.47	2.58	0.61	0.98
云南	4.16	1.43	2.73	0.34	0.87
西藏	4.95	2.83	3.14	0.39	0.63
陕西	2.13	1.80	2.16	0.51	0.98
甘肃	3.12	2.98	2.72	0.48	0.59
青海	2.59	2.95	2.25	0.45	0.54
宁夏	2.26	1.65	2.69	0.54	0.70
新疆	1.15	1.58	2.72	0.63	0.83

2000年全国城镇居民家庭消费支出构成(六)

单位：%

	(十六)奶及奶制品	(十七)其它食品	(十八)在外用餐	(十九)食品加工服务费	二、衣着
全国合计	**1.37**	**0.84**	**5.76**	**0.02**	**10.01**
北京	2.10	1.17	7.85	0	8.89
天津	1.61	0.96	6.70	0.03	8.89
河北	1.46	0.45	1.95	0.03	12.29
山西	1.60	0.76	2.35	0.02	12.97
内蒙古	1.40	0.96	4.96	0.03	14.27
辽宁	1.48	0.44	2.43	0.02	13.05
吉林	1.17	0.94	3.50	0.02	12.61
黑龙江	1.51	0.50	3.50	0.02	13.31
上海	2.27	1.41	7.65	0	6.40
江苏	1.50	1.10	6.12	0.04	9.24
浙江	1.17	0.74	7.18	0.01	8.12
安徽	1.23	0.48	5.67	0.01	10.34
福建	1.85	0.30	3.54	0	8.72
江西	1.20	0.92	4.84	0.01	8.88
山东	1.68	0.95	5.83	0.03	13.25
河南	1.13	0.37	3.32	0.03	12.03
湖北	0.93	0.65	8.25	0.02	11.42
湖南	0.77	0.80	7.20	0.01	9.49
广东	0.81	1.08	8.21	0.01	4.62
广西	0.95	0.51	5.61	0.01	6.46
海南	0.68	0.53	8.57	0.01	4.59
重庆	2.00	0.57	7.36	0.01	9.90
四川	1.46	0.43	7.14	0.04	9.55
贵州	1.12	0.56	5.89	0.03	10.59
云南	0.88	0.87	7.14	0	10.07
西藏	5.09	0.65	1.85	0.23	15.77
陕西	1.19	1.38	6.64	0.03	9.43
甘肃	1.42	1.48	4.90	0.02	12.53
青海	1.36	1.45	5.85	0.01	10.96
宁夏	1.39	0.80	5.29	0.01	13.38
新疆	1.36	0.66	5.44	0.02	13.05

2000年全国城镇居民家庭消费支出构成(七)

单位：%

	(一)服　装	1.男士服装	2.女士服装	3.各式童装	(二)衣着材料
全国合计	**6.75**	**2.69**	**3.49**	**0.56**	**0.47**
北　京	5.85	2.38	3.11	0.36	0.43
天　津	6.04	2.57	3.08	0.40	0.51
河　北	7.81	3.16	4.03	0.62	0.84
山　西	8.50	3.52	4.30	0.68	0.92
内蒙古	9.21	3.49	5.05	0.66	0.86
辽　宁	8.66	3.56	4.63	0.47	0.50
吉　林	8.35	3.37	4.41	0.57	0.62
黑龙江	8.89	3.41	4.87	0.61	0.41
上　海	4.37	1.69	2.47	0.20	0.27
江　苏	6.20	2.77	2.94	0.48	0.43
浙　江	5.54	2.26	2.78	0.49	0.39
安　徽	6.95	2.86	3.28	0.81	0.52
福　建	6.47	2.49	3.20	0.79	0.23
江　西	5.69	2.20	2.93	0.56	0.49
山　东	8.64	3.66	4.32	0.67	0.92
河　南	8.22	3.45	4.01	0.76	0.73
湖　北	7.93	3.25	3.90	0.78	0.41
湖　南	6.47	2.48	3.47	0.52	0.36
广　东	3.39	1.26	1.72	0.41	0.05
广　西	4.52	1.61	2.39	0.52	0.29
海　南	3.27	1.26	1.44	0.57	0.08
重　庆	7.09	2.39	4.12	0.58	0.15
四　川	6.81	2.67	3.58	0.56	0.27
贵　州	6.96	2.29	4.05	0.62	0.43
云　南	7.39	2.55	3.84	1.00	0.28
西　藏	11.83	4.80	5.32	1.70	0.40
陕　西	6.02	2.43	3.01	0.58	0.61
甘　肃	7.98	3.11	4.26	0.61	0.86
青　海	7.58	3.02	3.80	0.76	0.48
宁　夏	8.98	3.03	4.81	1.14	0.81
新　疆	8.36	3.04	4.53	0.79	0.85

2000年全国城镇居民家庭消费支出构成(八)

单位：%

	(三)鞋袜帽及其它衣着	(四)衣着加工服务费	三、家庭设备用品及服务	(一)耐用消费品	1.家具
全国合计	**2.62**	**0.18**	**8.79**	**5.18**	**1.20**
北京	2.39	0.22	12.93	8.55	1.99
天津	2.15	0.19	11.80	8.39	1.10
河北	3.38	0.26	10.22	7.51	1.69
山西	3.38	0.17	9.03	5.20	1.25
内蒙古	3.85	0.35	7.35	3.99	1.20
辽宁	3.68	0.22	6.86	4.08	0.95
吉林	3.43	0.21	5.77	2.83	0.56
黑龙江	3.83	0.18	5.95	2.85	0.71
上海	1.66	0.10	8.30	4.43	1.03
江苏	2.37	0.25	10.71	6.52	1.02
浙江	2.00	0.19	9.43	5.89	0.72
安徽	2.67	0.19	7.12	4.09	0.55
福建	1.83	0.19	8.60	4.64	0.90
江西	2.49	0.21	7.29	3.99	0.77
山东	3.36	0.33	11.17	7.56	1.94
河南	2.83	0.25	8.17	4.89	1.15
湖北	2.94	0.14	8.12	4.28	1.21
湖南	2.52	0.14	10.43	6.43	1.33
广东	1.14	0.03	7.52	4.04	1.28
广西	1.54	0.11	9.00	5.35	1.99
海南	1.21	0.03	4.94	1.64	0.73
重庆	2.61	0.04	8.55	5.38	0.99
四川	2.43	0.05	8.62	4.40	1.20
贵州	3.06	0.14	9.56	5.59	1.36
云南	2.36	0.03	7.41	4.26	1.42
西藏	3.52	0.03	4.95	2.72	1.07
陕西	2.59	0.21	11.05	6.61	1.53
甘肃	3.32	0.37	9.74	5.50	1.81
青海	2.68	0.21	8.00	4.89	1.65
宁夏	3.30	0.29	9.27	5.44	1.63
新疆	3.46	0.39	9.29	5.18	1.09

2000年全国城镇居民家庭消费支出构成(九)

单位：%

	2.住房装饰	3.家庭设备	(二)室内装饰品	(三)床上用品	(四)家庭日用杂品
全国合计	**1.30**	**2.69**	**0.31**	**0.41**	**1.83**
北京	1.73	4.83	0.32	0.35	2.24
天津	2.44	4.84	0.29	0.34	1.50
河北	1.30	4.52	0.32	0.35	1.55
山西	2.23	1.71	0.44	0.54	1.65
内蒙古	0.68	2.11	0.40	0.40	1.71
辽宁	1.24	1.89	0.22	0.42	1.46
吉林	0.77	1.50	0.13	0.37	1.86
黑龙江	0.82	1.32	0.16	0.37	1.44
上海	0.60	2.81	0.24	0.38	1.65
江苏	2.35	3.15	0.22	0.43	2.11
浙江	2.01	3.16	0.24	0.43	1.47
安徽	0.99	2.54	0.25	0.25	1.49
福建	1.24	2.50	0.24	0.59	1.65
江西	0.77	2.45	0.25	0.45	2.13
山东	1.73	3.89	0.59	0.36	2.00
河南	1.02	2.72	0.29	0.53	1.55
湖北	0.78	2.28	0.43	0.29	2.41
湖南	1.54	3.56	0.34	0.48	2.20
广东	0.80	1.96	0.20	0.37	1.80
广西	0.79	2.57	0.38	0.43	1.97
海南	0.06	0.84	0.17	0.55	2.28
重庆	1.73	2.66	0.22	0.40	1.64
四川	0.83	2.37	0.42	0.40	1.98
贵州	2.16	2.07	0.32	0.53	2.27
云南	0.95	1.89	0.57	0.65	1.19
西藏	0.88	0.77	0.30	0.51	1.31
陕西	2.35	2.73	0.59	0.45	2.20
甘肃	1.56	2.14	0.59	0.49	2.52
青海	1.17	2.07	0.46	0.43	1.62
宁夏	1.55	2.26	0.50	0.46	1.77
新疆	1.70	2.39	0.46	0.28	2.00

2000年全国城镇居民家庭消费支出构成(十)

单位：%

	(五)家具材料	(六)家庭服务	四、医疗保健	(一)医疗器具	(二)保健用品
全国合计	**0.13**	**0.92**	**6.36**	**0.04**	**0.09**
北　京	0.17	1.30	6.93	0.10	0.17
天　津	0.08	1.19	6.66	0.03	0.22
河　北	0.03	0.46	8.66	0.13	0.16
山　西	0.52	0.69	7.63	0.05	0.09
内蒙古	0.19	0.66	7.31	0.03	0.06
辽　宁	0.31	0.36	8.09	0.06	0.16
吉　林	0.03	0.56	8.36	0.03	0.09
黑龙江	0.05	1.07	8.94	0.03	0.05
上　海	0.02	1.58	5.65	0.11	0.07
江　苏	0.14	1.31	5.53	0.02	0.10
浙　江	0.11	1.29	7.71	0.04	0.10
安　徽	0.06	0.97	4.28	0.03	0.04
福　建	0.18	1.29	4.72	0.02	0.06
江　西	0.11	0.37	4.11	0.02	0.04
山　东	0.07	0.59	6.42	0.03	0.08
河　南	0.10	0.81	7.33	0.03	0.10
湖　北	0.20	0.53	4.50	0.01	0.05
湖　南	0.35	0.64	5.18	0.01	0.04
广　东	0.10	1.02	4.32	0.02	0.08
广　西	0.11	0.76	4.70	0.03	0.04
海　南	0.04	0.27	6.06	0.01	0.03
重　庆	0	0.91	5.26	0.05	0.04
四　川	0.24	1.19	5.48	0.03	0.05
贵　州	0.06	0.78	5.45	0.02	0.03
云　南	0.06	0.67	5.63	0.04	0.05
西　藏	0	0.10	4.77	0	0.14
陕　西	0.05	1.15	7.86	0.05	0.05
甘　肃	0.17	0.47	6.60	0.02	0.03
青　海	0.24	0.36	7.34	0.04	0.07
宁　夏	0.16	0.96	7.79	0.04	0.03
新　疆	0.15	1.21	7.47	0.05	0.08

2000年全国城镇居民家庭消费支出构成(十一)

单位：%

	(三)医药费	(四)滋补药品	(五)医疗保健服务	(六)其　它	五、交通和通讯
全国合计	**4.87**	**0.49**	**0.83**	**0.05**	**7.90**
北　京	4.63	0.82	1.06	0.15	7.12
天　津	5.36	0.30	0.60	0.15	5.70
河　北	7.63	0.25	0.41	0.08	7.75
山　西	6.72	0.16	0.59	0.02	7.24
内蒙古	5.74	0.07	1.38	0.02	9.13
辽　宁	6.88	0.32	0.63	0.05	7.05
吉　林	7.23	0.21	0.77	0.03	7.34
黑龙江	7.28	0.27	1.25	0.05	7.55
上　海	2.75	1.90	0.77	0.04	7.80
江　苏	4.01	0.65	0.73	0.02	7.37
浙　江	5.13	1.46	0.94	0.04	8.88
安　徽	3.52	0.26	0.33	0.10	7.27
福　建	3.51	0.31	0.72	0.09	8.64
江　西	3.33	0.26	0.44	0.02	7.04
山　东	4.70	0.32	1.23	0.06	7.04
河　南	5.57	0.07	1.53	0.03	6.43
湖　北	3.85	0.15	0.40	0.03	6.04
湖　南	4.11	0.28	0.69	0.04	7.58
广　东	3.06	0.52	0.63	0.02	13.43
广　西	3.56	0.21	0.83	0.02	7.68
海　南	4.12	0.09	1.64	0.16	8.58
重　庆	3.76	0.54	0.85	0.02	7.30
四　川	4.36	0.33	0.69	0.01	6.27
贵　州	4.53	0.09	0.74	0.04	7.84
云　南	5.01	0.10	0.39	0.04	8.13
西　藏	4.44	0.14	0.05	0.01	7.97
陕　西	6.11	0.14	1.47	0.03	6.96
甘　肃	5.73	0.13	0.69	0.01	6.43
青　海	6.55	0.18	0.43	0.07	7.11
宁　夏	6.16	0.20	1.33	0.03	8.85
新　疆	5.30	0.57	1.41	0.05	7.48

2000年全国城镇居民家庭消费支出构成(十二)

单位：%

	(一)交　通	1.家庭交通工具	2.燃料充电费	3.交通费	4.交通工具维修服务费
全国合计	**3.25**	**0.97**	**0.17**	**1.78**	**0.33**
北　京	2.71	0.32	0.06	2.02	0.32
天　津	2.19	0.32	0.03	1.63	0.20
河　北	3.08	1.39	0.28	1.10	0.31
山　西	2.76	0.81	0.09	1.71	0.15
内蒙古	4.39	2.08	0.24	1.69	0.39
辽　宁	2.23	0.35	0.04	1.70	0.14
吉　林	2.94	0.27	0.05	2.46	0.16
黑龙江	2.48	0.27	0.02	2.06	0.13
上　海	3.47	0.29	0.05	3.02	0.11
江　苏	2.91	1.02	0.25	1.24	0.40
浙　江	3.91	1.67	0.23	1.63	0.37
安　徽	2.68	0.53	0.10	1.76	0.29
福　建	2.76	0.91	0.29	1.29	0.27
江　西	2.14	0.53	0.06	1.34	0.21
山　东	3.14	1.05	0.19	1.64	0.26
河　南	2.46	0.78	0.13	1.31	0.24
湖　北	2.78	0.50	0.05	2.11	0.13
湖　南	2.91	0.43	0.09	2.20	0.19
广　东	6.54	3.23	0.56	1.39	1.35
广　西	4.03	1.54	0.37	1.31	0.81
海　南	4.33	1.35	0.85	1.70	0.43
重　庆	2.84	0.04	0.02	2.76	0.01
四　川	2.38	0.32	0.08	1.82	0.16
贵　州	3.17	0.46	0.08	2.59	0.04
云　南	3.28	1.65	0.21	1.18	0.24
西　藏	2.41	0.20	0.02	2.14	0.06
陕　西	2.76	0.63	0.06	1.91	0.15
甘　肃	2.47	0.36	0.02	1.95	0.14
青　海	2.96	0.39	0.01	2.45	0.12
宁　夏	3.42	1.22	0.14	1.80	0.26
新　疆	3.02	0.38	0.03	2.44	0.17

2000年全国城镇居民家庭消费支出构成(十三)

单位：%

	(二)通　讯	1.通讯工具	2.电 讯 费	3.邮　费	4.其　它
全国合计	**4.66**	**0.85**	**3.67**	**0.05**	**0.09**
北　京	4.41	1.06	3.23	0.05	0.07
天　津	3.52	0.36	3.04	0.07	0.05
河　北	4.67	0.84	3.58	0.06	0.18
山　西	4.48	0.56	3.79	0.04	0.08
内 蒙 古	4.74	0.98	3.65	0.06	0.06
辽　宁	4.82	0.92	3.76	0.05	0.10
吉　林	4.40	0.49	3.77	0.04	0.11
黑 龙 江	5.07	0.56	4.28	0.09	0.14
上　海	4.33	1.13	3.06	0.05	0.09
江　苏	4.47	1.08	3.21	0.06	0.12
浙　江	4.97	1.46	3.36	0.03	0.12
安　徽	4.59	0.65	3.80	0.03	0.11
福　建	5.87	0.85	4.93	0.04	0.05
江　西	4.91	0.70	4.08	0.07	0.06
山　东	3.90	0.90	2.89	0.05	0.06
河　南	3.97	0.44	3.43	0.05	0.05
湖　北	3.26	0.50	2.64	0.09	0.03
湖　南	4.67	1.10	3.48	0.05	0.05
广　东	6.89	1.04	5.72	0.03	0.11
广　西	3.65	0.65	2.67	0.06	0.27
海　南	4.25	0.38	3.64	0.05	0.18
重　庆	4.46	0.26	4.08	0.03	0.08
四　川	3.89	0.82	2.99	0.05	0.04
贵　州	4.67	0.84	3.67	0.06	0.11
云　南	4.85	1.10	3.65	0.05	0.05
西　藏	5.56	1.27	4.02	0.07	0.20
陕　西	4.20	0.70	3.31	0.04	0.15
甘　肃	3.96	0.65	3.10	0.12	0.09
青　海	4.15	0.84	3.13	0.13	0.04
宁　夏	5.44	0.83	4.44	0.06	0.10
新　疆	4.46	0.62	3.67	0.09	0.08

2000年全国城镇居民家庭消费支出构成(十四)

单位：%

	六、娱乐教育文化服务费	(一)文娱用耐用消费品	(二)教　育	1.教材及参考书	2.学杂费
全国合计	**12.56**	**2.94**	**7.28**	**0.55**	**5.15**
北　京	15.12	4.32	7.26	0.51	4.60
天　津	12.87	3.72	6.43	0.88	3.85
河　北	12.17	3.31	7.34	0.43	4.69
山　西	12.73	2.88	7.85	0.55	6.11
内蒙古	12.44	2.19	7.69	0.37	6.06
辽　宁	11.27	2.22	7.38	0.53	4.45
吉　林	11.41	1.90	7.34	0.64	5.75
黑龙江	11.96	1.57	8.22	0.61	6.51
上　海	13.84	4.60	6.60	0.87	4.11
江　苏	12.60	3.03	7.11	0.46	5.46
浙　江	13.07	3.76	6.97	0.74	4.55
安　徽	12.02	2.44	7.48	0.38	5.47
福　建	10.37	2.72	5.76	0.51	4.29
江　西	11.36	2.04	7.32	0.40	5.83
山　东	14.19	3.44	8.08	0.50	6.18
河　南	10.63	2.62	6.11	0.68	4.50
湖　北	13.07	1.86	8.98	0.60	6.24
湖　南	14.44	2.90	9.07	0.46	6.80
广　东	11.49	2.54	6.55	0.44	4.43
广　西	12.07	2.75	7.19	0.58	5.63
海　南	11.58	1.59	8.03	0.28	5.82
重　庆	14.11	2.45	8.92	0.61	6.19
四　川	12.92	2.76	7.58	0.68	5.51
贵　州	10.76	2.58	5.90	0.29	3.78
云　南	12.52	4.02	6.41	0.35	4.33
西　藏	7.54	1.89	4.62	0.24	3.05
陕　西	12.84	3.00	7.43	0.93	5.41
甘　肃	13.65	4.43	6.41	0.24	4.60
青　海	11.83	2.21	7.49	0.27	5.45
宁　夏	12.77	4.00	6.09	0.69	3.99
新　疆	13.57	3.12	7.51	0.30	5.07

2000年全国城镇居民家庭消费支出构成(十五)

单位：%

	3.托 幼 费	4.成人教育	5.其　它	(三)文化娱乐	1.文娱用品
全国合计	**0.41**	**0.50**	**0.67**	**2.34**	**0.70**
北　京	0.28	0.55	1.31	3.54	1.10
天　津	0.18	0.53	1.00	2.72	1.00
河　北	0.38	0.92	0.92	1.53	0.36
山　西	0.24	0.23	0.73	2.00	0.55
内蒙古	0.37	0.52	0.37	2.55	0.80
辽　宁	0.48	0.52	1.39	1.68	0.42
吉　林	0.45	0.24	0.27	2.17	0.76
黑龙江	0.52	0.20	0.39	2.17	0.67
上　海	0.10	0.88	0.64	2.64	0.68
江　苏	0.27	0.30	0.62	2.45	0.77
浙　江	0.44	0.59	0.64	2.33	0.75
安　徽	0.37	0.55	0.71	2.10	0.44
福　建	0.29	0.22	0.45	1.90	0.51
江　西	0.29	0.25	0.55	2.01	0.57
山　东	0.55	0.37	0.49	2.67	0.88
河　南	0.33	0.26	0.35	1.90	0.49
湖　北	0.36	0.87	0.91	2.23	0.55
湖　南	0.43	0.34	1.04	2.47	0.64
广　东	0.97	0.41	0.30	2.40	0.83
广　西	0.31	0.52	0.15	2.13	0.65
海　南	0.34	0.25	1.34	1.96	0.60
重　庆	0.36	0.38	1.38	2.74	0.77
四　川	0.19	0.60	0.59	2.58	0.80
贵　州	0.52	0.56	0.75	2.28	0.47
云　南	0.35	0.89	0.49	2.10	0.84
西　藏	0.72	0.39	0.22	1.04	0.11
陕　西	0.34	0.51	0.25	2.41	0.64
甘　肃	0.25	0.36	0.96	2.81	0.65
青　海	0.37	0.85	0.55	2.13	0.47
宁　夏	0.34	0.58	0.50	2.67	0.88
新　疆	0.72	1.07	0.35	2.94	1.14

2000年全国城镇居民家庭消费支出构成(十六)

单位：%

	2.书报杂志	3.文娱费	七、居住	(一)住房	1.建筑材料
全国合计	**0.62**	**1.03**	**10.01**	**4.03**	**1.53**
北京	0.94	1.50	6.92	3.12	1.27
天津	0.69	1.02	9.16	3.56	0.49
河北	0.58	0.59	9.58	2.34	1.20
山西	0.86	0.60	8.70	3.06	1.69
内蒙古	0.56	1.19	8.62	2.80	1.79
辽宁	0.53	0.72	8.36	2.24	0.89
吉林	0.48	0.94	10.43	2.69	1.22
黑龙江	0.55	0.95	9.43	1.96	0.98
上海	0.82	1.14	8.36	2.64	0.88
江苏	0.64	1.04	8.20	2.32	1.33
浙江	0.59	0.99	8.55	3.90	0.72
安徽	0.69	0.97	8.76	2.58	1.26
福建	0.49	0.90	9.40	2.92	1.67
江西	0.55	0.89	12.67	6.29	1.65
山东	0.81	0.99	7.87	2.92	1.29
河南	0.63	0.78	14.28	8.90	1.88
湖北	0.56	1.12	14.08	7.71	4.18
湖南	0.57	1.26	11.05	6.36	3.27
广东	0.50	1.08	13.72	6.06	1.56
广西	0.67	0.80	15.51	8.64	3.17
海南	0.48	0.89	8.71	2.35	1.28
重庆	0.67	1.29	8.87	3.25	0.30
四川	0.62	1.15	10.95	5.13	2.09
贵州	0.51	1.29	7.75	2.59	1.63
云南	0.46	0.80	9.26	4.64	1.44
西藏	0.44	0.49	6.13	1.80	0.34
陕西	0.57	1.19	10.98	5.75	1.80
甘肃	0.89	1.27	7.33	2.43	1.49
青海	0.48	1.18	6.56	2.33	1.08
宁夏	0.48	1.31	6.72	1.73	0.87
新疆	0.59	1.21	7.76	2.57	1.34

2000年全国城镇居民家庭消费支出构成(十七)

单位：%

	2.房　租	3.维　修服务费	(二)水电燃料及其它	1.水	2.电
全国合计	**1.94**	**0.56**	**5.98**	**0.69**	**2.56**
北　京	1.04	0.81	3.79	0.57	1.76
天　津	2.40	0.67	5.60	0.56	1.88
河　北	0.61	0.52	7.25	0.62	2.34
山　西	0.62	0.76	5.64	0.66	1.91
内蒙古	0.35	0.66	5.82	0.46	2.06
辽　宁	0.98	0.36	6.12	0.66	2.46
吉　林	1.17	0.31	7.73	0.72	2.39
黑龙江	0.73	0.25	7.47	0.60	2.95
上　海	1.60	0.16	5.71	0.81	2.91
江　苏	0.48	0.51	5.88	0.66	2.85
浙　江	2.85	0.34	4.64	0.62	2.44
安　徽	0.81	0.51	6.19	0.72	2.81
福　建	0.49	0.76	6.48	0.99	3.21
江　西	3.97	0.68	6.37	0.83	2.49
山　东	1.26	0.37	4.95	0.44	1.80
河　南	6.56	0.46	5.38	0.79	2.40
湖　北	2.03	1.49	6.37	0.75	2.77
湖　南	2.03	1.05	4.69	0.70	1.91
广　东	3.77	0.73	7.66	0.87	3.93
广　西	4.99	0.48	6.87	0.90	2.72
海　南	0.46	0.61	6.36	0.94	2.22
重　庆	2.90	0.05	5.62	0.81	2.78
四　川	2.58	0.46	5.82	0.80	2.81
贵　州	0.37	0.60	5.16	0.72	2.71
云　南	2.67	0.54	4.61	0.65	2.16
西　藏	1.33	0.14	4.33	0.25	1.43
陕　西	3.43	0.51	5.23	0.55	1.99
甘　肃	0.62	0.32	4.90	0.35	1.30
青　海	0.33	0.93	4.22	0.32	1.28
宁　夏	0.37	0.49	4.99	0.47	1.78
新　疆	0.29	0.94	5.19	0.43	1.52

2000年全国城镇居民家庭消费支出构成(十八)

单位：%

	3.燃　料	(1)煤　炭	(2)液　化 石油气	八、杂项商品 和服务	(一)个人消费
全国合计	**2.23**	**0.47**	**1.06**	**5.17**	**4.21**
北　京	1.29	0.34	0.26	5.80	5.11
天　津	1.83	0.09	0.13	4.81	3.70
河　北	2.52	0.88	1.01	4.41	3.58
山　西	2.31	0.44	0.49	6.79	5.94
内蒙古	1.95	0.94	0.52	6.42	5.31
辽　宁	2.54	0.36	0.76	4.65	4.00
吉　林	2.87	0.94	1.03	4.73	3.91
黑龙江	2.72	0.97	0.82	4.44	3.64
上　海	1.77	0	0.11	5.50	4.35
江　苏	2.14	0.28	1.25	5.21	4.01
浙　江	1.52	0.07	1.25	5.05	4.04
安　徽	2.59	0.73	1.30	4.50	3.70
福　建	2.22	0.16	1.84	4.90	4.15
江　西	3.03	0.47	2.09	5.61	4.16
山　东	1.63	0.41	0.67	5.32	4.24
河　南	2.00	0.90	0.64	4.92	3.76
湖　北	2.81	0.57	1.82	4.45	3.50
湖　南	2.07	0.44	1.39	4.58	3.46
广　东	2.67	0.07	2.34	6.27	5.13
广　西	3.21	0.10	2.98	4.68	3.50
海　南	3.19	0.03	3.08	6.22	3.33
重　庆	1.91	0.01	0.03	4.56	3.89
四　川	2.09	0.49	0.36	4.72	3.76
贵　州	1.69	0.66	0.72	5.10	4.17
云　南	1.52	0.20	0.87	6.65	5.69
西　藏	2.64	0.04	2.56	6.60	6.01
陕　西	1.96	0.67	0.94	5.05	4.29
甘　肃	2.20	0.46	0.87	6.09	5.24
青　海	1.94	0.69	1.00	7.32	6.16
宁　夏	1.38	0.50	0.81	5.49	4.55
新　疆	1.93	0.45	1.19	4.98	4.43

2000年全国城镇居民家庭消费支出构成(十九)

单位：%

	1.个人用品	2.理发美容用品	3.旅　游	4.服务费
全国合计	**1.22**	**0.66**	**1.76**	**0.57**
北　京	1.57	0.80	2.35	0.38
天　津	1.67	0.73	0.93	0.37
河　北	0.90	0.71	1.10	0.88
山　西	0.98	0.74	3.39	0.84
内蒙古	1.44	0.99	2.05	0.83
辽　宁	1.14	0.65	1.12	1.09
吉　林	1.28	0.64	0.92	1.07
黑龙江	1.26	0.54	1.02	0.81
上　海	1.64	0.52	1.87	0.33
江　苏	1.34	0.57	1.44	0.66
浙　江	1.22	0.48	1.86	0.48
安　徽	0.76	0.62	1.21	1.10
福　建	1.11	0.72	1.61	0.71
江　西	0.95	0.47	2.29	0.45
山　东	1.57	0.84	1.43	0.40
河　南	0.89	0.80	1.57	0.50
湖　北	1.00	0.51	1.51	0.48
湖　南	1.21	0.62	1.34	0.29
广　东	1.11	0.61	3.01	0.41
广　西	1.00	0.74	1.51	0.25
海　南	1.34	0.34	1.30	0.36
重　庆	1.19	0.63	1.90	0.17
四　川	1.11	0.58	1.73	0.34
贵　州	1.02	0.50	1.73	0.92
云　南	1.14	0.94	2.96	0.65
西　藏	0.98	1.38	2.15	1.49
陕　西	1.23	0.69	1.92	0.45
甘　肃	1.48	0.99	2.18	0.59
青　海	1.10	0.53	3.57	0.96
宁　夏	1.31	1.02	1.82	0.41
新　疆	1.25	1.08	1.58	0.51

2000年全国城镇居民家庭消费支出构成(二十)

单位：%

	(二)其它商品	(三)其它服务
全国合计	**0.41**	**0.55**
北京	0.17	0.52
天津	0.28	0.83
河北	0.29	0.54
山西	0.49	0.36
内蒙古	0.38	0.73
辽宁	0.36	0.29
吉林	0.49	0.32
黑龙江	0.21	0.59
上海	0.65	0.50
江苏	0.48	0.73
浙江	0.37	0.64
安徽	0.19	0.61
福建	0.36	0.39
江西	0.93	0.52
山东	0.52	0.56
河南	0.30	0.86
湖北	0.47	0.48
湖南	0.35	0.77
广东	0.56	0.57
广西	0.41	0.77
海南	2.32	0.57
重庆	0.48	0.19
四川	0.32	0.64
贵州	0.49	0.44
云南	0.27	0.68
西藏	0.49	0.11
陕西	0.27	0.49
甘肃	0.46	0.39
青海	0.68	0.48
宁夏	0.42	0.52
新疆	0.20	0.35

2000 年全国城镇居民家庭年末主要消费品拥有量(一)

(平均每百户)

	毛皮大衣(件)	呢大衣(件)	毛毯(条)	地毯(平方米)	组合家具(套)
全国合计	**61.88**	**169.63**	**143.27**	**92.79**	**57.82**
北京	120.00	212.60	143.00	94.70	78.00
天津	83.40	260.20	149.00	69.80	76.00
河北	69.54	147.67	133.21	80.39	67.86
山西	73.35	140.10	159.61	70.83	63.64
内蒙古	112.00	152.05	168.71	192.21	55.78
辽宁	61.29	177.14	106.68	173.83	42.98
吉林	67.26	160.26	97.84	86.55	37.03
黑龙江	56.53	151.88	100.42	88.53	43.44
上海	23.00	305.00	180.40	133.88	31.80
江苏	51.40	235.05	146.75	81.81	51.82
浙江	50.44	214.93	163.32	105.83	55.39
安徽	65.74	173.66	130.47	39.45	49.66
福建	57.07	114.33	135.20	36.93	55.80
江西	32.99	147.95	141.72	18.86	44.91
山东	74.73	190.00	164.17	156.05	74.14
河南	61.89	131.20	105.35	50.63	60.34
湖北	69.84	245.73	152.08	95.69	72.83
湖南	53.77	151.32	137.41	40.53	69.62
广东	44.63	79.99	186.28	30.76	61.63
广西	24.23	81.60	119.38	19.94	69.27
海南	31.33	40.33	120.67	7.17	45.00
重庆	71.67	228.33	164.00	8.00	78.67
四川	63.80	180.45	159.21	20.30	88.92
贵州	59.05	167.11	162.61	71.07	52.94
云南	56.52	112.79	182.18	102.70	52.98
西藏	109.00	160.00	313.00	877.00	107.00
陕西	35.89	141.36	140.65	60.47	58.37
甘肃	92.50	164.98	210.30	100.90	72.00
青海	79.09	187.27	221.45	164.55	50.55
宁夏	64.92	129.95	151.51	130.28	30.12
新疆	67.19	217.13	194.62	680.38	48.52

2000年全国城镇居民家庭年末主要消费品拥有量(二)

(平均每百户)

	沙发床(个)	沙 发(个)	大衣柜(个)	写字台(张)	摩托车(辆)
全国合计	**52.22**	**198.82**	**83.45**	**83.44**	**18.83**
北 京	83.60	154.10	86.00	97.40	5.70
天 津	48.40	111.20	68.40	78.20	9.40
河 北	54.99	243.93	88.41	89.46	37.12
山 西	29.13	207.21	75.75	84.09	21.34
内蒙古	31.84	291.78	67.98	63.71	26.21
辽 宁	47.37	98.60	55.53	57.48	7.37
吉 林	33.06	135.93	54.41	49.23	7.84
黑龙江	43.95	136.68	49.53	46.22	6.02
上 海	44.20	114.60	94.00	76.00	1.20
江 苏	40.82	139.71	87.35	97.57	27.28
浙 江	34.68	162.00	84.07	96.66	16.32
安 徽	26.86	139.67	80.83	97.48	16.56
福 建	45.13	175.67	81.60	82.60	36.60
江 西	49.32	228.21	89.68	104.54	12.96
山 东	78.98	311.31	83.67	92.39	33.14
河 南	47.67	241.71	93.53	85.61	19.47
湖 北	49.92	200.83	84.68	100.39	13.27
湖 南	46.94	184.56	99.26	101.90	13.17
广 东	81.16	136.46	170.50	119.23	58.84
广 西	55.25	202.95	93.02	86.32	38.32
海 南	53.50	93.83	106.00	108.50	45.83
重 庆	34.33	121.33	94.67	80.00	1.00
四 川	57.78	269.41	89.00	96.02	7.92
贵 州	39.27	256.54	93.56	93.32	8.92
云 南	53.71	342.55	91.47	96.81	16.77
西 藏	38.00	290.00	64.00	72.00	5.00
陕 西	75.95	197.21	69.54	79.90	10.24
甘 肃	92.47	337.79	88.80	94.24	5.89
青 海	59.09	350.91	77.45	88.00	8.91
宁 夏	65.54	340.74	77.14	81.25	15.48
新 疆	91.79	471.67	80.66	79.20	8.53

2000 年全国城镇居民家庭年末主要消费品拥有量(三)

(平均每百户)

	自行车(辆)	家用汽车(辆)	缝纫机(台)	洗衣机(台)	电风扇(台)
全国合计	**162.72**	**0.51**	**51.46**	**90.52**	**167.91**
北京	230.70	2.50	50.60	102.80	153.40
天津	230.00	0.20	71.60	97.60	127.20
河北	220.98	0.94	65.93	92.97	166.16
山西	181.94	0.66	59.51	93.44	80.49
内蒙古	206.31	1.30	38.01	91.23	52.81
辽宁	156.06	0.40	44.30	87.10	72.98
吉林	149.70	0.45	42.06	89.63	64.50
黑龙江	120.92	0.31	41.09	83.40	47.43
上海	125.60	0	67.60	93.40	227.00
江苏	206.08	0	57.27	96.15	239.33
浙江	198.65	0.48	67.64	90.03	263.56
安徽	142.61	0.65	42.23	87.17	244.60
福建	158.07	0.40	50.40	93.20	235.13
江西	146.41	0.39	57.10	80.15	245.09
山东	217.05	0.19	56.22	88.50	184.37
河南	195.49	0.10	57.09	87.87	209.52
湖北	143.48	0.20	53.95	92.73	228.81
湖南	108.12	0.10	49.44	91.63	242.03
广东	180.97	1.70	67.95	97.50	312.83
广西	183.98	0.21	65.30	88.33	309.18
海南	108.00	0.83	48.17	68.50	166.67
重庆	9.67	0.33	46.00	94.67	209.33
四川	92.70	0.47	29.75	91.31	194.93
贵州	24.82	0.19	39.18	96.08	98.17
云南	138.56	1.37	47.29	91.71	42.19
西藏	200.00	0	15.00	100.00	4.00
陕西	159.85	0.11	51.03	92.82	147.85
甘肃	179.22	0.25	47.60	96.97	49.20
青海	103.64	0.18	33.09	100.73	6.00
宁夏	181.27	0.28	33.23	87.10	63.13
新疆	137.63	0.82	38.35	95.48	51.30

2000年全国城镇居民家庭年末主要消费品拥有量(四)

(平均每百户)

	电冰箱 (台)	冰柜 (台)	彩色电视机 (台)	影碟机 (台)	录放像机 (台)
全国合计	**80.13**	**6.52**	**116.56**	**37.53**	**20.13**
北京	107.40	16.30	145.50	46.10	56.90
天津	99.80	19.40	132.00	31.20	33.80
河北	83.97	14.48	112.09	32.42	14.39
山西	75.95	8.09	107.17	25.03	12.36
内蒙古	70.48	11.33	106.66	23.32	9.26
辽宁	80.97	7.54	114.30	24.61	21.30
吉林	69.37	6.67	107.34	24.24	19.38
黑龙江	66.26	10.11	102.48	25.86	14.62
上海	102.20	1.60	147.00	49.80	52.20
江苏	85.64	4.42	124.45	39.10	22.56
浙江	96.32	3.21	139.17	44.29	27.43
安徽	83.50	5.81	111.47	33.57	16.96
福建	87.80	2.53	128.07	58.33	19.20
江西	75.82	4.29	106.01	33.10	10.07
山东	86.54	14.70	115.32	33.75	25.13
河南	71.78	6.97	108.02	30.82	9.54
湖北	88.11	5.10	109.34	41.97	15.89
湖南	83.37	6.30	109.35	43.14	18.82
广东	81.87	1.49	135.58	65.19	30.14
广西	80.17	2.44	114.76	57.31	14.90
海南	49.50	2.00	108.83	29.50	14.17
重庆	99.67	2.67	132.00	55.33	25.00
四川	80.72	2.99	118.61	47.71	18.24
贵州	82.82	2.98	113.78	50.44	16.22
云南	69.75	2.93	116.27	59.71	22.79
西藏	74.00	0	120.00	52.00	38.00
陕西	72.36	2.53	113.77	33.27	15.43
甘肃	73.11	2.82	121.08	32.11	10.16
青海	80.18	5.82	111.64	36.36	12.73
宁夏	71.68	2.89	109.33	33.86	9.70
新疆	81.76	3.20	102.41	33.56	18.71

2000年全国城镇居民家庭年末主要消费品拥有量(五)

(平均每百户)

	家用电脑(台)	组合音响(套)	录音机(台)	摄像机(台)	照相机(架)
全国合计	**9.72**	**22.20**	**47.93**	**1.34**	**38.44**
北京	32.10	30.10	72.70	5.40	95.70
天津	16.40	19.00	64.40	3.00	64.60
河北	7.43	17.55	49.31	1.99	37.71
山西	6.23	17.26	50.50	0.92	33.63
内蒙古	3.47	12.14	47.29	1.08	25.21
辽宁	5.79	18.48	51.54	1.45	40.31
吉林	4.62	15.41	54.15	1.18	30.02
黑龙江	4.79	16.42	41.52	1.09	25.36
上海	25.60	31.80	77.20	2.60	70.60
江苏	10.65	20.05	49.12	1.26	36.75
浙江	14.02	23.17	58.67	2.18	45.92
安徽	6.72	19.04	26.75	1.12	27.82
福建	11.47	24.87	33.67	1.47	33.20
江西	4.56	16.00	41.87	0.60	25.48
山东	9.53	20.60	63.71	1.97	50.23
河南	5.72	13.28	37.96	0.68	27.24
湖北	8.36	24.79	43.98	0.90	36.20
湖南	10.73	28.18	37.79	1.08	31.16
广东	25.78	48.55	57.10	1.97	51.38
广西	9.36	28.91	40.25	0.38	33.55
海南	4.33	17.67	51.00	0	16.83
重庆	13.67	33.67	32.67	2.00	58.00
四川	7.69	24.86	38.26	0.84	39.01
贵州	5.74	31.29	29.06	0.28	30.19
云南	7.89	31.65	50.86	1.17	47.87
西藏	1.00	24.00	69.00	2.00	54.00
陕西	7.03	17.27	45.18	0.66	33.27
甘肃	5.39	25.27	48.34	0.58	32.65
青海	2.36	22.00	52.73	0.36	42.73
宁夏	3.78	19.40	36.52	0.52	27.62
新疆	5.68	17.53	53.69	1.02	33.71

2000年全国城镇居民家庭年末主要消费品拥有量(六)

(平均每百户)

	钢 琴 (架)	其它中高档乐器 (件)	微波炉 (台)	空调器 (台)	电炊具 (台)
全国合计	**1.26**	**5.34**	**17.61**	**30.76**	**101.94**
北 京	2.20	13.70	58.40	69.60	104.00
天 津	0.60	2.80	30.80	65.60	78.80
河 北	0.82	6.51	10.40	32.98	49.86
山 西	0.95	5.56	5.32	4.34	30.15
内 蒙 古	0.51	5.47	4.97	1.38	142.77
辽 宁	1.15	5.61	12.23	4.35	85.18
吉 林	0.77	4.65	6.87	1.54	128.04
黑 龙 江	1.22	3.32	6.23	1.78	152.09
上 海	3.40	4.80	78.00	96.40	148.60
江 苏	0.91	3.57	37.09	45.90	128.69
浙 江	0.78	6.90	23.00	57.72	105.84
安 徽	0.82	5.40	11.28	30.77	88.28
福 建	1.60	5.20	27.53	43.53	113.87
江 西	0.71	5.13	6.94	17.07	74.41
山 东	2.52	7.96	15.66	25.83	79.95
河 南	0.92	3.30	6.27	34.46	48.47
湖 北	1.35	5.39	10.26	38.16	98.60
湖 南	1.41	8.47	15.15	33.41	62.22
广 东	2.68	5.94	29.86	98.04	100.23
广 西	0.76	3.06	14.66	24.33	112.14
海 南	0.83	1.67	6.83	12.83	137.00
重 庆	0.67	8.00	36.33	81.33	94.33
四 川	1.83	5.89	14.67	17.74	120.22
贵 州	0.66	4.30	13.16	3.30	112.92
云 南	2.08	5.25	17.26	0.11	169.49
西 藏	0	2.00	3.00	3.00	9.00
陕 西	0.59	3.31	8.26	25.49	80.31
甘 肃	1.74	8.42	6.60	1.08	52.03
青 海	0.55	3.64	7.27	0	22.91
宁 夏	0.68	3.68	7.38	1.47	136.60
新 疆	1.38	9.09	5.39	2.78	82.07

2000 年全国城镇居民家庭年末主要消费品拥有量(七)

(平均每百户)

	淋浴热水器(台)	排油烟机(台)	吸尘器(台)	健身器材(件)	移动电话(台)
全国合计	**49.11**	**54.07**	**11.17**	**3.48**	**19.49**
北京	74.40	112.40	24.90	9.30	27.60
天津	70.20	70.80	20.60	3.40	8.80
河北	43.05	55.13	9.63	5.51	14.14
山西	23.06	52.41	6.85	2.83	8.09
内蒙古	20.12	40.18	9.34	2.87	15.12
辽宁	43.83	60.91	22.84	3.30	17.61
吉林	30.96	61.58	13.42	1.54	12.16
黑龙江	19.75	62.38	13.52	1.06	13.41
上海	63.60	57.00	46.20	5.60	28.80
江苏	58.81	62.58	14.92	5.09	25.47
浙江	68.39	74.43	14.55	4.67	31.73
安徽	44.36	46.62	7.23	2.81	17.69
福建	82.60	50.67	3.33	4.60	50.40
江西	58.02	32.27	2.39	1.91	14.37
山东	53.11	71.71	15.62	5.20	19.52
河南	24.27	31.94	3.16	1.88	12.18
湖北	51.24	42.86	4.80	3.22	11.44
湖南	55.10	33.30	3.79	4.59	21.37
广东	99.20	70.83	6.84	6.69	57.94
广西	83.63	53.52	3.23	3.34	16.81
海南	58.00	34.33	1.50	2.50	17.00
重庆	83.33	33.67	7.00	7.00	18.33
四川	67.21	35.55	5.08	2.72	17.10
贵州	34.84	41.74	4.25	2.04	6.26
云南	39.10	61.20	8.20	3.58	21.67
西藏	12.00	11.00	7.00	0	30.00
陕西	37.14	51.15	4.74	1.84	7.80
甘肃	40.34	62.49	4.98	2.49	9.46
青海	17.64	65.82	4.73	0.73	10.00
宁夏	39.83	44.40	8.23	0.55	13.56
新疆	47.91	64.75	17.43	2.35	4.81